한눈에 보는 맥체인 요점정리

김홍양 지음

신교횃불

한눈에 보는 맥체인 요점정리

2025년 11월 25일 초판 1쇄 발행

지 은 이 김홍양
발 행 처 선교횃불
디 자 인 디자인이츠
등 록 일 1999년 9월 21일 제54호
등록주소 서울시 송파구 백제고분로 27길 12(삼전동)
전 화 (02) 2203-2739
팩 스 (02) 6455-2798
이 메 일 ccm2you@gmail.com
홈페이지 www.ccm2u.com

한눈에 보는 맥체인 요점정리

● 김홍양 지음

❖ 맥체인성경 2면4책 통일(연합)주제 및 말씀연결(Word Link) ❖

날짜	통일(연합)주제 / 말씀연결(Word Link)	
10/1	**간구 (懇求, 하나님께 간절히 바라고 구함)**	
	왕상3 / 백성을 재판하기 위해 듣는 마음을 간구함	엡1 / 계시로 영광 능력을 알게 하시길 간구함
	겔34 / 거짓된 목자가 잘못을 회개하고 회복을 간구함	시83-84 / 이방나라의 멸망과 성전 사모자의 복을 간구함
2	**성전 (聖殿, 하나님의 이름을 둔 곳이며 그리스도의 몸인 성도를 뜻함)**	
	왕상4-5 / 솔로몬이 여호와의 이름을 위해 건축한 성전	엡2 / 주 안에서 서로 연결하여 완성되어 가는 성전
	겔35 / 이스라엘 족속이 거주한 땅은 주가 계신 성전	시85 / 주가 성도의 기도를 들으시고 말씀하시는 성전
3	**소망 (所望, 간절히 바라고 원함)**	
	왕상6 / 다윗과 솔로몬이 소망하던 성전건축이 완공됨	엡3 / 바울이 소망하던 이방인의 구원이 성취됨
	겔36 / 이스라엘이 소망하던 왕국의 회복이 예언됨	시86 / 다윗이 소망했던 환난 중의 구원이 성취됨
4	**건립 (建立, 건물, 기념비, 나라, 기관, 조직체 따위를 만들어 세움)**	
	왕상7 / 솔로몬이 왕궁과 여호와의 성전을 건립함	엡4 / 성도들이 그리스도의 몸된 교회를 건립함
	겔37 / 여호와께서 마른 뼈같은 이스라엘을 건립함	시87-88 / 여호와께서 곤란 중의 영혼과 시온을 건립함
5	**제물 (祭物, 제사에 사용하는 각종 동식물과 음식)**	
	왕상8 / 솔로몬이 성전봉헌식 때에 드린 풍성한 제물	엡5 / 그리스도는 자신을 드린 향기로운 희생제물
	겔38 / 주가 이스라엘을 심판키 위해 잠시 사용한 제물	시89 / 주의 속성과 일을 널리 알리는 대언자적인 제물
6	**계명 (誡命, 하나님이 내리신 반드시 지켜야할 말씀과 조건)**	
	왕상9 / 성전건축이 완공된 후 솔로몬에게 명하신 계명	엡6 / 에베소교회에게 권면한 잘되고 장수하는 계명
	겔39 / 이스라엘에게 회복을 약속하신 후 명하신 계명	시90 / 짧은 연수를 가진 인생이 꼭 지켜야 할 계명
7	**전파 (傳播, 전하여 널리 퍼짐)**	
	왕상10 / 솔로몬의 지혜가 모든 열방에 널리 전파됨	빌1 / 그리스도의 복음이 여러 방도로 널리 전파됨
	겔40 / 에스겔이 본 이상이 이스라엘에 널리 전파됨	시91 / 지존자의 건지심과 지키심이 널리 전파됨
8	**겸손 (謙遜, 남을 존중하고 자기를 낮추는 태도)**	
	왕상11 / 젊을 때의 겸손을 잃고 여호와를 떠난 솔로몬	빌2 / 오직 겸손한 마음으로 남을 더 위하라는 바울
	겔41 / 겸손한 자세로 주의 성전 측량을 보는 에스겔	시92-93 / 겸손과 감사의 마음으로 지존자를 찬양하는 자
9	**행악 (行惡, 하나님의 말씀을 거역하고 죄악된 일을 자행함)**	
	왕상12 / 여로보암이 우상제단을 만드는 행악을 저지름	빌3 / 그리스도의 십자가의 원수가 행악을 일삼음
	겔42 / 제사장이 속죄제와 속건죄로 행악을 사죄함	시94 / 복수하시는 하나님이 악인의 행악을 심판함
10	**유혹 (誘惑, 꾀어서 마음을 현혹하거나 좋지 아니한 길로 이끎)**	
	왕상13 / 하나님의 사람이 유혹을 분별하지 못해 죽음	빌4 / 바울이 여러 어려움의 유혹에도 자족하여 행함
	겔43 / 에스겔이 거짓된 제사의 유혹을 구별해 권함	시95-96 / 선민이 옛 조상의 유혹을 버리고 주를 노래함
11	**치리 (治理, 어떤 지역이나 나라 또 그 가운데 사람을 도맡아 다스림)**	
	왕상14 / 여호와께서 여로보암과 르호보암을 치리하심	골1 / 하나님이 예수 그리스도로 만물을 치리케 하심
	겔44 / 여호와께서 레위 사람과 제사장들을 치리하심	시97-98 / 여호와께서 구원과 심판으로 온 땅을 치리하심
12	**모범 (模範, 본받아 배울 만한 본보기)**	
	왕상15 / 여호와 보시기에 모범이 된 다윗의 인생	골2 / 모든 성도에 모범이 되신 예수 그리스도의 삶
	겔45 / 백성 앞에 모범이 되어야 할 제사장과 왕	시99-101 / 찬송과 경배의 모범이 된 지도자들과 다윗
13	**추구 (追求, 어떤 목적을 달성할 때까지 좇아 구함)**	
	왕상16 / 북 이스라엘 왕들의 우상을 향한 죄된 추구	골3 / 영적 새 사람의 그리스도를 향한 의로운 추구
	겔46 / 온전한 제사를 드려야 할 백성의 거룩한 추구	시102 / 고난 중에 응답받은 자의 주를 향한 영적 추구
14	**기적 (奇蹟, 신에 의해서 일어나는 상식을 벗어난 기이하고 놀라운 일)**	
	왕상17 / 엘리야와 사르밧 과부에게 나타난 양식의 기적	골4 / 바울과 동역자들의 사역에 나타난 신령한 기적
	겔47 / 성전 안에서 나온 물로 만물이 소생하는 기적	시103 / 죄악과 모든 병을 고쳐 주시는 하나님의 기적
15	**수축 (修築, 성전이나 집 또는 방죽 따위를 고쳐 짓거나 다시 쌓음)**	
	왕상18 / 갈멜산에서 무너진 여호와의 제단을 수축함	살전1 / 각처에서 믿음에 본이 되는 교회를 수축함
	겔48 / 예루살렘에서 무너진 성읍과 문들을 수축함	시104 / 여호와를 송축하는 마음과 몸의 성전을 수축함

날짜	통일(연합)주제 / 말씀연결(Word Link)	
16	**은총 (恩寵, 하나님 또는 높은 사람에게서 받는 특별한 은혜와 사랑)**	
	왕상19 / 위협으로 도망한 엘리야에게 은총을 베푸심	살전2 / 복음을 말씀으로 받은 자에게 은총을 베푸심
	단1 / 바벨론으로 잡혀간 다니엘에게 은총을 베푸심	시105 / 언약을 맺은 이스라엘에게 은총을 베푸심
17	**경솔 (輕率, 말이나 행동이 신중하거나 침착하지 못하고 가벼움)**	
	왕상20 / 하나님의 승리케 하심을 경솔히 취급한 아합	살전3 / 데살로니가교회의 시험을 경솔히 대하지 않은 바울
	단2 / 왕의 꿈과 해석을 경솔히 대하지 않은 다니엘	시106 / 여호와의 구원의 역사를 경솔히 대한 이스라엘
18	**강림 (降臨, 신이 여러 가지 형태로 인간 세상에 내려오심)**	
	왕상21 / 말씀으로 강림하여 아합과 이세벨을 심판하심	살전4 / 공중으로 강림하여 죽은 자와 산 자를 구원하심
	단3 / 풀무불 가운데 강림하여 세 친구를 구원하심	시107 / 기적으로 강림하여 고통 중에 있는 자를 건지심
19	**영성 (靈性, 성령을 통해 변화를 받은 성도의 성품)**	
	왕상22 / 여호와의 말씀을 예언하는 미가야의 영성	살전5 / 그리스도의 강림을 준비하는 성도의 영성
	단4 / 느부갓네살왕의 꿈을 해석하는 다니엘의 영성	시108-109 / 하나님의 일하심을 찬양하는 다윗의 영성
20	**형벌 (刑罰, 죄를 지은 사람에게 주는 벌)**	
	왕하1 / 바알세붑을 찾은 아하시야 왕을 형벌하심	살후1 / 복음에 복종하지 않는 자들을 형벌하심
	단5 / 완악하여 교만해진 벨사살 왕을 형벌하심	시110-111 / 다윗을 괴롭게 만든 원수들을 형벌하심
21	**소명 (召命, 하나님께서 구속사역을 위해 일꾼을 부르심)**	
	왕하2 / 엘리야의 뒤를 이어 사역하는 엘리사의 소명	살후2 / 불법으로부터 성도를 굳게 하는 바울의 소명
	단6 / 음모 속에 절대신앙을 지키는 다니엘의 소명	시112-113 / 여호와를 경외하고 계명을 지킬 성도의 소명
22	**예언 (豫言, 주께서 주시는 말씀, 환상, 꿈으로 미래의 일은 말함)**	
	왕하3 / 엘리사가 유다 왕 여호사밧으로 인하여 예언함	살후3 / 바울이 게으른 자와 일 만드는 자의 끝을 예언함
	단7 / 다니엘이 꿈을 꾸고 그 해석을 들어서 예언함	시114-115 / 기자가 여호와를 경외하는 자에게 복을 예언함
23	**감동 (感動, 깊이 느껴 마음이 움직임)**	
	왕하4 / 수넴 여인의 세심한 배려에 감동 받은 엘리사	딤전1 / 괴수인 자신을 사도 삼아 주심에 감동 받은 바울
	단8 / 가브리엘 천사의 해석에 감동받은 다니엘	시116 / 주의 은혜에 감동받아 서원을 갚는 시편 기자
24	**소식 (消息, 사람의 안부나 일의 형세 따위를 알리는 말이나 글)**	
	왕하5 / 나아만이 어린 소녀에게 선지자 소식을 들음	딤전2 / 이방인이 바울에게 예수 복음의 소식을 들음
	단9 / 기도한 다니엘이 가브리엘에게 소식을 들음	시117-118 / 여호와께 피하는 자가 구원의 소식을 들음
25	**직분 (職分, 직무상 마땅히 해야 할 본분)**	
	왕하6 / 선지자의 직분을 받은 엘리사의 은사적 사역	딤전3 / 감독과 집사의 직분을 받을 자의 기본적 자격
	단10 / 환상을 깨닫고 증거하는 직분을 받은 다니엘	시119:1-24 / 왕의 직분을 받은 자의 말씀중심적 신앙생활
26	**양심 (良心, 어떤 행위에 대한 참과 거짓, 선과 악을 구별하는 도덕적 의식이나 마음씨)**	
	왕하7 / 나병환자 네 사람의 동족을 생각하는 양심	딤전4 / 미혹하는 영을 따르는 자의 화인 맞은 양심
	단11 / 남방, 북방 침략을 일삼는 왕들의 거짓된 양심	시119:25-48 / 주의 율례, 규례, 계명을 지키겠다는 고백적 양심
27	**선대 (善待, 선하고 유익하게 대우함)**	
	왕하8 / 돌아와 집과 전토를 호소한 수넴 여인을 선대	딤전5 / 늙은이와 참 과부와 잘 다스리는 장로를 선대
	단12 / 많은 사람을 옳은 데로 돌아오게 한 자를 선대	시118:49-72 / 주의 말씀을 기억하고 지키는 주의 종을 선대
28	**까닭 (어떤 일이나 현상의 원인, 이유 또는 조건)**	
	왕하9 / 유다와 이스라엘 왕들이 처참하게 죽는 까닭	딤전6 / 디모데가 믿음의 선한 싸움을 싸워야 할 까닭
	호1 / 호세아가 음란한 여자를 맞이해야 하는 까닭	시119:73-96 / 시편 기자가 주 여호와의 말씀을 바라는 까닭
29	**열심 (熱心, 어떤 일에 온 마음과 정성을 다하여 골똘하게 힘씀)**	
	왕하10 / 예후 왕이 열심을 다해 아합 집을 심판함	딤후1 / 바울과 디모데가 열심을 다해 복음을 전함
	호2 / 호세아가 열심을 다해 이스라엘 심판을 예언함	시 119:97-120 / 시편 기자가 열심을 다해 주의 법도를 따름
30	**인정 (認定, 옳거나 확실하다고 여김)**	
	왕하11-12 / 요아스를 왕으로 인정하는 여호야다와 백성	딤후2 / 부끄러울 것이 없는 일꾼으로 인정된 디모데
	호3-4 / 여호와를 인정치 않는 이스라엘 제사장과 백성	시119:121-144 / 범사에 주의 법도를 인정하고 지키는 시편기자
31	**올무 (사람을 얽어매기 위해 꾸민 잔꾀)**	
	왕하13 / 여로보암의 죄를 따라감이 왕들의 올무가 됨	딤후3 / 경건의 능력을 부인함이 성도들의 올무가 됨
	호5-6 / 음행과 더러운 행위가 이스라엘의 올무가 됨	시119:145-176 / 율례를 구하지 않음이 악인들의 올무가 됨

날짜	통일(연합)주제 / 말씀연결(Word Link)	
11/1	**사적 (事蹟, 행한 일이나 사건의 자취)**	
	왕하14 / 이스라엘 왕 요아스와 여로보암2세의 사적	딤후4 / 선한 싸움을 싸우고 갈 길을 마친 바울의 사적
	호7 / 달궈진 화덕 같이 죄를 범한 이스라엘의 사적	시120-122 / 성전에 오르는 자를 지키시는 여호와의 사적
2	**악행 (惡行, 하나님의 법을 어기고 악을 행함)**	
	왕하15 / 여호와 보시기에 악행하는 이스라엘 왕들	딛1 / 바울과 선지자가 보기에 악행하는 그레데인들
	호8 / 여호와 보시기에 우상숭배하며 악행하는 이스라엘	시123-125 / 이스라엘을 향해 조소와 멸시로 악행하는 자들
3	**교훈 (敎訓, 향후 행동이나 생활에 도움이 될 것을 가르치고 깨우침)**	
	왕하16 / 그릇되게 정치와 종교를 이끈 왕이 남긴 교훈	딛2 / 가르쳐야 할 남녀 성도의 자질에 관한 교훈
	호9 / 거짓되고 더러운 제사의 심판에 관한 교훈	시126-128 / 세우시고 지키시는 여호와의 주권에 관한 교훈
4	**열매 (일의 좋은 결과를 비유적으로 이르는 말)**	
	왕하17 / 이주와 혼합종교정책으로 불법적인 열매를 맺음	딛3 / 다툼과 정욕을 버리고 성령 안에서 열매 맺음
	호10 / 주가 주신 무성한 열매로 주상과 제단을 꾸밈	시129-131 / 교만과 오만을 버리고 주를 바라며 열매 맺음
5	**의뢰 (依賴, 남에게 의지하고 부탁함. 하나님을 의지함)**	
	왕하18 / 앗수르의 침략을 물리쳐 주실 하나님을 의뢰함	몬1 / 도망자 오네시모를 용납해 줄 빌레몬을 의뢰함
	호11 / 구원을 베풂 바알과 아로새긴 우상을 의뢰함	시132-134 / 여호와의 처소 찾기를 도우실 하나님을 의뢰함
6	**존귀 (尊貴, 지위나 신분이 높고 귀함)**	
	왕하19 / 존귀하신 주 여호와를 비방한 산헤립의 최후	히1 / 존귀하신 예수 그리스도는 천사보다 뛰어남
	호12 / 존귀하신 만군의 하나님께 돌아오길 호소함	시135-136 / 모든 신들보다 존귀하신 여호와를 감사 찬송함
7	**보응 (報應, 착한 일과 악한 일이 그 원인과 결과에 따라 대갚음을 받음)**	
	왕하20 / 전심으로 기도하는 히스기야에게 보응하심	히2 / 구원을 등한히 여기는 성도에게 보응하심
	호13 / 바알과 우상을 숭배한 에브라임에게 보응하심	시137-138 / 감사와 찬송으로 예배하는 자에게 보응하심
8	**불의 (不義, 정의롭지 못하고 도리에 어긋남. 하나님의 뜻을 거역함)**	
	왕하21 / 불의한 므낫세 왕이 아버지의 업적을 무너뜨림	히3 / 불의한 출애굽 백성이 주의 안식에 못 들어감
	호14 / 불의한 이스라엘이 회개하고 돌아오길 호소함	시139 / 불의한 자를 미워하는 다윗을 다 아시는 여호와
9	**결부 (結付, 일정한 사물이나 현상을 서로 끌어 붙여 연관시킴)**	
	왕하22 / 율법책을 백성통치에 결부시켜 나라를 세움	히4 / 들은 복음을 믿음에 결부시켜 안식에 들어감
	욜1 / 심판의 교훈을 회개에 결부시켜 후손에게 전함	시140-141 / 악의 시험과 의의 책망을 성숙에 결부시켜 기도함
10	**온전 (穩全, 결점이 없고 완전함)**	
	왕하23 / 요시야 왕의 온전한 종교개혁과 유월절 지킴	히5 / 온전한 예수 그리스도의 순종과 영원한 구원
	욜2 / 백성의 온전한 회개와 여호와의 풍성한 회복	시142 / 다윗의 온전한 부르짖음과 여호와의 보호하심
11	**맹세 (盟誓, 임무나 약속을 시행하거나 목표를 이룰 것을 굳게 다짐함)**	
	왕하24 / 주 하나님이 유다를 멸하실 것을 맹세하심	히6 / 주가 기업을 받는 자에게 약속을 맹세하심
	욜3 / 여호와가 이방민족을 멸할 것을 맹세하심	시143 / 다윗이 종으로서 영혼을 주께 드림을 맹세함
12	**목자 (牧者, 양을 치는 사람, 영혼을 돌보는 자를 가리킴)**	
	왕하25 / 목자를 잃어버린 유다가 범죄로 멸망을 당함	히7 / 목자이신 대제사장 예수께서 언약을 이루심
	암1 / 목자이신 여호와께서 이방민족을 징벌하심	시144 / 목자이신 주 여호와께서 다윗의 산성이 되심
13	**선택 (選擇, 여럿 가운데서 필요한 것을 골라 뽑음)**	
	대상1-2 / 야곱의 열 두 아들 중에 유다를 선택하심	히8 / 선민 중에 새 언약을 받을 백성을 선택하심
	암2 / 서너 가지 죄를 지은 벌할 민족을 선택하심	시145 / 하나님을 찬송하고 선포할 성도를 선택하심
14	**현현 (顯現, 명백하게 나타나거나 나타냄)**	
	대상3-4 / 다윗의 족보를 통해 하나님의 구속사가 현현됨	히9 / 예수님의 희생을 통해 하나님의 구원이 현현됨
	암3 / 선지자들의 선포를 통해 하나님의 말씀이 현현됨	시146-147 / 곤고한 자들의 회복을 통해 하나님의 사랑이 현현됨
15	**거룩 (하나님의 속성을 표현하는 말로 성결하고 깨끗하며 성스러움을 뜻함)**	
	대상5-6 / 거룩하신 여호와의 직무를 담당하는 레위 자손	히10 / 거룩하신 하나님께 단번의 제사를 드린 예수
	암4 / 거룩하신 여호와께 돌아오지 않는 이스라엘	시148-150 / 거룩하신 여호와께 모든 것으로 찬양하는 성도

날짜	통일(연합)주제 / 말씀연결(Word Link)	
16	**생육 (生育, 생물이 나서 자람)**	
	대상7-8 / 야곱의 일곱 지파가 대를 이어 생육함	히11 / 사라의 후손이 해변의 모래같이 생육함
	암5 / 창조주 여호와를 다시 찾음으로 생육함	눅1:1-38 / 청결한 엘리사벳과 마리아가 생육함
17	**성직 (聖職, 교회에 의해 규정된 규범에 따라 봉사하는 거룩한 직분)**	
	대상9-10 / 성전에서 제사를 집례하는 레위 자손의 성직	히12 / 주의 뜻을 받들어 감당한 예수의 대속적 성직
	암6 / 이스라엘을 경책한 아모스의 선지자적 성직	눅1:39-80 / 구속사를 위한 사가랴와 마리아의 중보적 성직
18	**충성 (忠誠, 하나님, 왕, 윗사람, 나라 등을 위해 몸과 마음을 다함)**	
	대상11-12 / 다윗과 그의 나라를 세우는 용사들의 충성	히13 / 하나님의 말씀으로 인도하는 자들의 충성
	암7 / 이스라엘에 내린 재앙을 막는 아모스의 충성	눅2 / 메시야를 기다리던 시므온과 안나의 충성
19	**시련 (試鍊, 겪어 내기 힘든 고난이나 어려움)**	
	대상13-14 / 하나님의 궤를 옮기다가 생긴 시련	약1 / 신앙생활 중에 만나는 믿음의 시련
	암8 / 외식과 범죄로 당하는 심판적 시련	눅3 / 회개와 정의를 외치다가 당한 시련
20	**경배 (敬拜, 경의나 공경의 뜻을 나타내기 위하여 공손히 절함)**	
	대상15 / 다윗과 백성이 언약궤 앞에서 여호와를 경배함	약2 / 행함이 있는 믿음으로 예수 그리스도를 경배함
	암9 / 범죄한 이스라엘이 회복되어 여호와를 경배함	눅4 / 가르침과 병고침을 받은 자들이 주를 경배함
21	**준수 (遵守, 규칙과 명령 등을 그대로 좇아 지킴)**	
	대상16 / 온 백성들이 다윗의 명령대로 준수함	약3 / 성도들이 선생의 가르침대로 준수함
	옵1 / 구원 받은 자들이 주의 말씀대로 준수함	눅5 / 제자들이 예수님의 말씀대로 준수함
22	**계시 (啓示, 하나님이 인간을 깨우치기 위해 열어 보여주시는 말씀과 환상)**	
	대상17 / 성전을 건축하려던 다윗에게 주신 말씀과 계시	약4 / 정욕을 멀리하고 하나님을 가까이 하라는 계시
	욘1 / 악독이 심한 니느웨에 심판을 선포하라는 계시	눅6 / 새로운 마음과 행동으로 생활하라는 주의 계시
23	**정성 (精誠, 온갖 힘을 다하려는 진실되고 성실한 마음)**	
	대상18 / 전쟁에 승리한 다윗이 정성을 다해 드린 예물	약5 / 고난을 당하는 자가 정성을 다해 드린 기도
	욘2 / 물고기 뱃속에서 요나가 정성을 다해 드린 기도	눅7 / 죄를 지은 한 여자가 정성을 다해 향유를 부음
24	**의심 (疑心, 믿지 못하거나 확실히 알 수 없어서 의아하게 여김)**	
	대상19-20 / 다윗의 나하스왕 조문을 의심하는 암몬 신하들	벧전1 / 그리스도 보배 피로 대속받음을 의심하지 않음
	욘3 / 요나의 멸망선포를 의심하지 않고 회개한 백성	눅8 / 야이로 외딸의 다시 살아남을 의심하는 사람들
25	**실수 (失手, 부주의로 잘못을 저지르거나 언행이 예의에 어긋남)**	
	대상21 / 다윗이 사단의 충동을 받아 인구조사하는 실수	벧전2 / 육체의 정욕과 부당한 고난중에 실수하지 않음
	욘4 / 요나가 니느웨의 구원을 보고 성을 내는 실수	눅9 / 제자들이 귀신제어능력을 쓰지 못하는 실수
26	**확산 (擴散, 흩어져 널리 퍼짐)**	
	대상22 / 다윗으로 인해 성전건축의 사역이 확산됨	벧전3 / 베드로로 인해 의와 선을 행함이 확산됨
	미1 / 사마리아와 예루살렘의 죄로 재앙이 확산됨	눅10 / 칠십인의 전파로 천국의 복음이 확산됨
27	**감수 (甘受, 어려운 상황이나 고통 따위를 달게 받아 들임)**	
	대상23 / 레위 사람들이 변경된 성전에 직무를 감수함	벧전4 / 성도가 마지막 때에 그리스도의 고난을 감수함
	미2 / 구원받을 백성들이 권력자들의 횡포를 감수함	눅11 / 예수가 서기관과 바리새인들의 박해를 감수함
28	**본분 (本分, 의무적으로 마땅히 지켜 행하여야 할 책임과 의무)**	
	대상24-25 / 제사장과 찬송을 맡을 자들의 본분	벧전5 / 주의 양 무리를 쳐야 할 장로들의 본분
	미3 / 정의를 외쳐야 할 통치자들의 본분	눅12 / 기다리며 깨어있어야 할 제자들의 본분
29	**흡족 (洽足, 모자람이 없이 아주 넉넉하여 만족함)**	
	대상26-27 / 다윗왕국의 모든 조직이 흡족하게 배치됨	벧후1 / 신성한 성품의 요소가 흡족하게 갖추어짐
	미4 / 여호와의 통치로 평화가 흡족하게 이루어짐	눅13 / 복음이 흡족하게 전파되지 않아 안타까움
30	**설명 (說明, 어떤 일이나 대상의 내용을 상대편이 잘 알 수 있도록 밝히 말함)**	
	대상28 / 다윗이 솔로몬에게 성전 건축에 대해 설명함	벧후2 / 베드로가 성도들에게 거짓 선생에 대해 설명함
	미5 / 미가가 에브라다에게 메시아에 대해 설명함	눅14 / 예수님이 제자들에게 비유로 진리를 설명함

날짜	통일(연합)주제 / 말씀연결(Word Link)	
12/1	**사모 (思慕, 우러러 받들며 마음 속 깊이 따름)**	
	대상29 / 다윗과 백성을 성전건축을 즐거워하며 사모함 미6 / 여호와가 백성의 정의와 인자와 겸손을 사모함	벧후3 / 베드로와 성도는 주의 날 임함을 간절히 사모함 눅15 / 예수님이 한 영혼의 돌아옴을 애타게 사모함
2	**미쁨 (진실하고 믿음직하게 여기는 마음)**	
	대하1 / 솔로몬에게 지혜와 지식을 주신 미쁘신 하나님 미7 / 이스라엘의 빛이 되어 주시는 미쁘신 하나님	요일1 / 성도의 죄를 깨끗하게 해주시는 미쁘신 하나님 눅16 / 제자들에게 가르침을 주시는 미쁘신 예수님
3	**마련 (준비하거나 헤아려 갖춤)**	
	대하2 / 솔로몬이 성전 건축을 위해 자재를 마련함 나1 / 니느웨 멸망의 묵시와 피할 처소를 마련하심	요일2 / 성도가 마지막 때를 위해 답할 진리를 마련함 눅17 / 주가 제자들의 복음사역을 위해 기틀을 마련함
4	**기둥 (건축물이나 공동체에서 중심을 잡아 세우는 역할)**	
	대하3-4 / 보석과 예물들로 성전의 기둥을 세움 나2 / 니느웨가 멸망함으로 영광의 기둥을 세움	요일3 / 행함과 진실함으로 사랑의 기둥을 세움 눅18 / 자신을 낮춤으로 교회의 기둥을 세움
5	**거류 (居留, 어떤 곳에 잠시 머물러 사는 것 혹은 있는 것)**	
	대하5-6:11 / 성전에 여호와의 영광이 가득히 거함 나3 / 니느웨의 멸망으로 누구도 거하지 못함	요일4 / 성도 안에 삼위일체 하나님이 거하심 눅19 / 삭개오의 집에 예수님이 거하심
6	**이름 (어떤 사물이나 단체를 다른 것과 구별하여 부르는 존재적 칭호)**	
	대하6:12-42 / 성전에 계신 주의 이름 여호와 합1 / 심판하시는 주의 이름 여호와	요일5 / 영생 얻게 하는 자의 이름 예수 눅20 / 상속자이신 분의 이름 예수
7	**성수 (聖守, 규칙과 명령 등을 그대로 쫓아 거룩히 지킴)**	
	대하7 / 솔로몬이 찬송을 드리기 위해 절기를 성수함 합2 / 하박국이 말씀을 듣기 위해 자리를 성수함	요이1 / 성도가 온전한 상을 받기 위해 계명을 성수함 눅21 / 성도가 인자의 오실 날을 위해 경건을 성수함
8	**부흥 (復興, 쇠퇴하였던 것이 다시 일어남)**	
	대하8 / 솔로몬이 온 성을 건축하며 나라를 부흥케 함 합3 / 여호와가 모든 위엄을 가지시고 부흥케 하심	요삼1 / 가이오가 영혼을 돌봄으로 교회를 부흥케 함 눅22 / 유다와 베드로는 배반과 부인으로 부흥치 못함
9	**대답 (對答, 물음이나 요구 등에 응하여 말하거나 어떤 태도를 보임)**	
	대하9 / 솔로몬이 스바 여왕의 묻는 말에 대답함 습1 / 주가 유다의 범죄에 대해 멸절로 대답하심	유1 / 유다가 부르심을 받은 교회에게 대답함 눅23 / 예수가 빌라도의 심문적 질문에 대답하심
10	**도래 (到來, 어떤 기회나 시기가 닥쳐옴)**	
	대하10 / 르호보암이 다스리는 폭정의 시대가 도래함 습2 / 스바냐가 예언한 구원과 멸망의 시대가 도래함	계1 / 요한이 예언한 종말과 재림의 시대가 도래함 눅24 / 제자가 목격하고 증언한 부활의 시대가 도래함
11	**회개 (悔改, 죄나 잘못을 뉘우치고 마음을 고쳐먹은 후 주 안에서 삶)**	
	대하11-12 / 르호보암이 범죄한 것을 회개하고 겸비함 습3 / 스바냐가 예루살렘 지도자에게 회개를 촉구함	계2 / 주가 에베소 버가모 두아디라에게 회개를 촉구함 요1 / 세례요한이 어린양을 소개하며 회개를 외침
12	**책망 (責望, 허물이나 잘못에 대해 꾸짖거나 나무람)**	
	대하13 / 아비야가 싸우려고 나온 여로보암을 책망함 학1 / 학개가 전을 건축하지 않으려는 백성을 책망함	계3 / 주가 범죄한 사데와 라오디게아교회를 책망함 요2 / 예수님이 성전에서 매매하는 자들을 책망하심
13	**평안 (平安, 걱정이나 탈이 없음)**	
	대하14-15 / 아사 왕이 제사와 개혁으로 평안을 누림 학2 / 이스라엘이 재건한 성전으로 평안을 얻음	계4 / 네 생물과 이십사 장로가 평안 중에 찬송함 요3 / 하나님이 예수를 통해 세상에 평안을 이루심
14	**구주 (救主, 세상을 구원하실 참된 주인)**	
	대하16 / 유다를 전쟁에서 구원하실 참 구주는 여호와 슥1 / 유다를 회복시키실 구주는 만군의 여호와	계5 / 경배와 찬양을 받으실 구주는 예수 그리스도 요4 / 한 여자를 구원하실 구주는 예수 그리스도
15	**측량 (測量, 어떤 것의 길이, 넓이, 높이, 깊이를 재고 생각하여 헤아림)**	
	대하17 / 측량할수록 넘쳐나는 하나님의 축복 슥2 / 측량할 수 없는 하나님의 감탄할 회복	계6 / 측량하기 두려운 하나님의 인 재앙 요5 / 측량할 수 없는 예수님의 완전한 사역

날짜	통일(연합)주제 / Word Link	
16	**분별 (分別, 서로 다른 것을 종류에 따라 판단하여 구별하고 가려냄)**	
	대하18 / 선지자의 예언으로 전쟁여부를 분별하는 두 왕	계7 / 순교적 신앙으로 구원받을 자를 분별하시는 주
	슥3 / 쓰실 대제사장을 분별하여 새롭게 입히시는 주	요6 / 자신을 생명의 떡으로 분별하도록 가르치신 주
17	**공포 (公布, 일반 대중에게 널리 알림)**	
	대하19-20 / 여호사밧이 백성들에게 금식을 공포함	계8 / 천사들이 세상에게 나팔 재앙을 공포함
	슥4 / 여호와께서 이스라엘에게 은총을 공포하심	요7 / 예수님께서 무리에게 교훈을 공포하심
18	**불변 (不變, 사물의 모양이나 성질, 또 언약이나 약속이 변하지 않음)**	
	대하21 / 다윗과 맺은 언약을 지키시는 불변의 여호와	계9 / 악한 자를 향해 심판을 행하는 불변의 천사들
	슥5 / 거짓말과 헛맹세한 자를 저주하시는 불변의 주	요8 / 유대인들에게 진리를 가르치신 불변의 예수
19	**대행 (代行, 어떤 권한이나 직무를 대신하여 행함)**	
	대하22-23 / 종교개혁을 대행하는 제사장 여호야다	계10 / 하나님의 뜻을 대행하는 천사들과 요한
	슥6 / 금 면류관 씌우는 일을 대행하는 스가랴	요9 / 복음 전파를 대행하는 눈을 뜨게 된 맹인
20	**훼방 (毁謗, 남의 일을 잘못되게 하거나 못하게 함)**	
	대하24 / 요아스의 성전 수리를 훼방하는 악한 자들	계11 / 두 증인의 사역을 훼방하는 짐승과 악한 자들
	슥7 / 여호와의 말씀을 듣지 않고 훼방하는 백성들	요10 / 선한 목자이신 예수의 사역을 훼방한 유대인들
21	**생각 (무엇을 행하기로 마음속으로 작정하거나 각오함)**	
	대하25 / 선지자를 통해 모병 반대의 생각을 전하신 주	계12 / 요한을 통해 사단 진멸의 생각을 전하신 주
	슥8 / 스가랴를 통해 선민 회복의 생각을 전하신 주	요11 / 나사로를 통해 부활 영생의 생각을 전하신 주
22	**초래 (招來, 일의 결과로써 어떤 현상을 생겨나게 함)**	
	대하26 / 웃시야의 교만함이 불치의 나병을 초래함	계13 / 두 짐승의 미혹함과 핍박이 순교를 초래함
	슥9 / 여호와의 말씀이 이스라엘의 구원을 초래함	요12 / 예수님의 생명이 온 세상의 구원을 초래함
23	**임박 (臨迫, 어떤 때가 가까이 닥쳐옴)**	
	대하27-28 / 범죄에 대한 주님의 진노가 임박함	계14 / 선택에 대한 주님의 심판이 임박함
	슥10 / 유다에 대한 주님의 구원이 임박함	요13 / 세상에 대한 주님의 희생이 임박함
24	**명령 (命令, 윗사람이나 상위 조직이 아랫사람이나 하위 조직에 무엇을 하게 함)**	
	대하29 / 종교의 개혁을 명령하는 히스기야	계15 / 일곱 대접의 재앙을 명령하는 네 생물 중 하나
	슥11 / 지도자들의 회개를 명령하시는 하나님	요14 / 제자들의 믿음을 명령하시는 예수님
25	**기쁨 (어떤 만족감에 의해 느끼는 즐겁고 흥겨운 감정)**	
	대하30 / 유월절 절기를 다시 지킴으로 큰 기쁨을 얻음	계16 / 일곱 대접재앙 심판을 통해 의인이 기쁨을 얻음
	슥12:13-1 / 진실한 애통을 통해 큰 구원의 기쁨을 얻음	요15 / 포도나무이신 예수의 계명을 지켜 기쁨을 얻음
26	**직임 (職任, 직무상 맡은 임무 혹은 책임)**	
	대하31 / 예물을 관리하고 나누어줄 제사장들의 직임	계17 / 하나님의 구원과 심판을 전할 요한의 직임
	슥13:2-9 / 하나님의 심판을 전해야 할 스가랴의 직임	요16 / 죄의 심판에 대해 세상을 책망할 성령의 직임
27	**영화 (榮華, 몸이 귀하게 되어 세상과 주의 나라에서 이름이 빛남)**	
	대하32 / 하나님을 의지함으로 히스기야가 영화롭게 됨	계18 / 바벨론을 심판하심으로 순교자들이 영화롭게 됨
	슥14 / 여호와의 회복하심으로 예루살렘이 영화롭게 됨	요17 / 사역완수를 통해 아버지와 아들이 영화롭게 됨
28	**행실 (行實, 실지로 드러나는 행동이나 몸가짐)**	
	대하33 / 회개 후 성전을 보수한 므낫세의 겸손한 행실	계19 / 혼인산치를 준비하는 성도들의 옳은 행실
	말1 / 주의 이름을 멸시하는 백성들의 그릇된 행실	요18 / 아버지의 뜻에 응하는 예수님의 겸허한 행실
29	**미혹 (迷惑, 무엇에 홀려 정신을 차리지 못함)**	
	대하34 / 바알, 아세라, 태양, 우상에게 미혹된 이스라엘	계20 / 사탄, 마귀, 짐승, 거짓 선지자에게 미혹된 영혼들
	말2 / 언약을 깨고 거짓으로 백성을 미혹한 제사장들	요19 / 예수를 못 박기 위해 백성을 미혹한 제사장들
30	**구비 (具備, 필요한 것을 빠진 것 없이 모두 갖춤)**	
	대하35 / 요시야는 유월절을 지키려고 모든 것을 구비함	계21 / 주는 새 하늘과 새 땅에 모든 것을 구비하심
	말3 / 주는 십일조를 바친 자에게 모든 복을 구비하심	요20 / 부활의 주가 제자들에게 평강과 성령을 구비하심
31	**회계 (會計, 나가고 들어온 물질과 선악 간에 행한 모든 것을 따져봄)**	
	대하36 / 유다의 마지막 왕들을 회계하여 잡혀가게 하심	계22 / 보좌에 앉으셔서 악한 자들을 회계하여 벌하심
	말4 / 용광로 불같은 날에 악한 자를 회계하여 태우심	요21 / 부활의 주가 모든 제자를 회계하여 다시 쓰심

10월 01 October

간구

왕상3 / 엡1 / 겔34 / 시83-84

● 열왕기상 3장 백성을 재판하기 위해 듣는 마음을 간구함

솔로몬은 애굽 왕 바로와 함께 인연을 맺어 그 딸을 아내로 취하고 데려다가 다윗 성에 두고 자기의 궁과 여호와의 전과 예루살렘 주위의 성이 완공되기를 기다렸다. 그때까지 여호와의 이름을 위해 성전을 아직 건축하지 아니하였으므로 백성들은 산당들에서 제사하였고, 솔로몬도 여호와를 사랑하고 그 아버지 다윗의 법도를 행하되 단지 산당들에서 제사하며 분향하였다. 산당 제사는 하나님을 섬기는 온전한 방법은 아니었다고 본다(왕하 18:4). 이스라엘 백성은 오직 성막에서 하나님을 섬겨야 한다. 솔로몬이 여호와를 사랑하고 다윗이 전한 하나님의 법도를 힘써 행하였지만, 산당들에서 제사하며 분향한 것은 부족이었다.

한편 왕국의 기반을 든든히 닦은 솔로몬은 바른 정치 구현을 위해 하나님께 기도하는 가운데 큰 지혜를 얻는다. 이 지혜를 힘입어 솔로몬은 물증도 목격자도 하나 없는 어려운 재판에서 탁월한 판결로 명성을 드높인다.

✚ 묵상 : 솔로몬은 기브온 산당에서 하나님께 어떤 제사와 간구를 드렸나요?(왕상3:4~10)
솔로몬은 창기 두 여자의 아들 분쟁을 어떻게 지혜롭게 판결했나요?(왕상3:16~22,25)

● 에베소서 1장 계시로 영광 능력을 알게 하시길 간구함

1장은 우리의 구원을 위한 하나님의 놀라운 계획과 역사를 찬송한다. 성부 하나님의 선택과 예정(3-6절), 성자 예수님의 구속 사역(7-12절), 성령 하나님의 인치심과 보증(13-14절)으로 우리의 구원을 완성하셨다. 에베소 성도들을 위한 바울의 기도가 나오고(15-19절), 마지막으로 그리스도가 행하신 모든 일은 교회(성도)를 위한 일임을 밝히고(20-22절) 그리스도와 성도의 관계를 언급하며 그리스도인의 정체성을 확인시킨다(23절).

✚ 묵상 : 바울은 하나님이 우리에게 어떤 신령한 복을 주셨다고 말했나요?(엡1:3,5,7~8,11)
바울은 신령한 복을 받은 자들에게 어떤 삶의 목적이 있다고 했나요?(엡1:6,12,14)

기 도

- 주여, 자신의 사역을 위해 주어진 곳에서 최선을 다해 기도하게 하옵소서.
- 주여, 성도로서 신령한 복 주심에 감사하고 목적에 따라 바로 살게 하옵소서.
- 주여, 목자의 사명을 잃지 말고 양 떼를 위해 목숨을 거는 자가 되게 하옵소서.

통일 주제 간구 (懇求, 하나님께 간절히 바라고 구함)

연합 내용 간구는 성도의 경건생활에 기본이다. 하나님의 뜻을 알기 위해서, 회개하기 위해서, 문제를 해결받기 위해서, 능력을 얻기 위해서, 타인이나 교회나 나라를 중보하기 위해서 힘을 다해 간구하는 것이다.

● 에스겔 34장 거짓된 목자가 잘못을 회개하고 회복을 간구함

에스겔은 믿음 없는 이스라엘의 목자들에게 갈구하는 영혼들이 듣고 돌아올 수 있는 영혼의 말씀을 증거하라고 전한다. 파수꾼의 비유를 통해 자신의 사명을 선포한 에스겔 선지자는 이제 34장에서 양과 목자의 비유를 통해 백성을 괴롭히는 악한 지도자들과 이에 동조하여 백성을 괴롭히는 자들을 책망하면서 고난당하는 백성들을 향해 미래의 참된 평안과 번영의 소망을 제시한다.

✚ 묵상 : 여호와는 에스겔을 통해 이스라엘 목자들의 어떤 죄를 말씀하셨나요?(겔34:2~5,8)
여호와 하나님은 에스겔에게 자신이 친히 이스라엘의 무엇이 되어주시겠다고 말씀하셨나요?(겔34:10~12,14~16,31)

● 시편 83-84편 이방나라의 멸망과 성전 사모자의 복을 간구함

83: 이 시는 아삽의 이름이 들어 있는 마지막 시이다. 이 시의 저작 시기에 대하여는 이런 견해들이 있으나 이방 연합군들이 유다를 침공했던 때(여호사밧 왕 재의시)로 보는 것이 가장 무난하다(대하 20장). 이 시는 기도와 저주가 어우러진 민족적 탄식시인 이 시편에는 이스라엘과 대적한 여러 민족이 등장한다. 본 시는 내용은 도움을 구하는 간구이며, 이스라엘 원수에 대한 항변이며, 하나님의 심판에 대한 간구이다. 따라서 이 시에서 가장 돋보이는 신앙적 요소는 바로 담대함과 승리의 확신이라 하겠다. 풍전등화 같은 민족의 위기 속에서 저자가 보여준 담대한 신앙은 실로 놀라운 것이다. 이러한 확신은 지난 유다의 역사 속에서 나타난 하나님의 능력을 의지함이었으니 이는 곧 보이지 않는 것을 보는 것처럼 믿는 성숙한 신앙으로(히 11:1), 오늘날 귀감이 되고 있다.

84: 본편의 저자는 확실하지 않으나 아마도 예루살렘을 순례하는 제사장이었을 것으로 추측되며 고라 자손은 다만 이를 보관하였을 뿐이다. 저작 시기는 본문에 주의 궁정이 언급되어 있는 것으로 보아 바벨론 포로 이전이 분명하다. 이 시는 하나님의 전에서 그들의 지위에 대하여 하나님께 감사하는 내용으로 넘친다. 어느 곳을 보아도 하나님에 대한 불만은 찾아볼 수가 없고 감사만이 넘친다.

✚ 묵상 : 아삽은 여호와께 주변 이방국가들에 관하여 어떤 간구를 드렸나요?(시83:2,5~9)
고라 자손은 여호와께 어떤 찬송과 간구를 드렸나요?(시84:1~2,4~5,8,10)

10월 02 October

성전

왕상4-5 / 엡2 / 겔35 / 시85

● 열왕기상 4-5장 솔로몬이 여호와의 이름을 위해 건축한 성전

4: 솔로몬은 하나님으로부터 받은 지혜를 발휘하여 행정을 조직하고 내객을 구성한다. 또한 주변 국가를 정복하여 조공을 받으며 최고의 번영을 누리게 된다. 이때 솔로몬 시대의 평화와 번영을 증거한다. 솔로몬은 하나님으로부터 받은 지혜를 발휘하여 행정을 조직하고 내각을 구성하였다. 또한 주변 국가를 정복하여 조공을 받으며 최고의 번영을 누리게 된다. 그리고 이와 같은 것은 그의 신하들을 선별하여 그 중요성의 순서대로 세운데서 잘 드러난다. 한편 4장의 후반부에는 솔로몬이 지은 시와 노래, 잠언과 자연과학 분야에 이르기까지 솔로몬의 놀라운 지혜가 언급되고 있다. 솔로몬이 받은 지혜가 얼마나 큰지를 생생하게 볼 수 있는 대목이다.

5: 왕국의 기반을 닦은 솔로몬은 선왕 때부터 그렇게 소원하던 성전 건축을 착수한다. 이를 위해 하나님은 다윗과 친분 관계에 있던 두로 왕 히랍을 동원하신다. 이에 더하여 백성들도 마음에 큰 감동을 얻어 한 마음으로 성전 건축에 성원을 보낸다. 역사는 변하되 그 흐름은 다를 바 없다고 하였다. 이곳에서는 바로 그와 같은 역사의 살아 있는 교훈을 보여주고 있다.

이스라엘과 두로와의 관계는 여러 면에서 우리들의 관심을 끌게 한다. 이는 이스라엘의 민족 형성과 두로의 국가 형성의 배경뿐 아니라 이들 간의 관계가 매우 흥미롭기 때문이다.

✚ 묵상 : 솔로몬은 하나님이 약속하신대로 어떤 복을 받았나요?(왕상4:7,20~26,29~30,34)
솔로몬은 성전 건축을 위하여 누구와 약조를 맺었나요?(왕상5:1~8,11~12,18)

● 에베소서 2장 주 안에서 서로 연결하여 완성되어 가는 성전

아담 이후 인간은 하나님과 단절되어 있었으나(1-3절), 하나님의 은혜로 구원을 선물로 받았다(4-10절). 예수님의 십자가는 하나님과 우리 사이를 화해 시켰다. 또한 유대인과 이방인 사이의 장벽을 무너뜨리고 연합하게 했으며(11-15절), 유대인과 이방인은 십자가로 인하여 성령 안에서 자유롭게 아버지께로 나아감을 얻었다(18절). 그리고 하나님의 처소(공동체)로 함께 지어져 간다(19-22절).

✚ 묵상 : 바울은 에베소교회 성도들에게 과거의 신분이 어떠했음을 깨우쳐 주고 현재의 사명에 대해 가르쳐 주었나요?(엡2:1~3,10)
바울은 에베소교회 성도들에게 그리스도의 하신 사역과 그 결과를 어떻게 설명했나요?(엡2:12~22)

통일 주제 성전 (聖殿, 하나님의 이름을 둔 곳이며 그리스도의 몸인 성도를 뜻함)

연합 내용 하나님을 믿는 선택된 자들은 어디를 가든지 항상 단을 쌓았다. 이스라엘 민족은 광야에서 성막을 세웠고 그 후 솔로몬 왕은 성전을 건축하였다. 이제 그리스도인은 성령 안에서 주님을 모신 성전이 되었다.

● 에스겔 35장 이스라엘 족속이 거주한 땅은 주가 계신 성전

본장에서는 세일 산에 대한 하나님의 심판의 내용이 기록되어 있다. 세일 산은 에돔 족속을 가리키는 수사학적 표현이며, 하나님께서는 그들을 진멸하시겠다는 강한 의지를 표현하신 것이다. 왜냐하면 그들이 이스라엘 땅을 무력으로 침범하여 그 백성을 노예로 삼고자 했기 때문이다(10절). 따라서 이스라엘의 구원이 본토로의 귀환인 만큼 그 선행 조건으로 먼저 에돔 족속이 제거되지 않으면 안 되었던 것이다. 또 에돔의 죄에는 그밖에도 잔인무도함과 신성 모독 등이 더 첨가되어 있었다. 하나님께서는 이 모든 죄과에 대해 정의의 심판을 행하겠다는 결의를 표현하셨다.

✚ 묵상 : 여호와 하나님이 세일 산을 향해 심판을 내리신 이유는 무엇일까요?(겔35:2~6,9~11)
여호와 하나님이 에돔 온 땅에 심판을 내리신 이유는 무엇일까요?(겔35:12~13,15)

● 시편 85편 주가 성도의 기도를 들으시고 말씀하시는 성전

본편은 바벨론 포로에서 귀환한 저자가 하나님의 사랑의 역사에 감사하는 동시에 영적, 육적으로 황폐된 이스라엘의 회복을 위해 기도하고, 하나님의 응답을 받은 내용의 노래이다. 또한 이 시는 하나님의 구원의 원인이 하나님의 은혜와 인자와 긍휼인 것과, 그 내용이 하나님을 경외하고 계명을 순종하는 의(義)의 회복인 것과, 그 결과가 평안과 영광임을 잘 증거하고 있다.

저자는 하나님이 이스라엘에게 다시 언약적 사랑을 베푸실 것이라고 주장한다. 과거에 자비를 베푸셨던 하나님이 지금 진노하고 계신다. 그러나 미래에는 이스라엘을 회복시켜 주실 것이다.

✚ 묵상 : 고라 자손은 성전에서 여호와 하나님께 어떤 기도를 드렸나요?(시85:1~4,6~7)
고라 자손은 여호와 하나님이 성전에서 그의 백성, 그의 성도들에게 무엇을 말씀하실 것이라고 했나요?(시85:8~10,12)

기 도

- 주여, 받은 복을 세어보고 그 복을 사용하여 주의 성전을 세워가게 하옵소서.
- 주여, 진노의 자녀였던 내가 예수의 은혜로 구원받았음을 감사하게 하옵소서.
- 주여, 골방과 성전에서 진심으로 기도하고 말씀을 듣는 자가 되게 하옵소서.

10월 03 October

소망

왕상6 / 엡3 / 겔36 / 시86

● 열왕기상 6장 다윗과 솔로몬이 소망하던 성전건축이 완공됨

모든 준비가 끝나자 솔로몬 왕이 성전을 건축한 일을 기록한다. 외부 공사에 이어 내부 공사로 진행된 성전은 이전 성막의 두 배 정도 크기에 해당된다. 한편 도중에 하나님은 다시 한 번 이 일이 여호와께서 비롯된 일임을 상기시키시며 여호와의 계명에 복종하라고 명령하신다.

이와 같이 솔로몬의 성전 건축은 이스라엘의 역사뿐 아니라 기독교의 구속사에서도 중요한 의미를 가진다. 모든 일에는 반드시 그 일의 뜻이 있고, 목적이 있기 마련이다. 한편 도중에 하나님은 다시 한 번 이 일이 여호와께서 비롯된 일임을 상기시키며 여호와의 계명에 복종하라고 명령하신다.

✚ 묵상 : 솔로몬은 여호와의 성전을 어떤 식양으로 건축하였으며 내외 장식과 단장(인테리어)은 어떻게 하였을까요?(왕상6:2,7,14~16,19,22~23,27~28)
솔로몬이 여호와의 성전을 정성껏 건축하는데 몇 년이 걸렸나요?(왕상6:37~38)

● 에베소서 3장 바울이 소망하던 이방인의 구원이 성취됨

예수 그리스도를 전하는 일에 전적으로 갇힌 자(=매인 자)된 바울은 실제로 옥에 갇힌 자 이기도 한다(1절). 하나님의 은혜의 경륜(다메섹으로 가는 도중 예수님을 만난 사건, 행 9장)이 나타남으로 인해 바울은 비밀(=그리스도의 복음)을 알게 되었을 뿐 아니라 이 비밀을 이방인에게 전하는 일꾼으로 부름 받았다(2-9절). 하나님이 지상에 교회를 세우신 것은 미리 예정하신 것으로 세상은 환난(=거부, 조롱, 핍박)으로 응답하겠지만 하나님은 교회를 통해 하나님의 지혜를 세상에 널리 알리신다(10-13절). 바울은 에베소 성도들을 위해 두 번째 기도(첫 번째는 1:15-23절)를 드리는데 각 사람이 성령으로 충만하여 강건하기를, 공동체 안에 그리스도의 사랑이 풍성하기를 간구한다(14-19절). 하나님은 우리가 구하거나 생각한 것보다 더욱 넘치도록 주시는 분이다(20-21절).

✚ 묵상 : 이방인을 위하여 하나님의 비밀의 복음을 전하게 된 바울은 자신을 어떻게 표현했나요?(엡3:1~2,6,8~9)
바울이 에베소교회를 위하여 간절히 기도한 내용은 무엇일까요?(엡3:15~19)

통일 주제 소망 (所望, 간절히 바라고 원함)

연합 내용 그리스도인에게 소망이 없다면 참 신앙인이 아니다. 궁극적으로는 천국에 소망을 두고 현세적으로는 주어진 사명의 완수를 위해 달려가는 것이다. 하나님도 인류를 향한 자신의 소망을 끊임없이 실천해 가신다.

● 에스겔 36장 이스라엘이 소망하던 왕국의 회복이 예언됨

이스라엘의 회복에 대한 하나님의 약속은 새로운 지도자를 보내주시겠다는 34장의 예언에서부터 이미 시작되었다. 본장에서는 미래에 대한 희망이 새로운 땅에 대한 약속과 더불어 그곳에 거주할 새로운 백성에 대한 전망으로 다시 나타나고 있다. 지도자, 땅 그리고 백성으로 이어지는 예언의 순서는 이스라엘의 지도자의 중요성을 강조함과 동시에 언약 백성 및 그들이 거주할 땅 사이의 불가분의 관계를 잘 묘사해 주고 있다. 특히 본장에서는 가나안 땅은 언약적인 관점에서 볼 때 하나님께서 이 땅을 회복해 주시겠다는 약속은 다시금 이스라엘을 하나님의 백성으로 삼아 주시며 그들을 구원할 메시야를 보내주시겠다는 약속이다.

✚ 묵상 : 여호와 하나님은 이스라엘에 대해 어떤 회복계획을 세우셨나요?(겔36:7~12,15)
여호와 하나님은 무엇을 가장 소중히 여기신다고 말씀하셨나요?(겔36:21~23,32,37)

● 시편 86편 다윗이 소망했던 환난 중의 구원이 성취됨

어떤 이는 이 시가 다윗보다 후대에 쓰여진 것이라고 말하나 이 시에 나타난 고난의 모습은 오히려 다윗의 생에 부합된다. 개인적인 호소의 내용을 담은 시는 제3편(73-89편)에서는 유일한 다윗의 시로서 고독한 다윗의 심정이 잘 드러나 있다. 이 시는 시편 85편과 같이 두 개는 짧고 하나는 긴 시로 구성되었다. 이 시에서는 저자가 7가지의 이유를 제시하면서 하나님의 응답을 받기를 원한다. 이것은 하나님의 품성과 약속에 근거한 것으로, 이곳에서 이와 관계된 문제가 거론된다.

✚ 묵상 : 다윗은 여호와 하나님께 어떤 소원을 기도했나요?(시86:1~7,11,16~17)
다윗은 자신의 기도를 들으시는 하나님을 어떻게 고백했나요?(시86:8~10,13,15)

기 도

- 주여, 성전을 향한 거룩한 소망을 갖게 하시고 힘을 다해 이루게 하옵소서.
- 주여, 바울의 열정을 닮아 국내와 해외에 복음을 전하는 자가 되게 하옵소서.
- 주여, 선택한 자를 향한 하나님의 열심을 깨닫고 그 이름을 높이게 하옵소서.

10월 04 October 건립

왕상7 / 엡4 / 겔37 / 시87-88

● 열왕기상 7장 솔로몬이 왕궁과 여호와의 성전을 건립함

솔로몬은 성전 건축을 완공한 후 자기의 궁을 13년 동안 건축하였고 그의 집 전체를 완공하였다. 같은 기간 중에 두 놋기둥과 놋바다, 물두멍과 받침 등 성전 부속 성물을 틈틈이 제작한다. 하나님의 성전을 자신의 거처인 궁궐보다 먼저 건축하고 계속 다듬어나가는 성전을 향한 솔로몬의 열정을 엿볼 수 있다. 그리고 솔로몬은 '레바논 삼림의 궁'을 지었다.

이같이 솔로몬이 자기의 궁을 13년 동안 건축한 것은 하나님께서 그에게 약속하신 대로 그의 부귀와 영광이 컸음을 보인다.

✚ 묵상 : 솔로몬 왕이 사람을 보내어 히람을 두로에서 데려온 이유는 무엇일까요?(왕상7:13~14)
성전의 주랑 앞에 세워진 히람이 만든 두 기둥의 이름은 각각 무엇일까요?(왕상7:21)

● 에베소서 4장 성도들이 그리스도의 몸된 교회를 건립함

우리는 성령 안에서 '부르심에 합당한 성품'(겸손,온유,오래참음,용납)의 삶을 살아야 하며(1-2절) 성령의 하나 되게 하심을 지켜 나가야 한다(3-6절). 또한 승천하신 그리스도의 선물인 직분을 잘 감당하며, 그리스도의 장성한 분량에 이르도록 자라가야 한다(7-16절). 이방인처럼 살지 말며(17-19절), 의와 진리의 거룩함으로 지음 받은 새로운 신분에 합당한 삶을 살아야 한다(20-24절). 마지막으로 새로운 신분을 얻은 자의 구체적인 윤리적 지침이 나온다(25-32절).

✚ 묵상 : 하나님께서 성도들을 각 지체의 분량대로 역할 삼으신 이유는 무엇일까요?(엡4:11~16)
사도 바울은 옛 사람을 벗어버리고 어떤 새 사람이 될 것을 권면했나요?(엡4:17~24)

기 도

- 주여, 나를 구원하신 하나님께 정성과 최고의 것을 드릴 수 있게 하옵소서.
- 주여, 우리를 구원하신 예수님을 머리 삼아 한 몸 된 교회를 세우게 하옵소서.
- 주여, 연약하고 아플 때도 하나님을 의지하고 기도를 드려 승리하게 하옵소서.

통일 주제 건립 (建立, 건물, 기념비, 나라, 기관, 조직체 따위를 만들어 세움)

연합 내용 성전은 하나님께서 거하시며 제사를 받으시는 곳이다. 이제는 독생자 예수 그리스도를 통하여 교회를 세우셨으니 성도는 각기 믿음의 분량대로 한 몸이 되어 교회와 하나님의 나라를 건립해 나가야 한다.

● 에스겔 37장 여호와께서 마른 뼈같은 이스라엘을 건립함

본장의 마른 뼈 골짜기의 환상은 육체의 부활에 대한 구약의 교훈, 혹은 영적인 중생에 대한 비유로 이해되고 있으나 그보다 본장을 바르게 해석하는 열쇠는 본문을 문맥 속에서 살피는 일이다. 에스겔은 지금까지 언약 백성들에게 장차 임할 축복의 청사진을 제시해 왔다. 새로운 지도자, 회복된 땅, 재건된 성읍 그리고 메시야 시대의 기타 특징들이 그것이다. 그러나 에스겔에 대한 백성의 반응은 회의적이었다. 예루살렘의 멸망은 신앙의 파산을 의미하였고, 그 성읍의 재건만큼이나 신앙의 재건도 어려웠다. 그리고 그들은 아직도 포로 상태로 얽매여 있기 때문에 마른 뼈와 같이 아무런 소망이 없었다. 그러나 모든 것이 어두운 절망에 빠져 있는 상황속에서 에스겔은 불가능을 가능하게 하시는 하나님의 능력을 발견한 것이다.

✚ 묵상 : 여호와께서 에스겔을 통해 살리신 마른 뼈들은 무엇을 의미하는 것일까요?(겔37:11)
여호와께서 에스겔에게 말씀하신 막대기 비유를 통해 무엇을 약속하셨나요?(겔37:21~28)

● 시편 87-88편 여호와께서 곤란 중의 영혼과 시온을 건립함

87: 이 시는 이스라엘이 바벨론에서 돌아온 이후에 지어진 노래이다. 즉 고국에 돌아온 백성들이 성전을 짓기는 하였으나 미약한 자신들의 세력을 보고 실망하자 하나님의 영에 감동된 저자가 그들에게 용기를 주고자 지은 시이다. 이 시는 다른 시와는 특징이 다르다. 그것은 하나님을 유다의 하나님으로만 인정하는 것이 아니고, 보편적인 하나님으로 인정하는 것이다. 이것은 교회가 하나님의 영광의 상징으로서 어느 특정한 집단만을 위한 것이 아니라 보편적으로 널리 공인된 하나님의 성전이라는 것을 시사하여 준다. 이 시편은 예루살렘에 대한 하나님의 애정을 표현하고, 이 도시가 장차 도래할 메시야 왕국에서 세계의 종교 중심지가 될 것이라고 찬양한다.

88: 이 시편은 전체 시편 중에서 가장 슬픈 시이다. 내용마다 소망이 전혀 없는 상태에서 하나님께 부르짖고 더 나아가서 하나님께 원망하는 듯한 내용이 도처에서 나온다. 땅에서 소망을 찾을 수가 없고, 가까운 친구들마저 그의 곁을 떠나버린 상황에서 하늘을 향하여 탄식의 절규만 있을 뿐이다.

✚ 묵상 : 고라 자손의 노래 속에 등장하는 라합은 어느 나라를 상징하는 표현일까요?(시87:4)
헤만의 노래 속에 연약함과 아픔이 절실히 드러나는 표현에는 어떤 것들이 있나요?
(시88:1~4,8~9,13~14,18)

10월 05 October

제물

왕상8 / 엡5 / 겔38 / 시89

● 열왕기상 8장 솔로몬이 성전봉헌식 때에 드린 풍성한 제물

약 7년 6개월에 걸친 성전 건축이 끝나자 솔로몬은 성전을 하나님께 드리는 봉헌식을 거행한다. 봉헌식은 지성소에 언약궤 안치, 하나님의 언약이 성취되었음을 선포하는 기념사, 솔로몬의 기도, 백성들을 향한 축복, 기쁨과 감사의 제사 순으로 이어지게 된다.

이러한 식순으로 진행되며 먼저 솔로몬은 여호와의 언약궤를 다윗 성 곧 시온에서 메어 올리고자 하여 이스라엘 장로와 이스라엘 열두 지파의 족장들을 예루살렘으로 소집하였다. 성전 기구들 중에 가장 중요한 것이 하나님의 언약궤이기 때문이다. 이스라엘 모든 사람들과 장로들이 다 7월 절기에 왕에게 모였고 제사장들은 언약궤를 메었다. 제사장들과 레위 사람들은 여호와의 궤와 회막과 성막 안의 모든 거룩한 기구들을 메고 올라갔고, 솔로몬 왕과 그 앞에 모인 이스라엘 회중은 궤 앞에 있어 셀 수 없고 기록할 수 없이 많은 양과 소로 제사를 드렸다.

✚ 묵상 : 솔로몬은 하나님께 여러 상황 중에 성전을 향하여 기도와 간구를 드리면 반드시 응답해 달라고 기도했는데 그 응답의 근거를 무엇에 두었나요?(왕상8:51~53)
솔로몬은 여호와의 성전봉헌식을 몇 일동안 어떻게 거행했나요?(왕상8:62~65)

● 에베소서 5장 그리스도는 자신을 드린 향기로운 희생제물

자녀가 아버지를 닮듯이 바울은 에베소 성도들에게 아버지 하나님을 본받고 그리스도의 사랑을 받은 자로서 사랑을 실천할 것을 권면한다(1-2절). 그것은 곧 정결하지 않은 것을 멀리하고(=음행, 더러운 것, 탐욕) 정결하고 거룩한 언어를 사용하며, 과거에 행했던 어둠의 일들을 버리고 빛의 자녀로 살아가는 것이다(3-14절). 이 땅에서의 시간을 의와 사랑과 정직으로 채워 나가는 것이다(15-17절). 성령 충만함으로 세월을 허비하게 만드는 것들로부터 벗어나며 신앙공동체 안에서 감사와 찬송, 섬김의 삶을 영위하는 것이다(18-21절). 복음의 원리는 가정에도 적용되어 그리스도께서 하늘 보좌를 버리고 이 땅에 오신 것처럼 남편은 가부장적인 기득권을 포기하고 자기 몸처럼 아내를 사랑하며 아내는 교회가 그리스도에게 복종하듯 남편에게 복종해야 한다(22-33절). 당시 부부관계는 주종관계였기에 복음은 부부관계에 새로운 패러다임을 제공하였다.

✚ 묵상 : 바울은 에베소교회 성도들에게 하나님을 본받는 자가 되기 위하여 어떤 신앙생활을 하라고 권면했나요?(엡5:1~5,8~10)
바울은 에베소교회 성도들에게 어떤 부부의 교훈을 가르쳐 주었나요?(엡5:22~29)

통일 주제 제물 (祭物, 제사에 사용하는 각종 동식물과 음식)

연합 내용 하나님께 나아가는 자는 제물을 드려야 한다. 그 제물은 동물제사로 피를, 곡물제사로 가루를 드렸다. 예수는 모든 물과 피를 흘려 희생제물이 되셨고 선지자들과 사도들은 복음을 위한 순교제물이 되었다.

● 에스겔 38장 주가 이스라엘을 심판키 위해 잠시 사용한 제물

이스라엘의 전성기였던 다윗 시대의 평화와 번영이 회복될 것이 예시되어 있다. 이는 장차 일어날 역사를 앞당겨 보여 준 것이기도 하며, 또 다른 일면으로는 하나님 나라의 성장과 이에 대한 사탄의 반격을 모형적으로 보여준 것이기도 하다. 이스라엘의 부강을 시기하여 공격한 이방 세력들이 비록 위세가 등등하다 할지라도 멸망당하는 것과 같이 하나님의 권세에 도전하는 마귀의 세력도 급기야 멸망한다. 한편 이 세상에서 살고 있는 그리스도인들이 수많은 환난과 고통을 당하여도 낙심하거나 좌절하지 않는 까닭은 적그리스도의 세력에 대한 궁극적인 승리가 보장되어 잇다는 확신과 소망 때문이다(눅 12:23; 요 16:33). 그리고 곡과 마곡에 대한 심판의 예언에는 종말에 벌어질 교회를 향한 적그리스도의 최후 공격에 대한 암시가 내포되어 있다.

✚ 묵상 : 여호와 하나님은 북쪽에 있는 어느 나라를 도구로 사용하여 이스라엘을 심판하신다고 말씀하셨나요?(겔38:3~6,9~16,18)
여호와 하나님은 심판을 통해 무엇을 분명히 알리려고 하셨나요?(겔38:16,23)

● 시편 89편 주의 속성과 일을 널리 알리는 대언자적인 제물

이 시편은 표제를 '에스라인 에단의 마스길'이라고 했다. "에스라 사람 에단"(왕상 4:31)은 솔로몬에 의해서도 지혜있는 자로 인정받았다. 그는 역대기에서 나오는 '에단'(대상 2:6)과 같은 사람일 것이다. 이 사람에 대해서는 알려진 것이 별로 없다. 이 시는 보기에는 찬양 시(詩) 같으나 그 내용은 하나님에 대한 항의의 성격이 농후하다. 이 시는 하나님과 다윗 간에 맺은 언약을 언급하면서 시작한다. 이 시의 끝에서는 송영이 나온다. 이 송영은 다른 시에서 찾아볼 수 없는 특성을 갖고 있다. 이 시는 하나님이 다윗을 택하시어 기름을 부으셨기 때문에 끝까지 그를 보살피시고 인도하여 주신다는 확신과 소망이 넘친다.

✚ 묵상 : 고라 자손은 여호와의 속성과 언약을 만방에 알리는 어떤 역할을 했나요?(시89:1~5)
여호와 하나님은 고라 자손을 통해 어떤 내용의 말씀을 하셨나요?(시89:19~37)

기 도

• 주여, 구속의 은혜를 입은 자로서 하나님께 기도와 간구로 나아가게 하옵소서.
• 주여, 하나님과 예수 그리스도를 본받아 사랑 가운데 행하는 자가 되게 하옵소서.
• 주여, 하나님의 뜻과 일을 널리 전하는 대언자의 사명을 감당하게 하옵소서.

10월 06 October 계명

왕상9 / 엡6 / 겔39 / 시90

● 열왕기상 9장 성전건축이 완공된 후 솔로몬에게 명하신 계명

성전 건축과 봉헌을 받으신 하나님은 솔로몬에게 복을 주신다. 그리고 율례와 계명에 복종하면 대대로 은혜를 베풀어주시겠노라고 약속하신다. 솔로몬 왕이 여호와의 전과 왕궁 건축하기를 마치며 자기의 무릇 이루기를 원하던 일을 마친 때에 여호와께서는 전에 기브온에서 나타나심같이 다시 솔로몬에게 나타나셨다. 하나님께서 두 번이나 솔로몬에게 나타나신 것은 그를 특별히 사랑하신 까닭일 것이다. 하나님께서 오늘 우리에게 나타나시는 방법은 성경말씀과 성령의 감동이다.

✚ 묵상 : 성전과 왕궁 건축을 마친 때에 여호와께서는 솔로몬에게 나타나셔서 무슨 말씀을 하셨나요?(왕상9:1~5,8~9)
솔로몬은 여호와를 위하여 쌓은 제단 위에 어떤 제사를 어떻게 드렸나요?(왕상9:25)

● 에베소서 6장 에베소교회에게 권면한 잘되고 장수하는 계명

부모와 자녀(1-4절), 주인과 종(5-9절) 간의 덕목을 제시하고 있다. 이들 관계의 요체는 권위에 대한 존경과 순종이다. 10-20절은 그리스도인의 영적 전투를 묘사하고 있는데 전투의 대상(사탄), 방법(성령의 무장), 자세 등을 구체적으로 제시하고 있다. 바울은 본서를 쓸 당시 옥중에 있었는데 그러한 옥중생활에서도 신자의 영적 싸움을 독려함으로써 대사도로서의 면모를 유감없이 발휘하고 있다. 특히 18절에서는 신자의 기도생활에 대한 일반적인 특성을 소개한다. 첫째, "모든 기도와 간구"는 다양성에 초점을 맞춘다. 둘째, "항상"은 횟수에 초점을 맞춘다)참고, 롬 12:12; 빌 4:6; 살전 5:17). 셋째, "성령 안에서"는 사람이 하나님의 뜻에 마음을 정렬하는 복종에 초점을 맞춘다(참고, 롬 8:26, 27). 넷째, "깨어"는 방법에 초점을 맞춘다(참고, 마 26:41; 막 13:33). 다섯째, "항상 힘쓰며"는 지속성에 초점을 맞춘다(참고, 눅 11:9; 18:7, 8). 여섯째, "여러 성도"는 대상에 초점을 맞춘다(참고, 삼상 12:23).

✚ 묵상 : 바울은 에베소교회 성도에게 자녀와 부모 간의 어떤 도리를 가르쳤나요?(엡6:1~4)
바울은 에베소교회 성도에게 마귀를 대적하기 위해 어떤 전신갑주를 입으라고 했나요?(엡6:11~17)

통일 주제 계명 (誡命, 하나님이 내리신 반드시 지켜야할 말씀과 조건)

연합 내용 만물을 다스리시는 하나님은 선하시다. 그러기에 유한한 인간에게 계명을 주실 때 그 목적도 선하시다. 그러므로 믿는 사람은 매순간마다 처한 상황 속에서 주신 계명을 반드시 지킴으로 삶을 승리해야 한다.

● 에스겔 39장 이스라엘에게 회복을 약속하신 후 명하신 계명

본장에서는 마곡 연합군의 멸망이 구체적으로 선포된다. 여기서는 마곡 연합군이 이스라엘과 싸워보기도 전에 하나님의 기적적인 역사로 말미암아 전멸당하고 매장되는 전반부와 이스라엘의 완전한 회복을 예언한 후반부로 구분된다. 하나님께서는 에스겔에게 곡을 쳐서 예언하라고 말씀하셨다. 하나님께서는 로스와 메섹과 두발 왕, 혹은 메섹과 두발의 상왕(上王), 곡을 대적하여 그를 돌이켜서 이끌고 먼 북방에서부터 나와서 이스라엘 산 위에 이르러 엎드러지게 하실 것이다. 그는 그의 활을 쳐서 그의 왼손에서 떨어뜨리고 그의 살을 그의 오른손에서 떨어뜨리게 하시고 곡과 그의 모든 무리와 그와 함께한 백성들을 다 이스라엘 산 위에 엎드러지게 하시고 그들을 각종 움키는 새와 들짐승에게 먹히게 하실 것이다.

✚ 묵상 : 주 여호와 하나님은 침략자 곡을 어떻게 멸망시키신다고 말씀하셨나요?(겔39:9~13)
주 여호와 하나님은 범죄함으로 사로잡혀 갔던 이스라엘을 어떻게 회복시키시겠다고 말씀하셨나요?(겔39:21~29)

● 시편 90편 짧은 연수를 가진 인생이 꼭 지켜야 할 계명

이 시의 형태는 국가적 비탄 시로서 어떤 국가적인 수난의 날에 드리는 기도의 내용을 담고 있다. 이 시는 표제가 '하나님의 사람 모세'의 기도이다. 이러한 표제는 매우 이례적이다. 시편의 시는 대부분이 다윗 시대의 작품들이다. 따라서 그보다 훨씬 이전의 모세의 작품이 이곳에서 나온다는 것은 매우 특이한 일이다. 이 시의 표제에도 두 가지의 주목할 만한 내용이 있다. 하나님의 사람과 기도라는 내용이다.

✚ 묵상 : 모세는 하나님과 사람(인생)에 대하여 어떻게 표현했나요?(시90:2~3,5~6,10)
모세는 하나님께 한 사람으로서 어떤 소박한 기도를 드렸나요?(시90:12,14~15)

기 도

- 주여, 주가 명령하신대로 온갖 일에 순종하여 법도와 규례를 지키게 하옵소서.
- 주여, 육신적으로는 도리를 지키고 영적으로는 무장하여 승리하게 하옵소서.
- 주여, 인생의 유한함을 깨닫고 주어진 시간을 바로 충성하며 살게 하옵소서.

10월 07 October

전파

왕상10 / 빌1 / 겔40 / 시91

● 열왕기상 10장 솔로몬의 지혜가 모든 열방에 널리 전파됨

솔로몬의 놀라운 지혜와 치적은 중근도 일대에 널리 퍼지고 스바에서는 여왕(빌키스)이 직접 솔로몬을 찾아와 그 지혜를 듣는다. 당시 동방의 현인으로 알려진 스바의 여왕이 소문으로만 듣던 솔로몬의 지혜를 직접 확인하려고 이스라엘을 방문했다가 솔로몬의 지혜와 그의 탁월한 다스림에 놀라 솔로몬 왕을 격찬한다. 그리고 그의 지혜가 하나님께로부터 온 것임을 깨닫고 하나님을 찬양하게 된다. 하지만 후반부는 솔로몬 왕국의 번영을 묘사하면서도 한편으로 점점 세속화되어 가는 모습을 조심스럽게 언급하고 있다.

✚ 묵상 : 여호와의 이름으로 말미암은 솔로몬의 지혜의 대답과 그 건축한 왕궁을 보고 스바의 여왕은 어떤 고백과 선물을 주었나요?(왕상10:1~10)
여호와의 약속대로 솔로몬이 받은 재물의 복을 얼마나 되었나요?(왕상10:14~18,21~27)

● 빌립보서 1장 그리스도의 복음이 여러 방도로 널리 전파됨

빌립보는 바울이 귀신을 내쫓은 일 때문에 실라와 함께 옥에 갇히고 매를 맞다가 극적으로 풀려난 도시다. 많은 핍박과 고난이 있었던 곳에 세워진 교회라 바울과 빌립보 성도들 간에는 좀 더 특별한 관계가 형성되어 있다. 바울은 빌립보 성도들이 처음부터 지금까지 변치 않고 복음사역에 동역한 것으로 인해 감사하고 있다(5,7절). 바울이 투옥되었음에도 복음은 더욱 힘 있게 전파되었다(12-14절). 비록 바울에 대한 경쟁심을 가진 자들의 순수하지 못한 동기로 인한 것이지만 결과적으로 복음만 전파된다면 기뻐할 수 있는 바울이다. 바울은 자신의 궁극적인 목적은 그리스도가 존귀하게 되는 것이라며 기뻐한다(18-20절). 감옥에서 힘겨운 시간을 보내는 바울은 차라리 주님나라에 가는 것이 더 좋을 상황이지만(23절) 자신에게 맡겨진 영혼들을 위해 고난의 삶을 더 연장하고 싶어 한다(24절).

✚ 묵상 : 바울은 빌립보교회의 어떤 점을 칭찬했나요?(빌1:5,7)
바울은 에베소교회에게 자신의 어떤 신앙관을 설명하고 앞으로 어떻게 살라고 권면했나요?
(빌1:12,14,18,20~21,27)

통일 주제 전파 (傳播, 전하여 널리 퍼짐)

연합 내용 하나님은 자신과 자신의 말씀인 율법을 널리 전파하셨고 예수 그리스도는 천국의 복음과 구원의 복음을 널리 전파하였으며 사도와 제자 그리고 오늘날의 성도는 성령의 은사와 열매와 역사를 널리 전파한다.

● 에스겔 40장 에스겔이 본 이상이 이스라엘에 널리 전파됨

본서의 마지막 아홉 장은 비록 다른 부분보다 몇 년 후에 기록되기는 하였지만 매우 중요한 메시지를 담고 있으며 동시에 1-39장에 걸쳐 나타나는 교훈들과 조화를 이루고 있다. 특별히 본서는 이상(異像)으로 시작되어 이상으로 끝난다는 점도 특이하다.

에스겔은 이제 40장부터 마지막 48장에 이르기까지 이스라엘이 귀환할 본토에 세워질 새로운 성전에 대한 이상을 소개한다. 이 새 성전의 이상은 일차적으로 포로지에 있는 포로민들에게 가슴 벅찬 비전을 제시해주었다. 새 성전에 대한 이상은 궁극적으로 장차 도래할 메시야 시대의 영화로운 주님 나라에 대한 상징적 묘사로 이해할 수 있을 것이다.

✚ 묵상 : 여호와의 권능이 에스겔에게 임하였을 때 그는 무엇을 보았나요?(겔40:1~4)
에스겔이 이스라엘 족속에게 전해야 했던 내용은 어떤 집의 모습이었나요?
(겔40:38~39,42,44~46,48)

● 시편 91편 지존자의 건지심과 지키심이 널리 전파됨

본편의 저자나 저작 시기에 대하여는 알려진 것이 없다. 다른 시편과 달리 표제가 없다. 이것도 이 시의 특징이다. 하나님이 그 백성을 상존하는 위험과 인간을 에워싼 두려움에서 주권적으로 보호해 주심을 말하고 있다. 여기서는 원래 출전을 앞둔 군대를 배경으로 한다. 여기에 언급된 두려움은 대부분 구체적인 원인이 밝혀지지 않았는데 다분히 의도적인 것으로 보인다. 나이를 불문하고 이 시편을 읽는 사람은 하나님이 허락하시지 않으면 그 자녀들을 해칠 수 없음을 깨닫는다. 본편은 전승에 의하면 별로 거부감이 없이 이 시는 모세의 작품이라고 불려진다.

✚ 묵상 : 여호와께서는 자기 그늘 아래에 사는 자를 어떻게 돌보시나요?(시91:1,3~6,11~12)
여호와께서는 구체적으로 무엇을 하는 자에게 응답하신다고 하셨나요?(시91:14~16)

기 도

- 주여, 주의 성전을 온전히 건축하고 봉헌함으로 큰 재물의 복을 받게 하옵소서.
- 주여, 복음에 참여하여 복음이 널리 전파되도록 힘쓰는 전도자가 되게 하옵소서.
- 주여, 하나님을 사랑하고 하나님의 이름을 앎으로 항상 건짐을 받게 하옵소서.

10월 08 October 겸손

왕상11 / 빌2 / 겔41 / 시92-93

● 열왕기상 11장 젊음 때의 겸손을 잃고 여호와를 떠난 솔로몬

그렇게도 화려하고 영화롭던 솔로몬이었지만 많은 여인들과 혼인하며 그들의 우상을 방차한 결과 말년은 순탄하지 못했다. 이스라엘 도처에 우상 숭배가 심해지고 백성들마저 솔로몬의 통치에 반발한다. 결국 분열의 어두운 그림자가 드리워지는 가운데 솔로몬은 죽음을 맞이한다.

일찍이 하나님은 번영할 때에 삼가 근신하여 하나님을 잊지 않고 말씀에 더욱 순종할 것을 경고하셨다. 이것은 번영 속에서 항상 교만과 타락의 위험이 내포되어 있기 때문이었다. 그리고 열방의 왕들처럼 축첩을 일삼고, 종교적 혼합주의를 허용하여 이방신들의 산당을 짓는 등 가증한 범죄에 빠지고 만다.

✚ 묵상 : 하나님 여호와를 떠난 솔로몬이 얻은 것과 잃은 것은 무엇일까요?(왕상11:1~9,11~13)
솔로몬이 하나님 여호와를 떠남으로 그에게 대적들이 생겼을 때 그의 삶은 어떻게 달라졌나요?
(왕상11:14,23,25~26,40,43)

● 빌립보서 2장 오직 겸손한 마음으로 남을 더 위하라는 바울

겸손의 최고의 모델은 예수님이다. 예수님은 하나님과 본체시나 자신을 비워 사람같이 되셨고, 자신을 낮추시되 십자가에서 죽기까지 낮추셨다(1-11절). 바울은 성도들이 하나님의 흠 없는 자녀로서 영적으로 어그러진 세대 가운데 빛의 역할을 감당해 주기를 권면한다(15절). 바울의 필요를 채워주었던 신실한 일꾼 디모데와(19-21절) 자신을 돌보지 않고 바울의 사역에 동역했다가 병들어 죽을 뻔한 에바브로디도가(25-30절) 소개되고 있다. 바울은 그 두 사람을 차례로 빌립보 교회로 보내려 한다.

✚ 묵상 : 바울은 빌립보교회에게 무엇을 하든지 어떤 마음으로 하라고 교훈했나요?(빌2:1~8)
바울에게는 어떤 동역자들이 있었으며 그들에게는 어떤 은혜가 있었나요?(빌2:19~22,25~27,30)

통일 주제 겸손 (謙遜, 남을 존중하고 자기를 낮추는 태도)

연합 내용 사람은 환경에 따라 초심을 잃어버리곤 한다. 처음에는 겸손했다가 나중에는 교만하여 자신의 현주소를 망각하는 것이다. 성도는 항상 주님과 타인 앞에서 겸손함을 지킴으로 언약과 축복을 잃지 말아야 한다.

● 에스겔 41장 겸손한 자세로 주의 성전 측량을 보는 에스겔

새 예루살렘의 바깥뜰과 안뜰로 들어가는 문들의 구조와 치수들을 세세하게 소개한 데 이어 선지자는 본장에서 성전의 가장 중요한 건물인 성소와 지성소의 구조와 그 주변 골방들, 그리고 부속 건물과 성전 장식들에 대해 상세히 묘사하고 있다.

4절의 '지성소'는 일 년에 한번 대속죄일에 대제사장이 들어가는 지성소이다(참고, 레 16장). 이 수치들은 솔로몬 성전의 것과 동일하며(왕상 6:20), 광야에 세운 성막의 치수보다 두 배이다.

✚ 묵상 : 하나님이 에스겔에게 성소와 지성소의 척도를 보여 주신 이유는 무엇일까요?(겔41:2,4)
하나님이 성전에 그룹과 종려나무를 새긴 이유는 무엇일까요?(겔41:18~20,25~26)

● 시편 92-93편 겸손과 감사의 마음으로 지존자를 찬양하는 자

92: 92편의 표제어는 "안식일의 찬송시"다. 안식일마다 회당에서 낭송되었던 시다. 지존자 되시는 여호와를 찬양하리라는 다짐(1-3절), 여호와의 위대하심과 악인의 운명(4-9절), 의인을 높이시는 여호와(10-15절) 등 세 부분으로 나누어진다.

93: 92편과 마찬가지로 안식일에 불렸던 찬송시다. 온 세상을 다스리시는 최고의 통치자이신 하나님은(1절) 하나님과 하나님의 백성을 대적하는 세력들을 깨뜨리신다(2-5절). 그의 왕권은 영원하다.

✚ 묵상 : 시편 기자는 안식일에 어떤 시와 찬미로 찬송을 불렀나요?(시92:1~5,12~14)
여호와의 통치의 권위는 어디에서 왔으며 그의 능력으로 통치했을 때 그 결과는 어떠했나요?(시93:1~2,4)

기 도

- 주여, 여건과 형편이 달라졌을 때 절대 변하지 않는 신앙을 갖게 하옵소서.
- 주여, 예수의 겸손을 따라 늘 겸손한 마음으로 남을 낫게 여기게 하옵소서.
- 주여, 거룩한 주일에 주를 향하여 시와 찬미로 온전히 찬송하게 하옵소서.

10월 09 October

행악

왕상12 / 빌3 / 겔42 / 시94

● 열왕기상 12장 여로보암이 우상제단을 만드는 행악을 저지름

솔로몬의 왕위를 승계한 르호보암은 부왕의 정책을 계승하여 백성을 노역으로 내몬다. 이에 이스라엘 백성들의 누적된 불만이 폭발하게 된다. 그들은 여로보암을 중심으로 세력을 집결하여 르호보암 왕권에 대항한다. 르호보암은 군대를 동원하여 여로보암의 세력을 치려했으나 하나님께서 막으심으로 포기한다.

✚ 묵상 : 하나님이 솔로몬에게 예언한 분열의 말씀은 결국 어떻게 성취되었나요?(왕상12:3~4,6~15)
여로보암이 왕좌를 지키기 위하여 행한 죄악된 일은 무엇이었나요?(왕상12:26~32)

● 빌립보서 3장 그리스도의 십자가의 원수가 행악을 일삼음

한때 율법주의의 정점에 서 있었으나 지금은 육체의 자랑을 배설물로 여기는 바울은 이방인 개종자에게 할례와 율법 준수를 강요하는 율법주의자들을 맹렬히 비난하며 오직 예수 그리스도를 통한 하나님의 의로 말미암아 부활의 영광을 누리며 복음을 위한 고난에 기꺼이 참여한다고 말한다(1-11절). 또한 이미 구원을 받았으니 율법은 필요 없다고 말하는 자들에 대하여는 믿음으로 구원받은 자는 믿음의 경주자가 되어 그리스도께 잡힌바 된 그것(=성화와 복음증거의 삶)을 위해 쉼 없이 달려가야 한다고 말한다(12-16절). 바울은 빌립보 성도들에게 자신을 본받아 성화와 복음을 위한 삶을 살아갈 것과 하늘 시민에 합당한 삶을 살아갈 것을 권면한다(17-21절). 도덕과 율법의 무용론을 말하는 자는 그리스도의 십자가의 원수다.

✚ 묵상 : 바울은 빌립보교회 성도들에게 어떤 내용을 거듭 강조했나요?(빌3:1~3,7~8)
바울이 빌립보교회 성도들에게 거듭 말하며 깨우친 우상숭배자들은 어떻게 행동하는 자들일까요?(빌3:18~19)

통일 주제 행악 (行惡, 하나님의 말씀을 거역하고 죄악된 일을 자행함)

연합 내용 많은 사람은 하나님을 무시한 채 우상을 만들고 그 앞에 절하며 율법과 계명을 떠나 죄를 범한다. 이런 죄인을 속죄하기 위하여 오신 예수 그리스도를 외면할 뿐만이 아니라 원수가 되어 더욱 행악을 일삼는다.

● 에스겔 42장 제사장이 속죄제와 속건죄로 행악을 사죄함

성소와 지성소의 구조와 치수를 소개한 41장에 이어서 본장에서는 성전 건물 주변의 제사장들의 방의 위치, 구조, 용도 등이 소개된다. 그리고 후반부에서 성전 사면의 담에 대한 이상이 언급된다. 그것은 15-20절의 "문의 길로 나가서", 천사는 바깥담의 높이와 너비를 측량한 후(40:5) 바깥뜰을 측량하고(40:6-27), 그다음으로 골방이 딸린 안들을 측량했다(40:28-42:14). 그리고 마지막으로 바깥의 성전 건물 전체 둘레를 측량했다. 스가랴의 예언대로(14:9-11) 모리아산을 기준으로 하면 너무나 커서 이 측량 내용대로라면 예루살렘의 지형적 변화가 불가피할 것이다.

✚ 묵상 : 에스겔이 본 좌우 골방 뜰 앞 곧 북쪽과 남쪽에 있는 방들은 어떤 방이며 어떤 용도로 사용될까요?(겔42:13~14)
성전의 사방 담의 크기는 얼마이며 그 용도는 무엇일까요?(겔42:15,20)

● 시편 94편 복수하시는 하나님이 악인의 행악을 심판함

본 시의 저자와 저작 배경은 분명하지 않다. 1-7절에 언급된 압제를 근거로 이 시편이 이스라엘이 앗수르나 바벨론에게 침략을 당하여 포로가 되었던 때를 배경으로 하여 작시된 것으로 추측되기도 한다. 그러나 8절에서 그 원수들이 이스라엘 백성 중에 있는 어떤 무리로 나타나 있기 때문에 확실하게 단정할 수는 없다. 시편에는 이와 같은 시가 여러 편이 있으나 그 중에서 이 시편은 특이하다. 이 시편 속에는 악인을 응징하라는 저자의 절규가 도처에서 나온다. 이 점에 의하면 이 시는 심한 고난을 당할 때에 쓴 듯하다. 이 시는 이와 같은 성격 때문에 시편 14,58,75편, 그리고 82편과 유사하다.

✚ 묵상 : 시편 기자는 여호와를 어떤 하나님이라고 표현했나요?(시84:1~2,10)
시편 기자는 자기 앞에 있는 행악자와 악행하는 자를 누가 심판하신다고 했나요? (시84:16~19,23)

기 도

- 주여, 하나님의 예언을 경히 여기지 말고 자신을 돌아보아 주의하게 하옵소서.
- 주여, 행악을 삼가고 예수를 아는 지식을 좇아 하늘의 시민권을 갖게 하옵소서.
- 주여, 복수하시는 하나님 앞에 교만한 자와 악인의 징벌을 맡기게 하옵소서.

10월 10 October 유혹

왕상13 / 빌4 / 겔43 / 시95-96

● 열왕기상 13장 하나님의 사람이 유혹을 분별하지 못해 죽음

북이스라엘의 왕 여로보암이 벧엘과 단에 금송아지를 만들고 우상숭배를 했던 때에, 한 하나님의 사람이 여호와의 말씀을 인하여 유다에서부터 벧엘에 이르렀다. 왕국 분열 후 북이스라엘 백성들의 마음을 결집시키기 위해 여로보암은 우상 숭배에 더욱 박차를 가하고 하나님은 선지자를 보내 이를 경고한다. 그러나 여로보암은 끝내 회개하지 않음으로써 가문의 몰락이 선고된다.

✚ 묵상 : 유다에서 벧엘로 내려온 하나님의 사람이 누구의 말을 속아 들음으로 죽었나요? (왕상13:11,15~22,24,26)
벧엘의 한 늙은 선지자는 어떤 사람일까요?(왕상13:11~12,18,20~22,29~30,32)

● 빌립보서 4장 바울이 여러 어려움의 유혹에도 자족하여 행함

바울이 빌립보 교인들에게 영적 성장을 위한 결론적인 몇 가지 충고와 더불어 사랑과 감사의 마음을 담아 전하고 있다. 빌립보를 포함한 고대 마게도냐 지방의 부인들은 다른 지방의 부인들과 달리 개인 재산을 소유하는 등 사회적으로 많은 특권을 누리고 있다.

4장에서 바울이 언급한 유오디아와 순두게라는 여인은 이러한 사회적 배경하에 빌립보교회를 주도적으로 이끌어 가는 주요 인물이었음에는 틀림이 없다. 그러므로 그들의 불화설은 사람들에게 화제의 대상이 되었고, 빌립보교회에 적지 않은 영향을 끼쳤던 것이다.

특히 22절의 "가이사의 집 사람들"은 가이사의 직계 가족에 한정되지 않는 상당히 많은 숫자의 사람을 가리키며 여기에 황실의 신하, 왕자, 재판관, 요리사, 음식을 맛보는 자, 음악가, 관리인, 건축자, 마구간 관리자, 군인, 회계사 등이 포함되었을 것이다. 그 큰 집단에 속한 자들 가운데서 바울이 염두에 두고 있는 대상은 그가 로마에 오기 전 이곳의 지체들이 전파한 복음을 통해 이미 구원받은 사람들이었다.

✚ 묵상 : 바울은 감옥에 있으면서도 빌립보 형제들에게 어떤 권면을 했나요?(빌4:1,4~7)
바울은 빌립보 사람들의 자신을 향한 선교적 도움을 칭찬하면서 동시에 자기의 어떤 자세를 고백했나요?(빌4:11~16)

기 도

• 주여, 사역할 때에 유혹에 빠지지 않게 하시고 말씀만 의지하게 하옵소서.
• 주여, 목회할 때에 도움 여부에 관계없이 자족하는 일체의 비결을 알게 하옵소서.
• 주여, 주권자 되시는 하나님께 찬송과 노래로 온전히 예배하게 하옵소서.

통일 주제 유혹 (誘惑, 꾀어서 마음을 현혹하거나 좋지 아니한 길로 이끎)

연합 내용 창세로부터 오늘에 이르기까지 유혹은 계속된다. 동시에 하나님의 도우심과 성령의 돌보심도 계속된다. 그러므로 믿는 자는 날마다 깨어있어 주 안에서 유혹을 이기고 목적을 이루는 사명자가 되어야 한다.

● 에스겔 43장 에스겔이 거짓된 제사의 유혹을 구별해 권함

성전 바깥뜰과 안뜰, 성전의 핵심 건물인 지성소와 성소 등 성전 전반의 측량이 끝나자 이제 43장에서 에스겔 선지자는 하나님의 영이 성전에 임재하는 영광스러운 모습을 묵도한다. 이미 19년 전에 하나님께서 예루살렘 성전을 떠나시는 모습을 묵도한 선지자로서 이런 이상은 큰 기쁨과 감격이 아닐 수 없었을 것이다.

✚ 묵상 : 에스겔은 어떤 환상을 보았으며 여호와는 언제 성전에 거하시나요?(겔43:2~5,7,9)
여호와는 에스겔에게 백성과 제사장이 어떻게 제사를 드리면 즐겁게 받으시겠다고 하셨나요? (겔43:19~27)

● 시편 95-96편 선민이 옛 조상의 유혹을 버리고 주를 노래함

95: 이 시의 전반부(1-7절)는 찬송 인도자의 인도에 따라 회중이 부른 노래로서 하나님을 찬양할 것과 그 이유에 대하여 기록하고 있으며, 후반부(8-11절)는 예배 인도자의 독창으로서 이스라엘의 역사적 교훈을 상기시키면서 바른 예배 자세를 가질 것을 교훈하고 있다. 이 시는 표제가 없다. 언제 누구에 의해서, 무슨 목적으로 쓰여졌는지 알 수도 없다. 이 시는 그 내용으로 보아 '예배의 시편' 같다. 고대 이스라엘 성전에서 사용한 여러 편의 시 중에서 한편으로 보아도 좋을 것이다.

96: 본편도 선편에 이어서 '하나님의 통치를 찬양'하며 백성들을 찬양으로 초청하는 왕의 취임 때 또는 찬양 시인데, 이러한 형식의 시는 100편까지 계속 이어지고 있다. 이 시는 표제가 없다. 유대인 전승에 의하면, 이 시는 다윗이 썼다. 70인역에서도 이 시를 '다윗의 시'라고 한다. 이 시는 그 내용에 있어서 역대상 16장 23-33절의 내용과 너무나 유사하다. 하나님의 언약궤를 시온에 있는 성소로 옮겨 올 때에 '번제와 화목제'(대상 16: 1)를 하나님께 드리고 레위 사람을 세워 '이스라엘 하나님 여호와를 칭송'(대상 16:4)한 노래와 유사성이 너무나 많다. 이러한 이유 때문에 이 시를 다윗이 쓴 것으로 본다.

✚ 묵상 : 시편기자는 선민에게 무엇에 미혹되지 말고 주께 노래하자고 했나요?(시95:1~2,8~10)
시편기자는 모든 족속이 주를 예배해야 할 이유가 무엇이라고 했나요?(시96:4~10,13)

10월 11 October 치리

왕상14 / 골1 / 겔44 / 시97-98

● 열왕기상 14장 여호와께서 여로보암과 르호보암을 치리하심

우상 숭배로 일관하던 여로보암은 아들의 죽음과 가문의 멸망을 선고받는다. 한편 르호보암 역시 짧은 기간 하나님을 경외하던 열심에서 벗어나 우상 숭배를 하다 애굽의 침공과 남북 간의 전쟁으로 국운이 점점 쇠퇴해 간다. 다른 신을 따르는 결과가 어떤지를 볼 수 있다.

그러므로 우리가 기도의 깊은 경지에 이르면 이룰수록 우리는 어린 아이같이 더욱더 단순하고 순진하기 마련이다. 엄숙한 신앙은 언제나 단순하다. 기도는 그 말의 내용이 중요한 것이 아니고, 그 자세가 더욱더 중요하다.

✚ 묵상 : 여로보암이 하나님의 말씀대로 주권자가 되었으나 이전 사람들보다 더 악을 행하여 다른 신을 만들어 섬김으로 어떤 벌을 받게 되었나요?(왕상14:7~12,14,16~17)
르호보암이 17년간 통치하면서 여호와 보시기에 어떤 악을 행하였나요?(왕상14:21~24)

● 골로새서 1장 하나님이 예수 그리스도로 만물을 치리케 하심

바울은 신실한 일꾼 에바브라에 의해 복음을 듣고 말씀을 배운 골로새 성도들이 믿음과 사랑의 열매를 맺는 모습으로 인해 기도할 때마다 감사하고 있다(1-8절). 바울은 골로새 성도들이 하나님의 뜻을 알고 합당하게 행하기 원하며 특히 선한 열매를 맺고 자라가며 능력을 힘입고 오래 참으며 감사하게 되기를 간구한다(9-12절). 성도는 죄 사함의 은혜로 흑암의 권세에서 건짐 받아 사랑의 아들의 나라로 옮겨진 존재다(13-14절). 그리스도는 하나님의 형상이요 먼저 나신 분(=죽은 자들 가운데 먼저 나신 분, 18절)이고 모든 만물의 창조자이시며(15-19절), 구원자다(20-22절). 성도는 이 진리 위에 굳게 서 있어야 한다(23절a). 바울은 복음의 비밀을 알리기 위해 고난과 함께 수고를 아끼지 않고 있다(23절b-29절).

✚ 묵상 : 골로새교회의 교인들의 믿음, 사랑, 소망의 소식을 듣고 감사했던 바울은 그들을 위하여 어떤 중보기도를 그치지 않고 했나요?(골1:3~5,9~12)
바울은 골로새교회 교인들에게 어떤 예수 그리스도론을 전했나요?(골1:15~20)

통일 주제 치리 (治理, 어떤 지역이나 나라 또 그 가운데 사람을 도맡아 다스림)

연합 내용 만물을 창조하신 하나님은 모든 것을 치리하신다. 때로는 사람에게 주권과 법을 주셔서 그 계명대로 치리하게 하신다. 최후에는 모든 권세를 주 예수 그리스도에게 주심으로 그로 모든 것을 다스리게 하신다.

에스겔 44장 여호와께서 레위 사람과 제사장들을 치리하심

하나님의 영광이 동문을 통해 성전으로 들어오시는 감격적인 이상을 소개한 43장에 이어 선지자는 본장에서 성전 봉사자들의 자격과 레위인의 임무, 제사장의 의무, 분깃을 세밀하게 소개하고 있다. 하나님은 떠나셨던 방향으로 다시 돌아오셨다(10:18, 19). 하나님의 영광이 천년왕국의 예배를 위해 돌아오셨음을 기념하기 위해 그분이 들어오신 문은 굳게 닫혔다. 이것은 하나님이 8-11장처럼 다시 떠나지 않으실 것을 의미한다(참고, 43:1-5).

✚ 묵상 : 왜 여호와 하나님은 에스겔을 통해 이스라엘 족속을 반역하는 자라고 말씀하셨나요?(겔44:6~8,10,12)
여호와께서 에스겔에게 성전의 측량과 모양을 다 보여 주신 후 제사장의 자격을 말씀해 주셨는데 그 내용은 무엇일까요?(겔44:15~16,19~21,23~24,28~30)

시편 97-98편 여호와께서 구원과 심판으로 온 땅을 치리하심

97: 본편은 하나님의 통치에 대한 찬양 시로서 메시야의 강림을 상징적으로 예표하는 메시야적 예언이다. 이 시편도 표제가 없다. 언제, 누가, 어떤 여건에서 이 시편을 기록하였는지 알 수가 없다. 이 시는 "섬은 기뻐할지어다."(1절)로 시작하고 "그의 거룩한 이름에 감사할지어다."(12절)로 끝난다. 이 시는 끝까지 왕으로서의 여호와의 통치권이 잘 나타나 있다.

98: 본편 역시 하나님의 왕권과 그의 죄송적 심판을 기뻐하는 또 하나의 찬양 시이다. 이 시의 표제는 단순히 '시'이다. 이 시의 첫 번째 "새 노래로 여호와께 노래하라."라는 96편의 첫 절과 같고, 이 시의 마지막 절 "그가 의로 세계를 판단하시며 그의 진실하심으로 백성을 심판하시리로다."라는 96편의 마지막과 유사하다. 이 시는 하나님의 궁극적 승리와 그로 인한 큰 기쁨을 잘 드러낸다. 이 시는 출애굽의 역사적 사건을 기념하기 위해서 가정들이 모였을 때에 부른 찬송이다.

✚ 묵상 : 여호와께서 다스리심에 땅과 섬과 백성은 왜 즐거워해야 할까요?(시97:1~3,6,8,11)
여호와께서 행하시는 가장 큰 일은 무엇과 무엇일까요?(시98:1~3,9)

기 도

- 주여, 은혜와 축복을 받은 우리가 악을 행하여 벌을 받는 일이 없게 하옵소서.
- 주여, 성서적인 그리스도론을 정립하여 모든 이에게 항상 증거하게 하옵소서.
- 주여, 하나님과 예수 그리스도의 의로우신 치리하심을 즐거워하게 하옵소서.

10월 12 October 모범

왕상15 / 골2 / 겔45 / 시99-101

● 열왕기상 15장 여호와 보시기에 모범이 된 다윗의 인생

남왕국 르호보암과 북왕국 여로보암의 사후, 이제부터 이들 뒤를 이어 남북 왕국을 맡아 다스린 통치자들이 소개된다. 먼저 제2대 남왕국 유다의 왕 아비얌의 통치와 사적에 관한 기록이 소개된다. 유다 왕 아미얌에서 아사로 이어지는 평화적 정권 교체가 아사의 종교 개혁, 반란에서 살육으로 이어지는 북이스라엘의 정권 교체는 하나님을 섬기는 가문의 번영과 하나님을 떠난 왕국의 피비린내 나는 분쟁의 혼란상을 극명하게 보여준다.

✚ 묵상 : 남왕국 유다의 세 번째 왕 아사는 여호와 보시기에 어떤 왕이었나요?(왕상15:11~22)
북왕국 이스라엘의 두 번째 왕 나답과 세 번째 왕 바아사는 여호와 보시기에 어떤 왕이었나요?(왕상15:25~26,28~30,34)

● 골로새서 2장 모든 성도에 모범이 되신 예수 그리스도의 삶

바울은 이방인들이 하나님의 비밀인 그리스도를 알고 또한 교회가 거짓 교훈을 분별할 수 있도록 최선을 다하고 있다(1-5절). 이미 예수 그리스도를 영접한 골로새 성도들은 오직 그리스도 안에 거하며 다른 가르침을 경계해야 한다(6-10절). 그리스도인은 몸의 할례가 아닌 그리스도로 인한 영적 할례(=그리스도와 연합)를 받았기에 율법의 저주에서 이미 벗어났다(11-15절). 바울은 8절에서 언급했던 복음에서 벗어난 헛된 철학과 속임수에 대해 구체적으로 설명한다(16-23절). 구원의 조건으로서의 율법 준수, 꾸며 낸 겸손(=특정한 영적 체험에 의미부여), 천사숭배 문제 등이 그것이다. 우리는 복음의 실체가 되시는 예수 그리스도만을 의지해야 한다.

✚ 묵상 : 바울은 골로새교회의 성도들에게 오직 어떤 교훈을 강조했나요?(골2:2~3,6~7,9~15)
바울은 골로새교회의 가장 큰 시험이 무엇이라고 보았나요?(골2:4,8,16,18,23)

기 도

- 주여, 모든 신앙과 사회생활에 있어 다윗처럼 인정받는 자가 되게 하옵소서.
- 주여, 오직 예수 안에 뿌리박은 신앙을 가지고 여러 시험을 이기게 하옵소서.
- 주여, 하나님을 경배하는 자로서 비천과 배교와 거짓을 용납하지 않게 하옵소서.

통일 주제 모범 (模範, 본받아 배울 만한 본보기)

연합 내용 성경에는 하나님께 합당하게 인정받은 모범적 인물들이 있다. 믿음의 모범 아브라함, 인도의 모범 모세, 회개 촉구의 모범 사무엘, 말씀 준행과 찬양의 모범 다윗, 순종과 희생의 모범 예수 그리스도가 있다.

● 에스겔 45장 백성 앞에 모범이 되어야 할 제사장과 왕

팔레스타인 중심부의 구별된 이 성스러운 땅은 여러 지파에게 할당된 땅과는 독립된 곳이었다. 일곱 지파는 북쪽 땅을 배당 받고 다섯 지파는 남쪽 땅을 배당받았다. 온 땅이 여호와의 것이지만(시 24:1) 이 지역을 특별히 의미 있게 생각하신 이유는 2-8절에서 설명하듯 특별한 목적이 있기 때문이다.

특히 본장은 성전 봉사자를 위한 규례에 이어 에스겔 선지자는 성전 지역 선별, 왕을 위한 거룩한 지역 설정, 왕과 백성이 지켜야 할 의무, 절기 규례들을 상세히 소개한다. 여기서 바른 예배가 드려지고 공의가 구현되는 이상적인 나라의 정형을 엿볼 수 있다.

✚ 묵상 : 여호와는 어떤 목적으로 제사장과 레위 사람과 왕에게 땅을 주셨나요?(겔45:1~5,8)
여호와 하나님은 이스라엘의 통치자들에게 어떤 명령을 내리셨나요?(겔45:9~10)

● 시편 99-101편 찬송과 경배의 모범이 된 지도자들과 다윗

99: 모든 열방은 공의와 정의로 다스리시는 거룩하신 하나님을 두려워하며 경배해야 한다.(1-5절) 하나님은 율례와 법도를 지킨 모세와 아론, 사무엘의 기도에 응답하시고 불순종한 자들에게는 용서를 베풀어 주시는 언약에 신실하신 분이시다(6-9절).

100: '여호와를 찬송할 것'을 명령하는 감사시다. 하나님은 세상을 창조하실 때 지으신 모든 피조물들을 보며 '보시기에 좋다'라고 말씀하셨다(창 1장). 하나님이 피조물을 기뻐하시므로 피조물들도 하나님을 기뻐하는 것이 마땅하다(1-2절). 특별히 이스라엘은 그의 소유요 그가 기르시는 양이므로 목자 되시는 하나님의 신실하심에 더욱 감사와 찬양으로 응답해야 한다(3-5절).

101: 다윗이 자신의 통치이념을 하나님께 고백하는 내용이다. 다윗은 하나님의 인자와 공의에 주목하며 완전한 마음으로 행하기를 다짐한다(1-2절). 그는 사악한 마음을 품지 않으며 불의한 일을 행하지 않기를 다짐한다(3-4절). 그는 중상모략하는 자와 교만한 자, 거짓을 행하는 자, 악을 행하는 자에 대해 공의로 치리할 것이며 말씀 앞에 완전한 길로 행하는 자를 가까이 할 것이다(5-8절).

✚ 묵상 : 시편 기자는 여호와 하나님을 경배할 이유가 무엇이라고 했나요?(시99:3,5,9)
다윗은 여호와 앞에 어떤 각오와 통치철학을 가지고 있었나요?(시101:2~8)

10월 13 October 추구

왕상16 / 골3 / 겔46 / 시102

● 열왕기상 16장 북 이스라엘 왕들의 우상을 향한 죄된 추구

왕을 죽이고 정권을 탈취한 바아사는 아들 엘라 대에 가서 왕위를 찬탈한 시므리에 의해 단 2대만에 몰락한다. 그러나 시므리의 7일 천하 역시 군대장관 오므리에 의해 종말을 맞이한다. 한편 오므리의 아들 아합 시대에 이르러 북이스라엘의 우상 숭배는 절정에 달한다.

✚ 묵상 : 남왕국 유다의 셋째 왕 아사가 통치할 때에 북왕국 이스라엘을 다스렸던 넷째 왕 엘라, 다섯째 왕 시므리, 여섯째 왕 오므리는 여호와 보시기에 어떤 왕이었나요?(왕상16:6~10,13,15~16,18~19,23~26)
일곱째 왕 아합은 여호와 보시기에 어떤 가장 무거운 악을 행하였나요?(왕상16:29~33)

● 골로새서 3장 영적 새 사람의 그리스도를 향한 의로운 추구

그리스도 안에서 새 생명을 얻은 성도는 위의 것(=하나님 나라와 의)을 찾으며 살아야 한다(1-3절). 그리스도께서 다시 오실 때 우리는 영광중에 나타나게 될 것이다(4절). 영원한 생명을 얻은 자는 땅의 지체(=육신의 정욕)를 제어하기 위해 매일 경건에 힘써야 한다(5-11절). 옛 사람을 벗어버리고 하나님의 형상을 닮은 새 사람이 되어야 한다. 그리스도 안에 있는 새사람은 인내와 용서의 삶을 살아가고 사랑의 마음으로 행하며 그리스도의 평강이 주장하는 삶을 살아야 하는데 이 모든 것은 그리스도의 말씀이 내면에 풍성해질 때 이루어질 것이다(12-17절). 부부관계, 부모와 자녀관계, 주인과 종의 관계 등 모든 관계에서 그리스도를 섬기는 마음으로 행할 때 진정한 그리스도의 공동체가 만들어질 것이다(18-25절).

✚ 묵상 : 그리스도와 함께 다시 살리심을 받은 성도는 어떻게 살아야 할까요?(골3:1~2,8~17)
바울은 그리스도인의 가정이 어떠해야 한다고 권면하고 있나요?(골3:18~21)

통일 주제 추구 (追求, 어떤 목적을 달성할 때까지 좇아 구함)

연합 내용 하나님은 목적을 가지고 만물을 창조하셨다. 그의 목적은 모든 피조물이 복을 받아 조화를 이루며 사는 것이었다. 타락한 인간은 예수로 말미암아 구원을 얻은 후 하나님의 목적을 추구하는 새 사람이 되었다.

● 에스겔 46장 온전한 제사를 드려야 할 백성의 거룩한 추구

본장에서도 45장에 이어 에스겔 선지자는 장차 회복될 이스라엘에 세워질 새 성전에서 왕과 백성들이 지켜야 할 각종 절기와 규례 즉 안식일, 월삭, 성전 출입 관련 규례, 제사 시 왕이 지킬 규례, 희생 제물에 관한 규례를 소개하고 있다.

특히 1절의 "동쪽을 향한 문은…닫되", 6일 동안 이 문을 닫는 것은 안식일과 초하루를 특별히 구별하기 위한 목적인 것 같다. 따라서 이 안식일과 초하루에는 이 문을 열고 사용한다. 이스라엘은 이 날들을 제대로 지키지 않아서 심판을 받았다(렘 17:22-27, 참고 대하 36:21).

✚ 묵상 : 여호와께서 군주가 제사를 드릴 때는 어떻게 하라고 말씀하셨나요?(겔46:2,8,10,12)
여호와께서는 제사의 희생제물과 소제물을 어떻게 취급하라고 하셨나요?(겔46:20~24)

● 시편 102편 고난 중에 응답받은 자의 주를 향한 영적 추구

개인 탄원시다. 시인은 견디기 힘든 고난 가운데, 하나님의 침묵으로 더욱 절규한다. 자신의 힘겨움을 토로하고(3-7절), 자신을 괴롭히는 원수에 대해서 하나님께 탄원한다(8-9절). 자신의 고통과 원수에 대한 탄원으로 시작된 기도의 분위기가 바뀌었다. 그는 탄원하는 가운데 하나님의 임재를 경험한다. 하나님은 회복시키시며(12-16절), 가련한 자의 기도를 들으시고 긍휼을 베푸신다(17-22절). 시인은 마침내 그의 생명을 영존하시는 하나님께 맡긴다(23-28절). 인생의 나약함을 감싸 안는 하나님의 영원성으로 인해 우리는 위로받는다.

✚ 묵상 : 고난을 당하는 자는 자신의 처지와 상태를 어떻게 표현했나요?(시102:1~2,5,7,9,11)
고난을 당하는 자가 여호와를 향하여 어떤 신앙적 고백을 했나요?(시102:13,17,19~21)

기 도

- 주여, 이 나라 이 민족의 위정자들이 주 앞에서 악을 행하지 않게 하옵소서.
- 주여, 주와 함께 다시 살리심을 입은 성도로서 위엣 것을 생각하며 살게 하옵소서.
- 주여, 고난을 당하여 괴로울 때에도 확신에 찬 신앙고백을 드리게 하옵소서.

10월 14 October 기적

왕상17 / 골4 / 겔47 / 시103

● 열왕기상 17장 엘리야와 사르밧 과부에게 나타난 양식의 기적

여로보암에서 시작된 북이스라엘의 범죄는 아합 시대에 와서는 특단의 조치가 필요할 만큼 극에 달해 하나님은 3년 6개월 간 가뭄의 형벌을 내리신다. 그러나 하나님은 이런 암흑기에 능력의 선지자 엘리야를 보내사 사르밧의 한 과부를 구제하신다.

한편 이스라엘의 방자한 왕 아합은 아름다우나 악한 시돈 여자 이세벨을 아내로 삼았다. 그녀의 나쁜 영향으로 인하여 하나님의 선지자들이 살해당하였다. 그리고 바알 숭배가 그 나라에 국교나 다름없이 등장하였다. 이스라엘의 모든 사람 중에서 은거하거나 숨어서 살아왔다. 온 나라가 이와 같은 아합의 우상숭배로 넘치는 듯하였다.

✚ 묵상 : 여호와의 말씀에 순종한 엘리야가 매일 경험한 기적은 무엇이었나요?(왕상17:3~6)
엘리야의 말에 순종한 사르밧 과부는 어떤 놀라운 기적을 경험했나요?(왕상17:9~22)

● 골로새서 4장 바울과 동역자들의 사역에 나타난 신령한 기적

상전들은 의와 공평을 베풀어야 한다(3장과 연계, 1절). 바울은 기도에 대해 권면하면서 사역을 위한 중보기도를 요청한다(2-4절). 불신자에 대한 지혜로운 처신과 신중한 말로 복음을 드러내야 한다(5-6절). 마지막으로 바울은 골로새 성도들에게 문안인사를 하면서 신실한 일꾼 두기고와 오네시모를 보내기로 약속하고, 제1차 전도여행 때 무단으로 선교지를 이탈했던 마가를 따뜻하게 환대해 줄 것과 교역자인 아킵보에게 교회를 맡은 책임을 다할 것을 주문하며 편지를 마친다(7-18절).

✚ 묵상 : 바울은 골로새교회의 성도들에게 어떤 기도를 부탁했나요?(골4:2~4)
바울은 골로새교회의 성도들에게 어떤 자들을 영접해 달라고 말했나요?(골4:7,9~16)

통일 주제 기적 (奇蹟, 신에 의해서 일어나는 상식을 벗어난 기이하고 놀라운 일)

연합 내용 창조된 세상은 자연법칙이 지배한다. 하지만 예외적으로 기적의 법칙이 나타나 새로운 세상을 만든다. 이런 기적은 우연이 아니다. 하나님의 섭리에 따라 행하여지는 하나님의 간섭이요 개입이신 것이다.

● 에스겔 47장 성전 안에서 나온 물로 만물이 소생하는 기적

새 성전에서 지킬 각종 절기와 성회에 대한 규례를 소개한 데 이어 본장에서는 에스겔 선지자가 완성된 새 성전의 문지방에서 흘러나오는 생명수가 바다를 이루며 사해 골짜기로 흘러들어 척박한 골짜기가 옥토로 변하는 놀라운 이상을 체험한다. 계속해서 후반부에서는 회복될 이스라엘 땅의 경계와 이방인의 기업이 소개된다.

✚ 묵상 : 성전 문지방 밑에서 나온 물은 어디로 어떻게 흘러갔나요?(겔47:1~5,8)
성전 안 성소를 통해 나온 이 물은 어떤 기적의 능력을 가지고 있나요?(겔47:6~10,12)

● 시편 103편 죄악과 모든 병을 고쳐 주시는 하나님의 기적

개인의 감사와 공동체의 감사가 함께 드러나는 시다. 시인은 여호와를 송축해야 할 개인적인 이유(죄사함, 병 나음, 생명을 지켜주심, 긍휼 등, 3-5절)와 공동체적인 이유(여호와의 성품, 인자하심과 죄용서, 6-12절)를 말한다. 인간의 유한함(13-16절)과 여호와의 무한하심(17-18절)을 대조하며, 그의 우주적인 왕권을 선포하며, 모든 피조세계와 더불어 여호와를 송축하라고 명령한다(19-22절).

✚ 묵상 : 다윗이 믿고 체험한 후 고백한 여호와 하나님은 어떤 분이실까요?(시103:2~5,8~14)
다윗은 여호와의 인자하심이 어떤 사람에게 영원하다고 말했나요?(시103:17~18)

기 도

- 주여, 항상 하나님의 말씀에 순종하여 곤고한 때에 기적을 경험하게 하옵소서.
- 주여, 전도의 문을 열어 달라고 쉬지 않고 기도하는 자가 되게 하옵소서.
- 주여, 그의 언약을 지키고 그의 법도를 기억하여 행하는 자가 되게 하옵소서.

10월 15 October

수축

왕상18 / 살전1 / 겔48 / 시104

● 열왕기상 18장 갈멜산에서 무너진 여호와의 제단을 수축함

3년 6개월의 기근이 이제 끝날 때가 되었다. 이 기간에 하나님의 대변자로서 엘리야는 죄지은 백성에 대하여 하등의 메시지가 없었다. 여호와는 친히 메마른 밭과 문이 닫힌 하늘을 통하여 백성에게 고백과 참회를 하게 하셨다. 하나님의 종이 침묵을 지킬 때도 있었고, 그때는 하나님이 다른 놀라운 섭리로 말씀하실 때이다. 엘리야는 갈멜산에서 담대하고 비극적인 선언을 할 때까지 침묵을 지켰다.

엘리사는 우상 숭배가 극에 달할 아합과 아히시야 때에 사역한 북이스라엘의 선지자로 사르밧 과부의 아들을 살렸으며, 바알, 아세라 선지자 850명과 갈멜산에서 대결함으로써 하나님만이 유일하신 참 신이심을 증명한다.

✚ 묵상 : 북 이스라엘에 3년 이상 기근이 있었을 때 바알과 아세라 선지자 850명과 엘리리야 선지자 1명은 어떤 영적 전쟁을 했나요?(왕상18:1~2,18~25,29~30,32~39)
영적 전쟁이 끝난 후 엘리야는 갈멜산 꼭대기에서 무슨 기도를 드렸나요?(왕상18:42~46)

● 데살로니가전서 1장 각처에서 믿음에 본이 되는 교회를 수축함

사도 바울이 서신을 데살로니가교회에 썼다. 바울은 이 서신의 명칭을 언급하지 아니한다. 그래서 이 서신은 명칭이 없다. 서신의 주인공은 사도라고 자신을 칭하지도 아니한다. 다른 곳에서 바울은 그 자신을 "사도"(엡 1:1)라고 한다. 그러나 이곳에서는 "사도"라는 말이 없다. 바울은 그와 같을 칭호를 필요할 때만 사용하고 아무 때나 사용하지 않았다. 바울은 그 자신의 옛 이름을 사용하지 아니하고 바울이라고 한다. 이것은 그 자신이 새롭게 되었다는 것을 강력하게 보여준다.

✚ 묵상 : 바울은 데살로니가교회의 어떤 생활을 기억하고 하나님께 감사했나요?(살전1:2~7)
데살로니가교회의 하나님을 향한 믿음의 소문이 어디까지 퍼졌나요?(살전1:8)

기 도

• 주여, 약속을 믿고 담대히 우상 숭배자와 싸울 수 있는 성도가 되게 하옵소서.
• 주여, 믿음의 역사와 사랑의 수고와 소망의 인내를 품은 성도가 되게 하옵소서.
• 주여, 하나님의 일하심과 주권을 신뢰하고 평안함 가운데 살아가게 하옵소서.

통일 주제 수축 (修築, 성전이나 집 또는 방죽 따위를 고쳐 짓거나 다시 쌓음)

연합 내용 하나님은 사람과 화평을 누리시길 원하신다. 이 화평은 예배와 순종으로 가능하다. 참 예배를 위해 제단과 성전, 교회와 마음의 성전이 바로 수축되어져야하고 그 가운데서 온전한 경배와 찬양이 드려져야 한다.

● 에스겔 48장 예루살렘에서 무너진 성읍과 문들을 수축함

에스겔서의 마지막 장인 본장에서는 새롭게 회복될 이스라엘 땅에서 앞으로 어떻게 열두 지파에게 땅이 분배되는지를 자세히 언급하고 있다. 나라를 잃고 바벨론에 포로로 끌려간 이스라엘 백성들을 향해 에스겔이 선포하는 본토 회복과 영토 분배의 메시지는 바벨론에 있는 포로민 이스라엘에게 더없는 소망과 비전을 주기에 충분했을 것이다.

본장의 마지막 35절의 "이름", 그 성의 이름은 "여호와 삼마", '여호와께서 거기 계시다.'라고 불린다. 떠나갔던 하나님의 영광(8-11장)이 다시 돌아왔고(44:1, 2) 그 구역 중앙의 성전은 그분의 거처로 하나님의 것이다. 이 마지막 구절로 하나님이 주신 아브라함 언약(창 12장), 제사장 언약(민 25장), 다윗 언약(삼하 7장), 새 언약(렘 31장)의 모든 무조건적 약속들이 성취된다. 그러므로 이 마지막 절은 이스라엘 역사의 완성, 즉 하나님의 임재의 회복을 선언한다.

✚ 묵상 : 여호와께 드려 예물로 삼을 땅은 구체적으로 어떤 용도로 사용할까요?(겔48:9~12,14)
예루살렘의 성읍의 이름과 문들의 이름을 어떻게 지었을까요?(겔48:31~35)

● 시편 104편 여호와를 송축하는 마음과 몸의 성전을 수축함

창조주요 통치자이신 여호와를 찬양한다. 여호와는 세상을 창조하시고, 창조하신 세계의 질서를 세우셨으며(5-9절) 피조물이 필요로 하는 것을 공급한다(본문은 '물'의 공급을 강조, 10-18절). 낮과 밤을 주관하시는 하나님은(19-24절), 혼돈스런 바다 역시 당신의 창조질서로 통치하신다(25-30절). 피조세계는 여호와의 영광을 드러내는 증거다. 피조세계는 여호와를 즐거워해야 한다.

✚ 묵상 : 시편 기자는 여호와를 송축해야 할 이유를 어떻게 고백했나요?(시104:1~2,5~6,9~15,24)
시편 기자는 모든 피조물의 생사가 누구의 손에 달려 있다고 했나요?(시104:27~30)

10월 16 October 은총

왕상19 / 살전2 / 단1 / 시105

● 열왕기상 19장 위협으로 도망한 엘리야에게 은총을 베푸심

갈멜 산에서 바알 선지자들을 물리친 엘리야는 오히려 이세벨의 위협을 피해 광야로 도주하다가 기진맥진한 나머지 차라리 죽기를 소원한다. 우여곡절 끝에 호렙에 도착한 엘리야는 그곳에서 하나님의 세미한 음성을 통해 위로와 용기를 얻는다.

한편 북이스라엘이 국내적으로 영적 전쟁이 치열한 와중에 아람 왕 벤하닷은 북이스라엘을 두 차례 공격하나 아합은 하나님의 크신 도움으로 두 전쟁에서 모두 승리한다. 하지만 아합은 승리에 도착한 나머지 하나님의 뜻을 거스리고 교만하다 결국 심판을 선고 받기에 이른다. 그러나 하나님의 위대한 종들이 '우리와 같은 성정을 가진' 사람이라는 것을 아는 것이 유익하다. 이들은 우리 주 예수 그리스도와 같이 우리의 연약함을 함께하였다.

✚ 묵상 : 엘리야는 이세벨의 위협을 듣고 광야로 도망가서 어떻게 되기를 원했나요?(왕상19:1~4)
여호와는 엘리야의 소원을 들으신 후 마지막으로 어떤 사명을 주셨나요?(왕상19:15~17)

● 데살로니가전서 2장 복음을 말씀으로 받은 자에게 은총을 베푸심

바울은 데살로니가 성도들이 하나님 앞에 합당하게 행하도록 권면하고 위로하며 훈계했다(10~12절). 그들은 바울이 전하는 말을 하나님의 말로 받았으며 유대에 있는 교회들이 유대인에게 고난을 당한 것처럼 그들도 동족에게 고난을 당했다(13-14절). 핍박자들은 그들의 죄가 채워지게 되면 주의 진노를 받게 될 것이다(15-16절). 좀처럼 만날 기회가 주어지지 않고 있지만 바울에게 있어 데살로니가 성도들은 소망과 기쁨이며 자랑의 면류관이다(17-20절).

✚ 묵상 : 바울이 데살로니가에 전한 복음은 어떤 과정과 내용을 갖고 있나요?(살전2:2~4,7~11)
데살로니가교회는 바울이 전해 준 복음을 어떻게 받았나요?(살전2:13~14,19~20)

통일 주제 은총 (恩寵, 하나님 또는 높은 사람에게서 받는 특별한 은혜와 사랑)

연합 내용 하나님은 사랑이시다. 모든 사람을 사랑하시되 특히 복음을 받은 자와 일꾼을 사랑하신다. 하나님의 사랑은 말에만 있지 않고 구체적인 은총으로 나타난다. 즉 위로하시고 구원하시며 보호하시고 이루어 주신다.

● 다니엘 1장 바벨론으로 잡혀간 다니엘에게 은총을 베푸심

구약의 유일한 묵시문학인 다니엘은 바벨론의 포로가 된 다니엘과 세 친구의 역사를 통해 하나님께서 역사의 주관자가 되시며 믿음을 지키는 자들은 반드시 하나님의 큰 은혜를 입게 된다는 교훈적 메시지를 전하고 있다. 그 가운데 서론격인 1장은 다니엘과 세 친구가 적국 바벨론 왕궁에서 어려움 가운데 믿음을 지켜 오히려 고위 관리로 등용되는 과정을 소개하고 있다.

다니엘이란 인물은 바벨론 1차 침공 때 세 친구와 더불어 포로로 끌려간 유다의 왕족이다. 느부갓네살 때 바벨론 고위 관리에 등용될 만큼 학문과 재주가 뛰어났다.

✚ 묵상 : 바벨론 왕 느부갓네살은 예루살렘을 에워싼 후 무엇을 가지고 갔나요?(단1:1~4,6)
어린 다니엘은 뜻을 정하여 환관장에게 무엇을 부탁했나요?(단1:8~9,11~15)

● 시편 105편 언약을 맺은 이스라엘에게 은총을 베푸심

이 시편은 표제가 없다. 이 시는 본서에 나타난 세 편의 역사 시(78. 105, 106편) 가운데 하나로서 자신의 언약을 성실하게 지키신 하나님께 감사하는 내용을 담고 있는 찬양의 시이다. 또한 본서는 끝부분이 '할렐루야'로 끝나기 때문에 할렐루야 시(105, 106, 111, 117, 135, 146-150편)라고도 한다.

법궤를 옮긴 후 기쁨에 넘쳐 즉흥적으로 지었던 시(대상 16:7-22)의 내용과 일치한다는 점을 들어 다윗을 저자로 여기는 견해가 있지만 결정적인 것은 아니다. 본시가 다루고 있는 이스라엘의 역사는 창세기 12장에서 하나님이 아브라함과 언약을 맺은 때로부터 시작하여 여호수아에서 이 언약이 이루어질 때까지의 과정을 다루고 있다.

✚ 묵상 : 시편 기자는 하나님이 이스라엘 선민과 맺은 언약을 무엇이라고 했나요?(시105:7~11)
시편 기자는 하나님이 이스라엘 선민을 어떻게 이끌었다고 증언했나요?(시105:23~41)

기 도

- 주여, 사역을 하다가 탈진과 위협을 만났을 때 다가오셔서 위로하여 주옵소서.
- 주여, 말씀을 받을 때 사람의 말이 아니라 하나님의 말씀으로 받게 하옵소서.
- 주여, 이스라엘 선민을 기적으로 인도하심같이 이 민족을 인도하여 주옵소서.

10월 17 October

경솔

왕상20 / 살전3 / 단2 / 시106

● 열왕기상 20장 하나님의 승리케 하심을 경솔히 취급한 아합

아람 왕이 등장하여 이스라엘에게 협박하고 전쟁을 하려고 한다. 다윗은 이전에 아람 왕들로부터 조공을 받았으나 이스라엘의 배교로 이제는 이스라엘이 아람의 협박의 대상이 되고 말았다.

한편 북이스라엘이 국내적으로 영적 전쟁이 치열한 와중에 아람 왕 벤하닷은 이스라엘을 두 차례 공격하나 아합은 하나님의 크신 도움으로 두 전쟁에서 모두 승리한다. 하지만 아합은 승리에 도취한 나머지 하나님의 뜻을 거스리고 교만하다 결국 심판을 선고 받기에 이른다.

이 같이 하나님의 뜻 안에서 살아갈 때에 그 나라가 강성하였으나 하나님의 은혜를 떠났을 때에 국력이 쇠하고 백성들이 전쟁의 불안 속에서 살아가는 역사의 산 교육을 이곳에서 보게 된다.

✚ 묵상 : 여호와 하나님을 노엽게 했던 북 이스라엘의 왕 아합이 아람의 왕 벤하닷을 크게 이길 수 있었던 것은 무엇 때문일까요?(왕상20:1~15,21)
아합 왕은 하나님의 은혜로 멸하게 된 벤하닷 왕을 어떻게 경솔히 처리했나요?(왕상20:31~34,37~43)

● 데살로니가전서 3장 데살로니가교회의 시험을 경솔히 대하지 않은 바울

바울은 교인들이 환난 중에 믿음을 잃어버리게 될까봐 염려하는 마음이 생겼다. 그래서 그는 디모데를 보내어 교인들의 형편을 살피고 그들을 위로하고 권면하기를 원하였다.

그런데 사탄의 방해로 데살로니가 교회를 방문하지 못했던 바울은(2: 18) 자기 대신 파송한 디모데로부터 그곳 교민들이 환난과 박해 가운데서도기쁨으로 신앙생활에 열중한다는 소식을 듣고 본장의 내용을 통해 그들을 격려하며 위로했다.

✚ 묵상 : 바울이 데살로니가교회를 경솔히 여기지 않고 근심한 내용은 무엇일까요?(살전3:3~7)
바울이 데살로니가교회를 위해서 심히 간구한 내용은 무엇일까요?(살전3:10,12~13)

기 도

- 주여, 하나님의 구원을 가볍게 여기는 경솔함을 버리고 늘 깨어있게 하옵소서.
- 주여, 신앙생활 중에 찾아오는 여러 환난의 시험을 능히 이기게 하옵소서.
- 주여, 직면한 문제를 차분히 풀 수 있는 차분함과 깊은 영성을 주옵소서.

통일 주제 경솔 (輕率, 말이나 행동이 신중하거나 침착하지 못하고 가벼움)

연합 내용 죄인이라도 불쌍히 여기시고 어려운 상황에서 구원해 주신 것을 경솔히 여기는 것은 참으로 미련한 것이다. 반면 사단의 시험과 문제적 상황을 경솔히 대하지 않고 분별하여 해결하는 것은 매우 복된 일이다.

● 다니엘 2장 왕의 꿈과 해석을 경솔히 대하지 않은 다니엘

바벨론에 포로로 끌려간 다니엘과 친구들은 믿음의 절개를 지킴으로써 하나님의 은혜를 입어 바벨론의 관직에 등용된다. 한편 느부갓네살은 꿈에 큰 신상을 보지만 그 꿈의 내용도, 의미도 몰라 답답해한다. 그때 마침 다니엘이 왕이 꾼 꿈의 내용과 뜻을 풀이하게 되고 이에 크게 감동한 왕은 다니엘을 고위 관리로 기용하게 된다.

✚ 묵상 : 바벨론 왕 느부갓네살은 꿈을 꾼 후 번민하다가 어떤 명령을 내렸나요?(단2:1~6)
다니엘은 느부갓네살의 꿈과 해석의 문제를 어떻게 지혜롭게 풀었나요?(단2:16~24)

● 시편 106편 여호와의 구원의 역사를 경솔히 대한 이스라엘

본편도 105편과 같이 이스라엘 역사를 다루고 있으며 구성도 비슷하다. 그러나 105편이 언약을 신실하게 이행하시는 하나님의 자비하심에 대한 감사와 찬양의 시인데 비하여 본시는 하나님의 많은 인자하심에도 불구하고 이를 시험하고, 거역한 이스라엘의 죄를 통탄하며 지은 참회의 시이다. 이 시는 표제가 없다. 따라서 이 시의 저자나 그 배경 그리고 이 시의 기록 연대도 알 수가 없다. 이 시의 첫 절에 "할렐루야"(1절)가 나온다. 마지막 시편에서와 같이 이곳에서도 이스라엘의 역사가 요약되었다. 이 시는 시편 78, 105편과 일반적으로 유사하면서도 독특한 뜻을 가진다.

106편 이 시편의 배경은 예루살렘으로 귀환한 포로기 이후 유대인(46-47절)의 회개일 가능성이 높다(6절). 1, 47-48절은 다윗이 언약궤를 처음 예루살렘으로 가져오던 때에 부른 노래인 역대상 16장 34-36절에서 차용한 것으로 보인다(참고, 삼하 6:12-19; 대상 16:1-7). 시편 저자는 진정한 부흥을 열망한다.1절에서 시편 저자는 이스라엘의 역사적인 죄악에 비춰볼 때 하나님의 이런 성품은 특별히 찬양을 받으셔야 한다고 생각한다(참고, 106:6-46). 그리고 마지막 절인 48절에서는 "영원부터 영원까지"라고 하였다. 시편 저자는 여기서 희망에 가득 찬 기도와 함께 이스라엘의 구원자 하나님의 영원성을 부각시키는 장엄한 송영으로 시편 제4권(90-106편)을 마무리한다(참고, 대상 16:36; 시 41:13; 90:2).

✚ 묵상 : 주께 감사와 찬양을 드린 시편 기자는 어떤 개인적인 소원이 있었나요?(시106:1~5)
시편 기자가 쓴 선민을 향한 하나님의 구원 역사의 내용은 무엇일까요?(시106:7~46)

10월 18 October 강림

왕상21 / 살전4 / 단3 / 시107

● 열왕기상 21장 말씀으로 강림하여 아합과 이세벨을 심판하심

아합이 나봇의 포도원을 강탈하는 과정에서 벌어진 불법적 사건을 다루고 있다. 아합 한 사람의 탐욕으로 인하여 죄 없는 한 백성이 죽어갔다. 그것도 왕의 권력을 이용한 이세벨의 악의적인 행위로 인하여 되어졌다. 그러나 그보다 더 슬픈 것은 권력의 지시를 받은 나봇의 고향의 "장로들과 귀인들"(8절) 나봇의 무죄와 이세벨의 조작된 지시를 반대하지 아니하고 그대로 실천한 일이다. 권력 앞에서 사람이 얼마나 나약한가를 보여주는 좋은 예이다. 그러나 그와 같은 사건에 대하여 하나님은 침묵을 지키지 아니하였다.

이 일로 아합에게 하나님의 심판이 내려지지만 그가 철저하게 회개함으로써 그 시행은 연기된다. 하지만 이세벨에게는 처참한 죽음이 선고된다.

✚ 묵상 : 아합 왕은 자기 왕궁에서 가까운 어떤 땅 얻기를 소원했나요?(왕상21:1~4)
이세벨은 어떤 방법으로 아합 왕의 사욕을 채워 주었으며 그 결과 하나님은 엘리야를 통하여 어떤 심판을 내리셨나요?(왕상21:8~11,15~23)

● 데살로니가전서 4장 공중으로 강림하여 죽은 자와 산 자를 구원하심

데살로니가 성도들의 믿음을 칭찬하고 격려한 바울은 그들에게 권면의 말을 전한다(1-2절). 첫째는 '거룩하라'이다(3-8절). 곧 거룩함과 존귀함으로 아내만을 사랑하고 정욕에 빠지지 않는 것을 의미한다. 두 번째는 '사랑하라'이다(9-10절) 그들은 이미 사랑의 수고로 칭찬을 받았지만(1:3) 바울은 한번 더 강조한다. 마지막으로 '근면 성실하라'이다(11-12절). 재림이 가까이 왔다고 일에 소홀한 어떤 이들을 따르지 말고 자신의 손으로 일하기를 힘쓰라는 의미다.

✚ 묵상 : 바울이 데살로니가교회에 가르쳐 준 하나님의 뜻은 무엇이었나요?(살전4:3~7)
바울은 데살로니가교회의 성도들에게 주 예수가 재림하실 때에 죽은 자와 산 자는 어떻게 된다고 가르쳤나요?(살전4:13~17)

통일 주제 강림 (降臨, 신이 여러 가지 형태로 인간 세상에 내려오심)

연합 내용 하나님은 선민 가운데 여러 형태로 강림하셨다. 모세, 다윗, 선지자, 제사장 등 개인에게도 강림하셔서 말씀하셨다. 성령은 강림하셔서 교회를 세우시고, 예수는 재림하셔서 구원과 심판을 행하신다.

● 다니엘 3장 풀무불 가운데 강림하여 세 친구를 구원하심

승승장구하던 느부갓네살은 두라 평지에 자신의 신상을 세우고 경배하게 한다. 다니엘과 세 친구의 고속 성장을 시기한 바벨론의 관리들은 계략을 꾸미고 결국 사드락과 메삭과 아벳느고는 풀무 불에 던져진다. 그러나 하나님의 초자연적 개입으로 구원을 얻는다.

✚ 묵상 : 사드락, 메삭, 아벳느고는 금신상에게 절하라는 느부갓네살 왕의 명령 앞에서 무엇이라고 대답했나요?(단3:16~18)
세 친구가 풀무불에서 구원받음으로 바벨론에는 어떤 일이 일어났나요?(단3:28~29)

● 시편 107편 기적으로 강림하여 고통 중에 있는 자를 건지심

제5권은 비탄의 시가 그 주종을 이루고 있는 1-2권과 달리 환희의 찬양과 감사의 시가 그 주류를 형성하고 있다. 작자 미상의 이 107편도 제5권의 첫 머리답게 바벨론 포로 귀환이라는 벅찬 역사적 체험을 바탕으로 하고 있다. 따라서 이 책의 성격이나 그 역사적 상황도 알 수 없다. 다만 이 107편은 감사의 교과서라고 할 수 있다.

이 시는 전통적인 시편 분류에 있어서 제5권의 시작이다. 시편 105- 107편의 도입부에 공통으로 등장하는 "여호와께 감사하라"는 구절은 하나님의 선하심과 이스라엘에 베푸신 자비를 찬양하는 이 3인조 찬송을 하나로 이어준다. 그 내용에서 볼 때에 바벨론 포로나 다른 고난으로부터의 해방을 감사하는 장면이다. 사도 바울은 "모든 열방들아 주를 찬양하며 모든 백성들아 그를 찬송하라."(롬15:11)라고 하며, 이 시의 내용을 묘사한다. 이 시는 그 성격으로 보아 메시야 시라고 할 수 있다.

✚ 묵상 : 시편 기자가 가장 많이 고백한 여호와 하나님의 성품은 무엇일까요?(시107:1,8,15,21,31)
시편 기자는 미련한 자들이 언제 여호와께 부르짖으며 그 결과는 어떻게 된다고 했나요?(시107:6,12~13,19~20,28~30)

기 도

- 주여, 지나친 욕심으로 다른 사람의 가장 소중한 것을 빼지않게 하옵소서.
- 주여, 주의 재림을 기다리면서 항상 바른 신앙과 사역을 실천하게 하옵소서.
- 주여, 어떤 시험 속에서도 타협하지 않음으로 주께 영광을 돌리게 하옵소서.

10월 19 October 영성

왕상22 / 살전5 / 단4 / 시108-109

● 열왕기상 22장 여호와의 말씀을 예언하는 미가야의 영성

아내 이세벨에게 미혹되어 우상을 섬기며 악을 행하던 아합은 다시금 아람과의 전투에 임하나 미가야 선지자의 경고대로 죽음을 맞고 북이스라엘 백성들은 혼비백산하여 뿔뿔이 흩어지는 국가적 위기를 맞는다. 한편 신실한 남유다의 여호사밧의 실책이 언급되고, 또 아하시야 역시 부왕 아합의 악을 따라 실정을 거듭했음을 보여주고 있다.

통합이 언제나 힘이 있는 것은 아니다. 이는 이곳에서 불신자와 멍에를 함께하는 것이 전혀 힘이 없음을 보여주기 때문이다. 하나님은 연약한 것을 기쁘게 사용하시나 부정한 것을 사용하시지는 않으신다. 경건하지 아니한 아합을 경건한 여호사밧(유다의 왕)이 도와주려고 하였으나 그의 입장에서 그와 같은 타협은 수치와 패배로 끝났다. 그러나 그는 어떤 진실한 선지자를 만나서 의논하기를 원하였고, 그래서 미가야를 부르게 된다. 미가야는 엘리야의 총애를 받은 바 있는 귀인이다.

✚ 묵상 : 이스라엘 왕 아합이 아람의 왕의 손에서 되찾으려고 했던 곳은 어디일까요?(왕상22:3)
흉한 일만 예언하여 아합이 미워했던 여호와의 선지자는 누구일까요?(왕상22:8)

● 데살로니가전서 5장 그리스도의 강림을 준비하는 성도의 영성

사람들이 "평안하다, 안전하다."라고 할 그때에 그가 밤에 도적같이 오신다. 그때에 '멸망이 갑자기 그들에게' 온다. 도둑은 그 자신이 집안에 들어올 때에 사전 경고를 하지 아니한다. 도둑은 가장 예측불허의 시간을 택한다. 갑자기 그리고 순식간에 온다. 주님이 세상에 갑자기 등장하는 날은 그리스도의 은혜를 배척하는 사람들에게는 운명의 날이 된다.

✚ 묵상 : 빛의 아들이요 낮의 아들인 성도는 항상 무엇을 가지고 있어야 할까요?(살전5:8)
주의 날이 도둑 같이 이르기에 성도는 항상 어떻게 행동해야 할까요?(살전5:15~22)

통일 주제 영성 (靈性, 성령을 통해 변화를 받은 성도의 성품)

연합 내용 구원받은 성도는 성령을 통해 예수님과 날마다 교제할 수 있게 되었다. 그러나 거기에서 그치지 않고 신앙의 열매와 인격의 변화를 추구하며 말씀과 기도로 영성을 키워가야 한다.

● 다니엘 4장 느부갓네살왕의 꿈을 해석하는 다니엘의 영성

4장은 느부갓네살이 큰 나무 꿈을 꾸었으나 그 꿈의 의미를 찾지 못해 답답해하는 장면과 다니엘이 이전처럼 왕의 꿈을 해석하는 장면 그리고 그 꿈이 성취되어 느부갓네살이 7년 동안 짐승처럼 지내는 장면, 마지막으로 왕이 제정신으로 돌아와 하나님을 찬양하는 장면이 차례로 언급되고 있다.

✚ 묵상 : 느부갓네살 왕은 왜 다니엘이라면 자신의 꿈을 해석할 수 있다고 생각했나요?(단4:8~9,18)
느부갓네살 왕은 다니엘의 해석대로 꿈이 이루어지자 어떤 행동을 했나요?(단4:34~37)

● 시편 108-109편 하나님의 일하심을 찬양하는 다윗의 영성

108: 108편은 다윗이 사울을 피해 도망 다니던 때를 배경으로 하는 시편 57편 7-11절과 다윗의 승전기사를 담고 있는 60편 5-12절의 내용으로 구성되어 있는데 제사 때에 쓰인 것으로 보인다. 하나님께만 마음을 확정하고 찬송하겠다는 시인의 결단(1-5절), 통치자 되시는 전능하신 하나님(6-9절), 승리를 주실 하나님께 간구(10-13절)로 이루어져 있다.

109: '저주시'이면서 '개인 탄식시'로 평가받고 있는 109편에서 시인은 원수들을 향해 무서운 저주의 말을 쏟아내고 있다. 대적으로부터 무고하게 공격을 당하고 있는 시인은 여러 가지 저주의 내용을 선포하면서 대적들이 행한 대로 보응을 받아 땅에서 끊어지기를 구하고 있다(1-20절). 또한 연약한 자신을 보호해 주실 것과 대적들이 주의 손이 행하는 일들을 알게 되기를 간구하면서 찬송을 결단한다(21-31절).

✚ 묵상 : 다윗은 전쟁을 앞둔 상황에서도 하나님을 노래하며 찬양하는 이유가 무엇일까요? (시108:1)
다윗은 자신의 대적들과 마주할 때마다 누구를 의지하며 도우심을 구했나요?(시109:26)

기 도

- 주여, 세상의 풍파 속에서도 주의 말씀을 담대히 전도하는 영성을 주옵소서.
- 주여, 예수께서 다시 오실 때까지 교회를 세우며 헌신하는 영성을 주옵소서.
- 주여, 어떠한 어려움 속에도 마음을 정하여 주께 찬양하는 영성을 주옵소서.

10월 20 October

형벌

왕하1 / 살후1 / 단5 / 시110-111

● 열왕기하 1장 바알세붑을 찾은 아하시야 왕을 형벌하심

본서 1장은 17장부터 시작된 엘리야 이야기의 마지막이자 바알을 좇은 오므리 왕조의 몰락이 심화되는 장면이다. 즉 1장은 아하시야의 죽음의 소식으로 시작하여 무자한 자의 죽음소식으로 끝을 맺음으로써 오므리 왕조의 쇠락을 전하고 있다.

악한 아비의 아들 아하시야는 다락 난간에서 떨어져 병들었다. 그때에 그는 에그론의 신에게 물었다. 에그론은 바알신전 중에서 아하시야가 가장 쉽게 대할 수 있는 곳으로 보인다. 아합과 이세벨의 영향으로 이스라엘 중에서 바알 숭배가 만연했었다. 아하시야의 실족 사고는 슬픈 일이었다. 이것이 그에게는 하나님의 축복을 받을 수 있는 가장 좋은 기회였다. 그러나 그는 그와 같은 기회를 잘 사용하지 못하고 슬픈 과정을 겪게 된다.

✚ 묵상 : 아하시야 왕이 다락 난간에서 떨어져 병이 들자 누구에게 이 병이 나을지 물어 보았나요?(왕하1:2)
엘리야를 설득해 아하시야 왕에게 이르게 한 사람은 누구일까요?(왕하1:13~14)

● 데살로니가후서 1장 복음에 복종하지 않는 자들을 형벌하심

바울은 데살로니가후서에서 몇 가지 관심사를 가지고 있다. 이와 같은 것은 그가 전에 쓴 바 예수의 재림과 그들의 영적 생활에 대한 오해에서 나왔다. 바울 자신의 확고한 입장을 전할 필요성 때문에 이 후서를 쓰게 된다. 데살로니가전서와 같이 "바울과 실루아노와 디모데"가 문안을 한다. 이것은 바울의 겸손한 면을 보여준다. "우리 아버지와 주 예수 그리스도 안에 있는"(1절) 교회에게 문안한다. 문안에도 "은혜와 평강이"(2절) 나온다. 은혜는 하나님의 은사이고 평강은 그것을 가진 사람의 마음의 상태이다. 은혜가 있을 때에 평강이 온다. 바울은 교인들의 신실함에 대하여 감사한다. 여기에는 감사의 이유가 있다. 너희 믿음이 자라고, 서로 사랑함이 풍성하며, 박해를 참고 환난 중에 인내와 믿음이 있다. 이러한 것에 대하여 바울과 그의 일행은 "항상 하나님께 감사할지니"(3절)라고 하였다.

✚ 묵상 : 바울은 데살로니가 교회가 당하는 박해와 환난이 무엇을 위함이라고 하였나요?(살후1:5)
바울은 어떠한 자들이 하늘로부터 내리는 불꽃으로 형벌을 받는다고 하였나요?(살후1:7~9)

통일 주제 형벌 (刑罰, 죄를 지은 사람에게 주는 벌)

연합 내용 율법이 주어진 날로부터 예수님이 재림하실 그 날까지 하나님은 죄를 지은 자에게 형벌을 내리신다. 성도는 자신의 연약함을 인정하고, 날마다 겸손과 성결의 삶을 추구해야 한다.

● 다니엘 5장 완악하여 교만해진 벨사살 왕을 형벌하심

5장에서는 바벨론의 마지막 왕 벨사살의 최후가 언급된다. 교만한 벨사살은 예루살렘 성전 기물과 여흥을 즐기는 신성모독죄를 자행하고 이때 왕궁 분벽에 낯선 손가락이 나타나 글씨를 쓴다. 다니엘은 이 글씨의 내용이 바벨론의 멸망을 경고하는 것이라고 해석하는데 얼마 후 예언은 그대로 성취된다. 벨사살은 어떤 왕인가? 그 이름의 뜻은 '벨(바벨론의 신)이여, 지켜주소서'이다. 느부갓네살의 손자이며 나보니두스의 장남으로 바벨론의 마지막 왕이다.

✚ 묵상 : 벨사살 왕과 귀족들이 술을 마시려고 사용한 그릇들은 무엇이었나요?(단5:2~3)
왕궁 촛대 맞은편 석회벽에 사람의 손가락들이 나타나 쓴 글자는 무엇일까요?(단5:25)

● 시편 110-111편 다윗을 괴롭게 만든 원수들을 형벌하심

110: 110편은 예수 그리스도에 대한 예언으로 신약에서 많이 인용되는 시편이다. 이스라엘 왕이 기름 부음을 받아 등극할 때 사용된 노래인데, 선지자의 시점에서 내용이 전개된다. 1절은 서기관들과의 논쟁(막 12:36), 예수 그리스도의 부활 변증(행 2:34-35절)에서 메시야 및 하나님의 아들로서의 예수님의 권위를 나타내기 위해 인용되었다. 예수 그리스도는 영원한 통치자(2-3절) 및 영원한 제사장(4-7절)이시다.

111: 다윗이 예배를 위해 지은 시다. 하나님의 찬송하기 위해 모인 자들(정직한 자들)은 하나님이 행하신 놀라운 일들을 기억하며 노래한다(1-4절). 또한 하나님은 당신의 백성과 그들에게 주신 언약을 기억하신다(5-9절). 하나님을 경외하며 그의 계명을 지키는 것이 지혜다(10절).

✚ 묵상 : 다윗은 주의 권능의 날에 어떠한 자들이 즐거이 헌신한다고 하였나요?(시110:3)
다윗이 여호와 하나님께 감사하며 노래하는 이유는 무엇일까요?(시110:1~10)

기 도

- 주여, 고난 중에서도 항상 감사하며 하나님을 찬송하게 하옵소서.
- 주여, 교만을 멀리하고 늘 겸손하게 하나님을 바라보게 하옵소서.
- 주여, 새벽이슬 같은 주의 청년들처럼 즐거이 헌신하게 하옵소서.

10월 21 October

소명

왕하2 / 살후2 / 단6 / 시112-113

● 열왕기하 2장 엘리야의 뒤를 이어 사역하는 엘리사의 소명

하늘로 들려 올라감으로써 엘리야의 시대가 끝나고 그를 이어 엘리사가 신적 권위를 덧입고 선지자로서 사역을 시작하게 되는 장면이다. 그리스도인의 모든 과정은 하나님의 놀라운 빛으로 나아가는 과정이다. 그것은 자기중심에서 하나님의 중심으로, 뒤에 있는 것을 잊어버리고 앞에 있는 것을 버리고 새것을 따르는 놀라운 변화의 삶이다.

그러면 엘리사는 어떤 인물인가? 엘리사란 이름은 '하나님은 구원하시다'라는 뜻이며, 엘리야의 후계자로 이스라엘 왕 여호람, 예후, 여호아하스, 요시아 등의 통치 기간동안 많은 이적을 행하였다. 그는 바알 숭배 체제를 근본적으로 척결하려 했던 스승 엘리야의 사명을 마무리 지었으며 하사엘과 예후를 기름 부어 세웠다.

✚ 묵상 : 엘리사는 엘리야의 성령이 하시는 역사를 갑절이나 얻기 위하여 어떤 행동을 했나요?(왕하2:1~4,6,9~15)
엘리사는 여리고 성읍에서 토산이 익지 못하고 떨어진다는 말을 듣고 어떤 기적을 행하였나요?(왕하2:19~22)

● 데살로니가후서 2장 불법으로부터 성도를 굳게 하는 바울의 소명

본장에서 영감을 받은 사도가 제시한 예언적 모습을 살펴본다. 이것은 우리들의 큰 관심을 갖게 한다. 그리고 이 내용은 주님이 오시기 전에 세상이 돌이킨다는 일반적인 신념의 강한 지지를 표명한다. 바울은 주 예수 그리스도가 오시게 되고, 그의 백성들이 그 날에 그에게 모이게 된다는 사실에서(1-2절) 이 주장을 내세운다. 그리고 나서 그의 강림에 대한 거짓된 교훈에 대하여, "쉽게 마음이 흔들리거나 하거나 두려워하거나 하지 말아야 한다."(2절)라고 경고한다. 그러나 그의 강림은 확실하다. 그리고 그것은 "멸망의 아들"(3절)이 나타나고 확실하다는 것을 보여준다.

✚ 묵상 : 바울은 데살로니가교회에게 무엇을 주의하라고 권면했나요?(살후2:2~4,7~10)
바울이 데살로니가교회에게 전통을 지키라고 한 말은 무슨 뜻일까요?(살후2:12~15)

통일 주제 소명 (召命, 하나님께서 구속사역을 위해 일꾼을 부르심)

연합 내용 하나님은 매 시대에 일꾼을 부르신다. 선지자로, 왕으로, 제사장으로, 사도로, 선교사로 부르신다. 예수 그리스도를 믿는 모든 성도는 사역의 종류는 다르지만 다 소명을 받은 자다. 오직 충성이 있을 뿐이다.

● 다니엘 6장 음모 속에 절대신앙을 지키는 다니엘의 소명

바벨론의 멸망을 언급한 5장에 이어 6장에서는 메대, 바사의 다리오 치하에서 일어난 사건을 기술하고 있다. 다니엘을 시기하던 자는 나라가 바뀌자 다시 다니엘을 모함하고 다니엘은 신앙의 절개를 지키다 사자굴에 던져지나 믿음을 지킨 결과 더욱 존귀하게 된다. 또한 이를 본 다리오 왕조차 감동을 받아 하나님께 영광을 돌린다.

✚ 묵상 : 다리오 왕 때 다니엘은 어떤 위치에 있었으며 어떤 사람이었나요?(단6:1~4,10~11)
다리오 왕은 참소하는 자들로 인하여 다니엘을 사자굴에 넣지만 끝까지 어떤 신앙적인 자세로 중보했나요?(단6:13~14,16,18~20,24)

● 시편 112-113편 여호와를 경외하고 계명을 지킬 성도의 소명

112: 112편의 내용은 시편 1편과 매우 유사하다. 하나님을 경외하고 말씀을 가까이하며 즐거워하는 것이 형통한 삶의 조건이며, 약하고 가난한 자를 돌보는 삶을 통해 영광을 얻게 된다. 결국 하나님 사랑, 이웃 사랑이다.

113: 이스라엘의 제의(특히 절기) 가운데 쓰인 찬송시다. 높으신 하나님이시지만, 그의 눈은 낮은 곳을 향한다(4-6절). 약자를 긍휼히 여기시는 하나님은 모든 상황을 초월하여 언제나 찬양을 받으셔야 한다(7-9절).

✚ 묵상 : 여호와께서는 어떤 자에게 복을 주시며 지켜 주신다고 하셨나요?(시112:1~4,7,9)
시편 기자는 여호와께 찬송을 돌려야 할 이유가 무엇이라고 했나요?(시113:1~9)

기 도

- 주여, 성령의 역사를 갈절이나 사모하게 하시고 받은 능력을 사용하게 하옵소서.
- 주여, 재림에 관한 그릇된 교훈에 빠지지 말게 하시고 복음만 붙잡게 하옵소서.
- 주여, 어떠한 참소함 속에서도 타협하지 않는 신앙과 자세를 허락하여 주옵소서.

10월 22 October 예언

왕하3 / 살후3 / 단7 / 시114-115

● 열왕기하 3장 엘리사가 유다 왕 여호사밧으로 인하여 예언함

3장의 배경은 반란을 진압하기 위한 여호람의 모입 원정 기사이지만 관심사는 예언자 엘리사의 역할에 관한 내용이다. 엘리사는 예언을 통해 이스라엘의 승전을 확인시켜주었고, 향후에는 이스라엘 군대가 승리하는 데 견인차 역할을 하게 된다.

아합 왕이 죽은 후 이스라엘의 국력이 약해진 틈을 타서 모압이 이스라엘을 배반한다. 이에 여호람은 강력하게 대처하기로 결심하고 유다 왕 여호사밧과 동맹을 맺고 모압 원정길에 나선다.

✚ 묵상 : 배반한 모압을 치러 가는 세 왕이 물이 없어 엘리사를 찾았을 때 그는 누구때문에 하나님의 뜻과 역사하심을 예언한다고 했나요?(왕하3:5,9~11,14~19)
이스라엘, 유다, 에돔의 세 왕은 모압과의 전쟁에서 어떤 결과를 얻었나요?(왕하3:22~27)

● 데살로니가후서 3장 바울이 게으른 자와 일 만드는 자의 끝을 예언함

사도 바울은 재림 문제에 관한 것을 상세하게 설명하고 나서 엄숙한 분위기를 보여준다. 바울은 사도이다. 그는 능력의 종이고 하나님의 은혜 안에서 능력을 행하였다. 그러한 바울이 이번에는 데살로니가 교인들에게 기도를 부탁하였다. 이것은 기도의 힘이 얼마나 위대한가를 보여준다.

✚ 묵상 : 바울은 데살로니가교회에게 어떤 내용의 중보기도를 부탁했나요?(살후3:1~2)
바울은 데살로니가교회에게 어떤 습관을 경계하라고 말했나요?(살후3:6~8,10~12)

기 도

- 주여, 늘 하나님 보시기에 합당한 자가 되어 주의 역사를 경험하게 하옵소서.
- 주여, 게으름의 유혹에 빠지지 않게 하시고 주어진 일에 성실하게 하옵소서.
- 주여, 범사에 하나님께서 구원의 때에 행하신 기적을 기억하게 하옵소서.

통일 주제 예언 (豫言, 주께서 주시는 말씀, 환상, 꿈으로 미래의 일은 말함)

연합 내용 성경에는 두 종류의 예언이 있다. 하나는 전혀 알 수 없는 하나님의 일방적인 구속사적인 예언이고, 다른 하나는 구체적인 조건을 말한 후 그것을 지키거나 지키지 않은 것에 대한 결과를 알려주는 예언이다.

● 다니엘 7장 다니엘이 꿈을 꾸고 그 해석을 들어서 예언함

다니엘의 둘째 부분에 속하는 7장부터 마지막 장까지는 다니엘이 본 네 가지 환상에 관한 메시지를 소개하고 있다. 그중에서 7장은 벨사살 원년에 다니엘이 꿈을 통해 본 네 짐승 환상이다. 여기서 네 짐승은 장차 나타날 세상 나라의 등장과 몰락을 보여주는데 다니엘은 이 환상을 통해 이방 나라의 멸망과 하나님 나라의 영원한 승리를 보여주고 있다.

✚ 묵상 : 벨사살 왕 원년, 다니엘이 본 환상에 등장하는 네 짐승은 무엇이었나요?(단7:1~8)
다니엘이 본 넷째 짐승과 그의 하는 일은 무엇이며 지극히 높으신 이의 나라와의 싸움은 어떻게 끝나고 높으신 이의 나라는 어떻게 될까요?(단7:18~22,23~27)

● 시편 114-115편 기자가 여호와를 경외하는 자에게 복을 예언함

114: 본시의 저자나 저작 배경은 분명하게 알려져 있지 않다. 출애굽 사건이 간략하면서도 생동감 있게 묘사되어 있는 이 시는 바벨론으로부터 돌아온 이스라엘 백성에게 하나님의 구원의 능력을 확인시켜줌으로써 새로운 삶에 대한 자신감과 용기를 불어넣어 주기 위해 작시된 듯하다. 이 시는 표제가 없다. 시의 저자도, 상황도, 배경도 알 수가 없다. 이는 에스더나 모르드개가 쓴 것으로 전해지나 그에 대한 확실한 증거는 없다. 이 시는 이스라엘이 애굽에서 나온 '출애굽'의 과정이 기묘할 정도의 필치로 서술되어 있다.

115: 본시는 저자 미상의 찬양의 시로서 이스라엘의 3대 절기인 유월절, 장막절, 오순절에 사용된 할렐시(113-118편) 중의 하나이다. 본시는 여러 부분으로 구성되어 있는데 제사장 등의 선창자가 그 일부를 부르면 백성들이 다른 부분을 화답하는 형식으로 사용되었다.

이 시는 표제가 없다. 연대와 저자에 대해서도 아는 것이 아무것도 없다. 본시는 모든 영광을 하나님께 돌리며 천지 만물의 주관자가 되시는 하나님만을 의지할 것을 백성들에게 권고하고 하나님의 영광을 무능한 우상의 모습과 대조하여 선명하게 묘사하고 있다.

✚ 묵상 : 시편 기자는 하나님이 행하신 어느 때의 일들을 회상하고 있나요?(시114:1~3,8)
시편 기자는 하나님이 어떤 분이시며 누가 복을 받는다고 했나요?(시115:9~13)

10월 23 October 감동

왕하4 / 딤전1 / 단8 / 시116

● 열왕기하 4장 수넴 여인의 세심한 배려에 감동 받은 엘리사

4장에서는 세 가지 이적이 소개된다. 즉 엘리사가 가난한 과부를 도운 사건, 불임의 수넴 여인으로 아들을 얻게 한 사건, 기근 속에서 풍성함을 이룬 사건 등이다. 엘리사는 그 스승 엘리야의 행한 것보다 2배 정도의 이적을 행하였다. 물론 그 모든 이적은 하나님의 이름으로 또 그가 하나님과 깊이 교통함으로 이루어졌다. 바알 숭배가 극심하며 배교적이었던 그 시대에 하나님께서는 선지자 엘리야와 또 그의 뒤를 이은 선지자 엘리사의 기적들을 통해 참된 하나님의 영광을 밝히 증거하였다.

✚ 묵상 : 제자 중의 한 여인이 엘리사에게 자신의 빚의 문제를 호소했을 때 엘리사는 어떻게 해결해 주었나요?(왕하4:1~7)
세심한 배려로 엘리사를 공궤한 수넴 여인의 가정에 나타난 두 가지 기적은 무엇일까요?(왕하4:13~36)

● 디모데전서 1장 괴수인 자신을 사도 삼아 주심에 감동 받은 바울

바울은 믿음의 참 아들인 디모데에게 편지한다(1-2절). 디모데는 에베소 교회가 복음 외에 다른 교훈에 빠지지 않도록 돌보아야 하며, 율법을 잘못 이해하여 변론을 일삼는 자들을 경계하고, 죄를 깨닫게 하며, 구원의 필요성을 알게 하여 영광의 복음으로 이어주는 율법의 순기능을 이해해야 한다(3-11절). 하나님은 핍박자 바울에게 구원을 허락하시고 직분을 맡기셨다(12-14절). 바울에게 임한 구원은 십자가에서 오래 참으신 예수 그리스도로 말미암아 모든 믿는 자에게 동일하게 임할 것이다(15-17절). 바울은 믿음의 선한 싸움을 싸울 것을 권면한다(18-20절).

✚ 묵상 : 바울은 디모데에게 바른 교훈이 무엇이라고 가르쳐 주었나요?(딤전1:3,5,11,18)
바울은 자신이 죄인 중에 괴수였으나 사도의 직분을 맡은 것은 전적으로 무엇때문이라고 증언하고 있나요?(딤전1:12,14~16)

통일 주제 감동 (感動, 깊이 느껴 마음이 움직임)

연합 내용 사람의 값은 마음에 있다. 마음이 바르고 선하면 귀한 값이요 그렇지 못하면 천한 값이 된다. 마음을 옳게 쓰고 남을 배려할 때 대부분의 사람은 감동을 받아 그에 상응하는 행동을 하게 된다.

● 다니엘 8장 가브리엘 천사의 해석에 감동받은 다니엘

2장부터 7장까지 아람어로 기록된 내용이 끝나고 8장부터 마지막 장까지는 히브리어로 기록되어 있다. 그중 히브리어로 기록된 부분의 첫 단락인 8장은 7장의 '네 짐승 환상' 중 둘째와 셋째 짐승이 상징하는 국가들로부터 주의 백성들이 당하는 무자비한 탄압을 숫양과 숫염소 환상으로 보여준다. 이 환상을 통해 다니엘은 끝까지 참고 인내하는 자는 반드시 구원을 얻는다는 위로를 전하고 있다.

✚ 묵상 : 다니엘은 벨사살 왕 3년에 을래 강변에서 어떤 환상을 보았나요?(단8:3~14)
가브리엘 천사는 다니엘이 본 환상을 어떻게 해석해 주었나요?(단8:16~25)

● 시편 116편 주의 은혜에 감동받아 서원을 갚는 시편 기자

본편의 저자 문제에 대해서는 다양한 견해가 있으나 이 시의 내용이 압살롬의 반란 때에 고난을 당하던 다윗의 정황(삼하 15-18장)과 비슷한 것으로 미루어 볼 때 다윗의 작품으로 보는 것이 무난할 것이다(칼빈). 이 시는 표제가 없다. 이 시는 내용상 포로에서 돌아온 직후의 감사송으로 본다. 이 시편에 대한 유대인의 전승도 없다. 위기에서 건짐을 받은 자가 그 기도에서 구원을 받을 때까지의 과정을 실감나게 전개한다.

✚ 묵상 : 시편 기자는 환난과 슬픔을 만났을 때 어떻게 해결했나요?(시116:1~4,6,8,10)
시편 기자는 여호와께 받은 은혜를 어떻게 갚겠다고 말했나요?(시116:12~14,17~18)

기 도

- 주여, 세심한 배려로 주의 일을 하는 자들을 감동시키는 자가 되게 하옵소서.
- 주여, 자신이 죄인의 괴수임을 깨닫고 헌신적으로 충성하는 자가 되게 하옵소서.
- 주여, 베풀어 주신 은혜를 알고 서원과 감사제로 보답하는 자가 되게 하옵소서.

10월 24 October 소식

왕하5 / 딤전2 / 단9 / 시117-118

● 열왕기하 5장 나아만이 어린 소녀에게 선지자 소식을 들음

엘리사의 명성은 국경을 넘어 이방에까지 소개되고 그 소문을 들은 나병 환자 아람의 군대장관 나아만이 엘리사를 찾아와 전인적인 치유를 받게 된다. 이를 통해 하나님의 구원의 손길이 유대인뿐만 아니라 이방에까지 닿아 있음을 알 수 있다. 이 사건은 민족과 계층을 초월하여 순종하는 삶에는 하나님의 은혜가 찾아든다는 사실을 교훈한다. 특히 나아만의 나병은 이스라엘에서 잡혀온 한 소녀의 제안을 통해 치유되었다.

특히 5장 7절의 히브리인들의 극한 감정(슬픔, 분노, 참회)을 표현하는 방법으로 자신들의 겉옷을 찢거나 굵은 베옷을 걸치거나 머리에 티끌과 재를 뿌리거나 가슴과 얼굴을 치거나 머리털을 미는 행동을 한다. 그리고 13절에 "내 아버지여"라는 '아버지'의 호칭은 종들이 주인을 부를 때 흔히 쓰는 말이 아니었다. 여기서 이 호칭이 쓰인 것은 나아만의 종들이 그에게 가지고 있던 친밀감 때문이었을 수도 있다(참고, 2:12). 나아만의 종들은 그 병이 나을 수만 있다면 아무리 힘든 일이라도 기꺼이 해야 한다는 사실을 일깨워준다.

✚ 묵상 : 아람 군대장관 나아만은 어떤 사람이었으며 무슨 소식을 들었나요?(왕하5:1~4,9~15,17~18)
엘리사의 사환 게하시는 어떤 욕심을 가졌으며 그 결과 어떻게 되었나요?(왕하5:20~27)

● 디모데전서 2장 이방인이 바울에게 예수 복음의 소식을 들음

오늘날 대부분의 교회들이 어떤 프로그램을 추진하고 사람들을 기쁘게 하며, 교회 정책을 실천하느라 목회자들을 바쁘게 하여 이 중요한 사역을 하지 못하도록 한다는 것은 대단히 모순적 일이다. 교회가 조직을 단순화하고 동기를 순화시킨다면 목회자들은 주님의 영광을 위하여 영적인 사역을 더 잘 할 수 있을 것이다.

✚ 묵상 : 이방인의 스승이 된 사도 바울은 디모데에게 어떤 기도를 드리라고 했나요?(딤전2:1~2,8)
사도 바울은 믿는 여자들이 어떻게 생활해야 한다고 가르쳤나요?(딤전2:9~11,15)

통일 주제 소식 (消息, 사람의 안부나 일의 형세 따위를 알리는 말이나 글)

연합 내용 하나님은 모든 영혼들에게 좋은 소식을 전해 주신다. 소자나 선지자나 천사나 예수님을 통해서 구원의 기쁜 소식을 주시는 것이다. 믿지 않는 자는 경히 여길 것이요 믿는 자는 찬양과 감사를 돌릴 것이다.

● 다니엘 9장 기도한 다니엘이 가브리엘에게 소식을 들음

8장의 네 짐승 환상에 이어 9장에서 다니엘은 바벨론 포로생활이 70년 간 지속될 것이라는 사실을 알고 백성을 위해 회개 기도하면서 하나님의 은혜를 구한다. 이에 대해 하나님은 일흔 이레의 신비한 계시를 주시는데 이는 포로생활 후의 영광스러운 회복과 종말에 있을 메시야의 구원에 대한 소망을 제시하는 것이다.

✚ 묵상 : 다니엘이 이스라엘과 예루살렘의 회복을 위하여 간절히 기도한 이유는 무엇을 깨달았기 때문이었나요?(단9:1~7)
다니엘이 간절히 기도한 후에 가브리엘은 어떤 소식을 가지고 왔나요?(단9:21~27)

● 시편 117-118편 여호와께 피하는 자가 구원의 소식을 들음

117: 성경에서 가장 짧은 성경인 117편은 모든 나라와 백성에게 여호와를 찬양하라고 명령하며, 여호와의 인자와 진실하심이 영원하다고 노래한다.

118: 제의 시편으로 분류된다. 제의 공동체는 하나님께 감사의 제사를 드린다. 하나님의 인자하심이 감사 제사의 핵심 고백이다. 영원토록 인자를 베푸시는 여호와 하나님은 시인의 편이다(1-7절). 시인은 여호와의 이름을 의뢰하며, 여호와께 피하는 것이 사람을 신뢰하는 것보다 낫다고 선언한다(8-13절). 여호와의 오른손은 그의 백성을 능히 구원하신다(14-18절). 특히 22절은 예수 그리스도를 생각나게 한다. 시인이 속한 공동체가 지금은 건축자가 버린 돌과 같은 처지에 있으나, 하나님의 선하심과 인자하심은 그들의 처지를 모퉁이의 머릿돌로 바꿔 주실 것이다.

✚ 묵상 : 모든 나라들과 백성들은 왜 여호와 하나님께 찬송을 드려야 할까요?(시117:1~2)
시편 기자는 여호와 하나님이 어떤 분이시며 그에게 피하는 자는 어떤 결과를 얻게 될 것이라고 말했나요?(시118:1,6~9,12~14,27~28)

기 도

- 주여, 병들었을 때 좋은 소식을 듣게 하사 치유받고 주를 찬양하게 하옵소서.
- 주여, 성도로서 위정자를 위한 기도와 성별에 맞는 바른 생활을 하게 하옵소서.
- 주여, 사람을 신뢰하지 말고 내 편이신 여호와 하나님을 의지하게 하옵소서.

10월 25 October 직분

왕하6 / 딤전3 / 단10 / 시119:1-24

● 열왕기하 6장 선지자의 직분을 받은 엘리사의 은사적 사역

엘리사의 종교적 사역인 영적인 군사들인 선지생도들을 양육하는 일과 국가적 사역, 즉 대적 아람 군대와 맞서 승리한 일, 사마리아의 위기를 극복하는 일이 소개되고 있다. 이 다양한 사건들 속에서 가장 중심이 되는 존재는 모든 사건의 이면에서 역사하셨던 하나님이시다.

엘리사 선지자가 행한 다른 이적은 한 선지자 제자가 나무를 베다가 도끼를 물에 빠뜨렸는데 엘리사가 나뭇가지를 물에 던져 도끼를 물 위로 떠오르게 한 이적이다. 이 이적의 교훈은 하나님은 자연 법칙을 주관하실 수 있다는 것이다. 그때에 아람 군대가 이스라엘을 침공한다. 하지만 엘리사의 영적 통찰력 때문에 번번이 실패한 아람 왕은 엘리사를 잡기 위해 군사를 보내지만 역시 실패한다. 엘리사가 아람 군사의 눈을 어둡게 하여 여호람 왕으로 하여금 그들을 사로잡게 했기 때문이다.

✚ 묵상 : 하나님의 사람 엘리사는 어느 정도의 초자연적 예지 능력을 가지고 있었나요?
(왕하6:5~7,8~10,12,18,20)
아람 왕 벤하닷이 사마리아를 에워싸으로 성 전체가 굶게된 상황에서 어떤 일이 벌어졌으며, 결국 이스라엘 왕은 누구를 원망했나요?(왕하6:26,28~29,31~32)

● 디모데전서 3장 감독과 집사의 직분을 받을 자의 기본적 자격

교회가 하나의 유기체로서 그리스도께 연합된 살아 있고 성장하는 몸이지만 또한 하나의 조직이기도 하다. 사실상 모든 유기체는 조직을 갖추고 있어야 하며 그렇지 않으면 스스로를 파괴하게 될 것이다. 인간의 몸은 살아 있는 조직체이지만 또한 고도로 조직화된 기계이기도 하여 만일 지교회가 그 임무를 효과적으로 수행해야 하는 것이라면 지도권이 형성되어야 하며, 이것은 곧 조직을 의미한다.

✚ 묵상 : 바울은 디모데에게 감독의 직분을 받을 자의 자격을 어떻게 말했나요?(딤전3:1~7)
바울은 디모데에게 집사의 직분을 받을 자의 자격을 어떻게 말했나요?(딤전3:8~12)

통일 주제 직분 (職分, 직무상 마땅히 해야 할 본분)

연합 내용 하나님의 백성은 세상에서 얻지 못하는 영적인 직분을 갖는다. 이 직분은 세상에서 감당하게 되지만 그 영광은 땅에서 얻지 못하고 천국에서 놀라운 것으로 받게 되는 것이다. 직분은 점점 더 무거워야 한다.

● 다니엘 10장 환상을 깨닫고 증거하는 직분을 받은 다니엘

10장부터 본서의 마지막 12장까지는 다니엘이 본 마지막 환상으로 세상 종말에 관한 내용이다. 10장은 그중 서론격에 해당되는데 다니엘이 힛데겔 강변에서 환상을 보는 장면과 환상 중에 나타난 천사(그리스도)로부터 위로받는 장면으로 구분된다.

✚ 묵상 : 고레스 3년, 전쟁에 관한 큰 환상을 본 다니엘은 어떻게 행동했나요?(단10:1~3,8~9)
환상을 보고 깨달은 다니엘은 재차 어떤 사람으로 불려 졌나요?(단10:11,19)

● 시편 119편 1-24절 왕의 직분을 받은 자의 말씀중심적 신앙생활

시편 119편은 하나님의 말씀에 대한 찬가로서 시편 1편과 함께 대표적인 토라(=율법)시로 알려져 있다. 또한 가장 정교한 구조로 짜여진 알파벳 시로써 하나의 알파벳이 8구절 연속 첫 자음으로 등장한다(히브리어는 총 22개 자음으로 구성, 22자음 × 8절 = 176절). 119편에서는 하나님의 말씀이 율법, 증거, 법도들, 율례들, 계명, 규례들, 말씀 등 다양하게 표현되고 있다. 참된 복의 기준인 말씀을 지켜 행하는 자가 복이 있다(1-6절). 죄의 유혹을 이기고 행실을 바르게 하기 위해서는 주의 말씀을 마음에 두어야 한다(7-16절). 말씀은 삶을 깨끗하게 만든다. 나그네 인생이기에 영원한 주의 말씀을 열렬히 사모하며, 말씀을 나의 즐거움과 충고로 삼아야 한다.

✚ 묵상 : 시편 기자는 하나님의 말씀을 어떻게 다른 말들로 표현했나요?(시119:1~2,4,6,8~9)
시편 기자는 하나님의 말씀을 어떤 상황 속에서도 지키겠다고 했나요?(시119:9,11,23)

기 도

- 주여, 하나님의 사람으로 능력을 받아 시대를 이끌어 가는 자가 되게 하옵소서.
- 주여, 목사, 전도사, 장로, 권사, 집사, 권찰의 직분을 잘 감당하게 하옵소서.
- 주여, 어떤 상황 속에서도 오직 하나님의 말씀을 행하는 자가 되게 하옵소서.

10월 26 October 양심

왕하7 / 딤전4 / 단11 / 시119:25-48

● 열왕기하 7장 나병환자 네 사람의 동족을 생각하는 양심

아람 군대의 포위로 사마리아 성이 곤경에 처했을 때 엘리사가 그 성의 회복을 예언했고 그 예언은 아주 쉽게 성취되었다. 한편 엘리사의 예언에 정면 도전했던 한 장관은 사마리아 성이 회복되자 처참한 죽음을 맞는다. 이로써 엘리사의 예언이 하나님에 의해 주어진 것이요 하나님이 이루신 일임을 분명히 보여주었다. 이와 같이 인간의 눈으로 보기에 절망적이었던 사마리아 성이 네 명의 나병자를 통해 하나님의 기적으로 구원받은 사실을 묘사하고 있다.

✚ 묵상 : 엘리사는 굶어 죽어가는 사마리아 성읍에 대해 어떤 예언을 했나요?(왕하7:1~2)
하나님은 사마리아 성에 엘리사의 예언을 어떤 방법으로 성취하셨나요?(왕하7:3~10)

● 디모데전서 4장 미혹하는 영을 따르는 자의 화인 맞은 양심

종말이 가까울수록 거짓과 미혹의 영이 더욱 활개를 칠 것이다(1-2절). 바울이 경고하는 거짓 교사들의 가르침은 잘못된 금욕주의에 관한 것이다(3-5절). 그들은 혼인 금지 및 출산 포기와 같은 영지주의적인 가르침과 특정 음식에 대한 금지, 구약의 정결법 준수와 같은 잘못된 금욕적 가르침을 강요했다. 하나님 지으신 모든 것은 선하기에 감사함으로 받으면 버릴 것이 없다. 거룩은 혼인금지, 특정 음식 섭취 금지 등을 통해 이루는 것이 아니다. 반면 참된 경건은 망령되고 허탄한 신화(=잘못된 가르침)을 버리고 오직 말씀과 기도로 거룩해지는 것이다(6-11절). 거짓 교사들의 교회 침투를 막는 비결은 지도자인 디모데가 말과 행실과 사랑과 믿음과 정절에 본이 되는 것과 사명(=읽는 것과 권하는 것과 가르치는 것)에 전념하는 것이다(12-16절).

✚ 묵상 : 성령은 바울에게 후일에 어떤 자들이 나타날 것이라고 말씀하셨나요?(딤전4:1~3)
바울은 디모데에게 어떤 목회자가 되라고 권면했나요?(딤전4:6~8,10,12~15)

통일 주제 양심 (良心, 어떤 행위에 대한 참과 거짓, 선과 악을 구별하는 도덕적 의식이나 마음씨)

연합 내용 양심은 하나님이 사람에게 주신 내적 법원이다. 율법이 있기 전부터 선과 악을 분별하게 하는 기준이다. 양심적으로 행동하면 옳고 참된 것, 비양심적으로 행동하면 거짓된 것이 된다. 양심이 죽으면 죄를 낳는다.

● 다니엘 11장 남방, 북방 침략을 일삼는 왕들의 거짓된 양심

11장에서는 '진리의 글'에 관한 내용 즉 이스라엘을 둘러싸고 있는 주변 열강들의 장래에 관해 받은 계시를 소개하고 있다. 바사 제국의 멸망과 헬라 제국의 등장 바사, 헬라, 애굽, 수리아 네 왕국으로 분열되는 헬라 제국, 애굽과 수리아 두 왕조 사이의 전쟁, 이스라엘에 대한 수리아의 무자비한 박해 등이 언급되고 있다.

✚ 묵상 : 하나님은 다니엘에게 어떤 예지의 능력을 주셔서 앞날을 깨닫게 하셨나요?(단11:1)
남방 왕과 북방 왕 사이의 많은 전쟁 중에는 어떤 전략들이 사용되었나요?
(단11:2~3,6,15,17,20~21,23~24,27,36,39)

● 시편 119편 25-48절 주의 율례, 규례, 계명을 지키겠다는 고백적 양심

현재 시인은 절박한 상황 가운데 놓여 있다(내 영혼이 진토에 붙었사오니(25절), 나의 영혼이 눌림으로(28절)). 고난의 상황에서 시인은 다시 주의 율례를 가르쳐 주시고 말씀으로 다시 세워 주시면 즐거이 계명들의 길로 나아가며 전심으로 계명을 행할 것을 다짐한다(25-35절). 더 나아가 자신의 마음이 탐욕과 허탄한 것으로 나아가지 않게 하시고 주의 의로 살아나며 진리의 말씀에서 떠나지 않고 항상 주의 율례를 가까이하며 묵상할 것을 다짐한다(36-48절).

✚ 묵상 : 시편 기사는 여호와 하나님께 율례와 규례와 계명에 대하여 어떻게 해 달라고 기도했나요?
(시119:26~27,33~34)
시편 기자는 여호와의 말씀에 대하여 어떻게 하겠다고 고백했나요?(신119:31~32,44,47)

기 도

- 주여, 이 땅에 주의 기적을 내리사 전염병과 경제적 공항을 치유하여 주옵소서.
- 주여, 경건에 힘쓰고 성숙함으로 모든 일에 믿는 자의 본이 되게 하옵소서.
- 주여, 주의 율례와 규례와 법도와 계명을 온전히 지키는 자가 되게 하옵소서.

10월 27 October 선대

왕하8 / 딤전5 / 단12 / 시119:49-72

● 열왕기하 8장 돌아와 집과 전토를 호소한 수넴 여인을 선대

8장은 수넴 여인의 이야기가 다시 등장한다. 이전에 엘리사에게 극진히 봉사했던 수넴 여인이 자신의 권리를 회복하는 이야기이다. 수넴 여인은 엘리사의 권고로 7년간의 기근을 피할 수 있었고, 게하시의 증거로 7년간 다른 사람이 차지하고 있던 자기 소유를 돌려받을 수 있었다. 하나님은 자신을 경외하는 신실한 자들에게 환난 가운데서도 피할 길을 주신다.

특히 엘리사의 이적을 체험했던 과부의 실제 회복 기사와 하사엘이 아람 왕이 되어 이스라엘을 징벌하는 하나님의 도구가 되리라는 예언 및 유다 왕 여호람의 사적과 아하시아의 통치 등이 소개된다. 따라서 이 장은 이 세상은 왕들이 지배하는 것이 아니라 왕들의 왕이신 하나님께서 친히 주관하신다는 사실을 재삼 확인시켜준다.

✚ 묵상 : 엘리사는 아람 왕 벤하닷과 그의 신하 하사엘이 미래에 어떻게 될 것이라고 예언했나요?(왕하8:7~15)
유다 왕 여호람과 아하시야는 하나님 앞에서 어떤 왕이었나요?(왕하8:16,18,25~27)

● 디모데전서 5장 늙은이와 참 과부와 잘 다스리는 장로를 선대

바울이 디모데에게 주신 구체적인 목회적 지침이다. 남녀노소에 따른 목회자의 바른 처신(1-2절), 참 과부에 대한 목회적 처신과 지침(3-16절), 장로에 대한 목회 지침(17-22절), 개인적 권면(23-25절)으로 구성되어 있다. 성도들을 일절 깨끗함으로 대해야 하며, 건강한 관계 유지를 위해 대상별로 세심하게 살펴야 한다. 이 당시 과부는 생산수단이 없어 생존이 위태로운 사람들이다. 바울은 과부에 대해 교회 공동체가 나서기 전에 1차적으로 가족이 책임지도록 했다(16절). 장로 송사에 대한 경고와 권면에 있어서 목회자는 편견 없이 공평하게 행해야 한다. 본문은 목회자에 대한 권면이지만, 성도들 간에도 건강한 관계 유지를 위해 참고할 내용들이다.

✚ 묵상 : 바울은 디모데에게 늙은이와 과부를 어떻게 대하라고 했나요?(딤전5:1~4,9~11,14,16)
바울은 디모데에게 장로들과 범죄한 자들을 어떻게 대하라고 했나요?(딤전5:17~20)

기 도

- 주여, 어려움 당한 자를 선대하고 여호와 앞에 악을 행하지 않게 하옵소서.
- 주여, 늙은이와 과부를 선대하고 범죄한 자를 꾸짖는 자가 되게 하옵소서.
- 주여, 어떤 상황 속에서도 주의 말씀을 기억하고 지키는 자가 되게 하옵소서.

통일 주제 선대 (善待, 선하고 유익하게 대우함)

연합 내용 하나님은 예수 그리스도 안에서 죄인을 선대하신다. 그러므로 믿는 자들도 성령 안에서 죄인들을 선대해야 한다. 작게는 의식주 영역에서, 크게는 영적 구원과 사역의 영역에서 선대해야 한다.

● 다니엘 12장 많은 사람을 옳은 데로 돌아오게 한 자를 선대

다니엘의 마지막인 12장은 종말로 상징되는 안티오쿠스 4세의 무시무시한 박해와 박해 중에서도 믿음을 지킨 자가 얻을 영생과 부활의 상급에 대한 약속으로 끝을 맺는다.

또한 본장은 미래에 일어날 일들이 예언된 본서의 총 정리라는 의미를 띠며, 특히 마지막 때를 살고 있는 성도들이 유념할 종말에 관한 해석이 포함되어 있다는 점에서 중요성을 지닌다. 즉 다니엘의 시점에서는 미래의 예언이나, 오늘날 우리의 관점에서는 이미 성취된 예언의 성격을 지니는 본서의 다른 부분과 그에 대한 총 정리격의 본장은, 전체적인 맥락에서는 환난의 때를 극복하고 승리하는 자는 예비된 평안을 누린다는 진리를 고유하고 있으나 본장은 인류의 최종적인 사건을 다룬다는 점에서 특수성을 지니고 있다.

✚ 묵상 : 큰 환난 때에 누가 구원을 받으며 어떤 자가 영생을 얻는다고 했나요?(단12:1~2)
많은 사람이 빨리 왕래하며 지식이 더하는 마지막 때에 누가 깨달을까요?(단12:4,10)

● 시편 119편 49-72절 주의 말씀을 기억하고 지키는 주의 종을 선대

시인은 하나님의 약속의 말씀으로 인해 고난 중에 위로를 받았고, 소망을 잃지 않았으며, 그의 삶이 다시 살아나는 것을 경험했다(49-56절). 시인은 주의 법을 지키는 것이 곧 자신의 소유(재산)라고 고백한다. 여호와는 나의 분깃(=분배받은 땅)이라는 고백은 본래 성전에서 하나님을 섬기는 일에 전념하도록 부름받은 레위인들의 고백이다. 여호와는 시인의 분깃이기에 그는 주의 계명을 지키기에 신속했으며, 악한 자들로 인해 곤경에 처했어도 주의 법을 잊지 않았고, 주의 법도를 지키는 자들의 친구가 되기를 다짐한다(57-64절). 시인은 고난으로 인해 잘못된 길에서 돌아와 말씀을 배우며 지킬 수 있었음을 상기하며 고난의 유익을 고백한다. 그는 고난을 통해 주의 법을 사랑하게 되었다. 천금보다 주의 법이 더욱 귀하다.

✚ 묵상 : 시편 기자는 고난 중에 소망과 위로를 주며 살리는 것이 무엇이라고 했나요?
(시119:49~50,52,65,67,71)
시편 기자는 주의 말씀을 어느 정도의 가치라고 고백했나요?(시119:56~57,72)

10월 28 October 까닭

왕하9 / 딤전6 / 호1 / 시119:73-96

● 열왕기하 9장 유다와 이스라엘 왕들이 처참하게 죽는 까닭

엘리사 때 이미 예언된 바 있는 예후의 이스라엘 왕위 등극과 그에 의한 요람, 유다 왕 아하시야, 이세벨 등의 죽음이 소개된다. 예후는 18년 동안(BC 839-822) 그리고 그의 후손은 5대에 걸쳐 이스라엘을 통치한다. 100여 년이 지난 후 선지자 호세아는 하나님께서 예후가 범한 살인 때문에 그 후손인 이스라엘의 왕을 심판하실 것이라고 선포한다.

또 본장은 이스라엘 왕 요람 때에 군대장관 예후의 반역 사건을 기록한다. 요람은 아합과 이세벨의 아들이었고 그의 전왕 아하시야의 형제이었다(왕하 1:17). 예후의 반역은 요람과 아합 가(家)에 대한 하나님의 심판이며 그의 예언의 성취이었다.

✚ 묵상 : 선지자 엘리사는 제자 중 한 청년에게 어떤 명령을 내렸나요?(왕하9:1~4,6~7)
여호와 하나님의 예언의 말씀을 들은 예후 장군은 그 후 어떻게 행동했나요?
(왕하9:14~16,20~25,27, 30~33)

● 디모데전서 6장 디모데가 믿음의 선한 싸움을 싸워야 할 까닭

바울은 그리스도인 종들에게 육신의 상전을 같은 그리스도인이라 해서 가볍게 대하지 말고 오히려 더 잘 섬겨야 한다고 권면한다(1-2절). 투기와 분쟁, 비방을 불러오는 거짓 교훈에 유의하고, 경건에 큰 유익이 있는 자족하는 마음을 가져야 한다(3-10절). 먹을 것과 입을 것이 있음에 감사하며 돈에 대한 유혹을 이겨야 한다. 돈은 일만 악의 뿌리다. 바울은 마지막으로 교회의 지도자들에게는 목회적 교훈을(11-16절), 부자들에게는 탐욕에 대한 경고와 재물의 바른 사용에 관한 권면을(17-19절), 디모데에게는 거짓 교훈에 대한 분별과 진리 사수를 강조한다(20-21절).

✚ 묵상 : 바울은 다른 교훈을 말하고 그리스도의 말씀과 경건에 관한 교훈을 따르지 않는 자들이 주로 무엇과 연관되어 있다고 말했나요?(딤전6:3,5~7,9~10,17)
바울은 하나님의 사람인 디모데에게 무엇을 지키며 목회하라고 했나요?(딤전6:11~12,18)

통일 주제 까닭 (어떤 일이나 현상의 원인, 이유 또는 조건)

연합 내용 모든 일에는 까닭이 있다. 이유가 있기에 결과가 생긴다. 악과 불법을 행한 왕은 그 위치만큼 큰 심판을 받고, 거룩한 싸움을 싸운 자는 상을 받으며, 소명자는 자신의 모든 삶을 행위계시로 사용하게 된다.

● 호세아 1장 호세아가 음란한 여자를 맞이해야 하는 까닭

호세아의 주제는 '하나님의 사랑'이다. 호세아 선지자는 주전 760- 724년경이라고 본다. 호세아서는 인간 호세아의 생각을 서술한 책이 아니고, "호세아에게 임한 여호와의 말씀"이며, "여호와께서 비로소 호세아로 말씀하신" 내용이다. 이것은 거짓말이나 속임수가 아니고 진리의 말씀이다.

✚ 묵상 : 여호와는 이스라엘을 교훈하기 위해 호세아에게 어떤 명령을 내리셨나요?(호1:2~4,6,8~9)
여호와는 이스라엘과 유다에 대하여 어떤 계획을 가지고 계셨나요?(호1:4,6~7,10~11)

● 시편 119편 73-96절 시편 기자가 주 여호와의 말씀을 바라는 까닭

시인은 자신의 인생을 만드시며 세우시는 주의 계명을 배우게 해 달라고 간구한다(73절). 또한 자신이 하나님의 말씀으로 고난을 이겨 나가는 것을 통해 다른 이들이 기뻐하며 신앙 공동체로 돌아오게 해달라고 기도한다(74-80절). 그러나 시인은 현재 매우 지쳐 있다(81-88절). 연기속의 가죽 부대란 가죽을 훈제하여 오그라든 상태를 말하는 것인데, 사람을 하나님의 영혼을 담은 가죽 부대로 비유하면서 더 이상 영혼을 담을 수 없을 정도로 오그라져 있는 상태, 심히 병든 상태를 의미한다(83절). 대적들이 여전히 핍박하는 상황에서 그는 주의 교훈을 지키겠다고 다짐한다. 하나님 말씀의 영원함과 하나님의 성실하심, 천지를 운행하시는 하나님의 주권과 섭리가 지금까지 시인을 살아가게 한 원동력이다(89-96절).

✚ 묵상 : 시편 기자는 주의 말씀을 가까이 하는 이유가 무엇이라고 했나요?(시119:73~74,77,91~93)
시편 기자는 복된 삶을 얻기 위해 주의 말씀과 연관된 어떤 기도를 드렸나요?
(시119:76,80~82,86~88,94)

기 도

- 주여, 행한 대로 갚으시는 하나님을 두려워하여 범사에 진실하게 하옵소서.
- 주여, 하나님의 사람으로 물질에 매이지 말고 선한 싸움을 싸우게 하옵소서.
- 주여, 감당하기 어려운 사명이 와도 순종할 수 있는 깊은 믿음을 주옵소서.

10월 29 October 열심

왕하10 / 딤후1 / 호2 / 시119:97-120

● 열왕기하 10장 예후 왕이 열심을 다해 아합 집을 심판함

예후의 잔인한 학살 행진은 요람과 이세벨을 죽인 데 그치지 않고 아합 가문에 속한 혈육 곧 70명의 왕자를 학살하고 이스라엘의 잔여 세력과 유다 왕조 및 사마리아의 잔여 세력을 숙청하는 데 이르렀다. 그와 동시에 바알 숭배자들과 그 신전을 훼파함으로써 일대 종교개혁을 단행하기는 했지만 여전히 금송아지 숭배를 멈추지 않았던 예후는 마침내 죽음을 맞게 된다.

다시 말해 예후는 이스라엘 왕 여호람을 반역하여 그를 죽이고 이스라엘에 있던 그의 어머니 이세벨을 죽게 한 후에, 본장에 기록된 대로 두 가지 일을 더 하였다. 첫째는 아합 집에 속한 자들을 다 죽인 것이고, 둘째는 바알을 섬기는 자들을 다 죽인 것이다.

✚ 묵상 : 예후는 어떤 방법으로 이스라엘 왕위에 올랐나요?(왕하10:1~7,11,17)
예후 왕이 여호와 보시기에 잘한 일과 잘못한 일은 무엇일까요?(왕하10:19~31)

● 디모데후서 1장 바울과 디모데가 열심을 다해 복음을 전함

사도 바울은 복음전파를 위해 충성을 다하는 사랑하는 영적 아들인 디모데에게 편지한다(1-2절). '네 눈물'이라는 표현에서 디모데가 겪고 있는 고난을 읽어낼 수 있다. 외조모와 어머니를 통해 디모데는 참된 믿음의 소유자가 되었다(3-5절). 바울은 디모데가 고난 가운데 위축되지 않도록 목회자로 안수 받을 때 부어주신 은사와 능력, 사랑과 절제하는 마음(=신중한 판단력)을 상기시킨다(6-8절). 두려워하는 마음은 소심함을 뜻한다. 소심함은 하나님이 주시는 마음이 아니며 성령님이 그를 주장하실 때 능력과 사랑과 판단력을 회복할 것이다. 디모데후서를 쓸 당시 바울은 사형수였으며 디모데가 목회하는 에베소교회는 핍박으로 인해 성도들이 이탈하고 있었다. 바울은 복음의 능력을 강조하며 디모데가 교회에 닥친 어려움에 굴하지 않고 복음 전파의 사명을 계속 이어가길 촉구한다(9-14절). 핍박이 두려워 복음에서 떠난 자도 있지만 끝까지 사명을 감당하는 오네시보로와 같은 동역자도 있다(15-18절).

✚ 묵상 : 바울은 믿음의 사람 디모데에게 어떤 사역을 부탁했나요?(딤후1:5,8,13~14)
바울이 사역할 때에 그를 저버린 자와 격려한 자는 각각 누구였나요?(딤후1:15~18)

통일 주제 열심 (熱心, 어떤 일에 온 마음과 정성을 다하여 골똘하게 힘씀)

연합 내용 열심은 하나님이 인간에게 준 놀라운 능력이요 무기다. 열심을 통해 하나님의 뜻을 이루고, 널리 복음을 전파하며, 선지자의 사명을 완수하고, 주의 말씀을 따라 살므로 가장 가치있는 인생을 살게 된다.

● 호세아 2장 호세아가 열심을 다해 이스라엘 심판을 예언함

호세아 아내의 타락한 모습을 통해 죄로 물든 이스라엘의 허물을 지적하고 그 죄악에 대한 하나님의 준엄한 심판과 이스라엘을 회복시키려는 하나님의 은혜가 소개되고 있다.

호세아는 이스라엘 민족의 고대사에 일어났던 사건들을 빈번하게 사용한 점이 특기할 만하다. 그에게 있어서 이스라엘의 과거는 장래를 미리 예측할 수 있는 거울이었던 것 같다.

그리고 22절의 '이스르엘'은 문자적으로 '하나님은 흩으시리라'는 뜻이다. 1장 11절처럼 여기서는 긍정적인 의미로 씨를 뿌린다는 것이다.

✚ 묵상 : 여호와는 영적 음행을 저지른 이스라엘에게 어떤 벌을 내리실까요?(호2:8~9,11~13)
호세아는 비유를 통해 누가 이스라엘에게 장가든다고 예언했나요?(호2:16,19~20)

● 시편 119편 97-120절 시편 기자가 열심을 다해 주의 법도를 따름

시인은 주의 법을 사랑하여 온종일 읊조린다. 시인이 늘 사랑하고, 가까이하며, 묵상하고, 지켜 행한 말씀이 시인을 지혜롭게 만들어 주었다(97-104절). 103절의 '말씀이 달다'는 미각적인 표현의 의미는 말씀이 어떤 문제든 어려움 없이 풀어 준다는 의미다. 지혜와 명철이 말씀으로부터 나오기 때문이다. 시인은 인생의 등이요 빛인 주의 말씀을 더욱 지켜 행하기를 맹세하며 특히 위기에서도 주의 법을 잊지 않을 것을 결단한다(105-112절). 시인은 두 마음을 품지 않으며, 악한 자를 멀리하고, 주의 법을 떠나지 않겠다고 다짐하는데 하나님이 선악간의 모든 것을 판단하시고 심판하시는 분임을 확실히 믿을 때 말씀의 길로 나아갈 수 있다(113-120절).

✚ 묵상 : 시편 기자는 지혜와 모든 명철이 어디로부터 온다고 고백했나요?(시119:98~100,104)
시편 기자는 악한 자들이 자기를 해하려 할 때 무엇을 붙잡고 싸워 구원을 얻는다고 했나요?
(시119:109~110,115,117)

기 도

- 주여, 여호와 하나님이 보시기에 좋으신 대로 사역하며 살게 하옵소서.
- 주여, 사역자들을 부끄러워하지 말고 복음과 함께 고난을 받게 하옵소서.
- 주여, 주의 말씀에서 지혜와 명철을 얻고 악한 자들을 능히 물리치게 하옵소서.

10월 30 October 인정

왕하11-12 / 딤후2 / 호3-4 / 시119:121-144

● 열왕기하 11-12장 요아스를 왕으로 인정하는 여호야다와 백성

11: 이스라엘 왕 아합의 딸이자 유다 왕 여호람의 미망인이던 아달랴의 반란과 그 아달랴를 살해하고 요아스를 유다 왕위에 앉힌 여호야다의 반란 기사가 소개되고 있다. 성경 기자는 남북 이스라엘에서 나란히 발생한 반란을 통해 바알에 대한 여호와의 승리를 묘사하는 데 초점을 맞춘다. 한편 유다 왕 아하시야가 이스라엘 왕 여호람을 병문안하러 갔다가 예후에게 부상을 당하여 죽게 된 후(왕하 8-9장), 아하시야의 어머니 아달랴는 그 아들의 죽은 것을 보고 일어나 왕의 씨들을 다 죽였다. 그는 이스라엘 왕 오므리의 손녀(왕하 8:26) 곧 아합의 딸로서 우상숭배자이며 악한 여자이었고, 그를 통해 유다 왕국에 우상숭배가 널리 퍼졌음에 틀림없다. 하나님을 경외하지 않는 자는 악한 일을 행한다.

12: 이스라엘 왕 예후 7년에, 유다 왕 요아스는 일곱 살의 어린 나이에 왕위에 올라 예루살렘에서 40년 동안 치리하였다. 그 어머니의 이름은 시비아이며 브엘세바 사람이었다. 성경이 왕들의 어머니를 언급하는 것은 왕의 인격의 됨됨이가 그 어머니와 관계되기 때문일 것이다.

✚ 묵상 : 아달랴가 아들 아하시야의 자식을 모두 멸할 때 아하시야의 누이 여호세바가 그의 아들 요아스를 숨긴 후 요아스는 어떻게 즉위하였으며 어떤 개혁을 보았나요?(왕하11:1~4,12,14~15,17~18)
유다의 요시야 왕이 잘한 일과 잘못한 일은 무엇일까요?(왕하12:2~7,17~18)

● 디모데후서 2장 부끄러울 것이 없는 일꾼으로 인정된 디모데

바울은 디모데에게 "너는 그리스도 예수 안에 있는 은혜 가운데 강하고"라고 했다. 그리고 디모데가 많은 증인들 앞에서 바울에게서 들은 바를 충성된 사람들에게 부탁하라고 했다. 그리스도 예수 안에 있는 은혜 속에서 강한 자만이 복음의 충성된 사역자가 될 수 있다. 바울은 디모데가 그런 사역자가 될 수 있기를 원했다. 그리고 바울이 디모데에게 부탁하여 복음의 일꾼으로 세운 것처럼 디모데로 하여금 바울에게서 들은 바를 충성된 사람들에게 가르쳐 부탁할 때 복음이 효과적으로 전파되어 하나님의 나라가 확장 될 수 있을 것이다.

✚ 묵상 : 바울은 영적인 아들 디모데에게 어떤 사역자가 되라고 권면했나요?(딤후2:2~7,11~12)
바울은 디모데에게 인정된 일꾼의 자격으로 무엇을 강조했나요?(딤후2:15~16,21~24)

통일 주제 인정 (認定, 옳거나 확실하다고 여김)

연합 내용 믿음이란 하나님을 인정하는 것이다. 하나님을 인정하는 믿음의 사람은 성전을 세우고 그의 아들 예수 그리스도를 전하며 범사에 주의 율례와 법도를 지켜 행한다. 그렇지 않는 자는 주의 심판을 받는다.

● 호세아 3-4장 여호와를 인정치 않는 이스라엘 제사장과 백성

3: 이 간결한 장에는 하나님의 영원한 사랑의 진리가 감동적으로 기록되어 있다. 호세아서는 전반적으로 일정한 윤곽이 잡히지 않는다. 왜냐하면 비탄에 젖어 흐느끼는 사람의 말은 종잡을 수 없이 산란하기 때문이다. 여기에는 아내의 간음에도 불구하고 여전히 그녀를 사랑하는 호세아의 모습이 담겨 있다.

4: 호세아의 결혼생활을 중심으로 한 메시지에 이어 4장부터 14장까지는 이스라엘의 죄악을 다룬 8편의 설교가 등장한다. 그 중 4장에서는 5장 4절까지는 첫 번째 설교로 하나님을 무시한 채 자기 멋대로 행동한 이스라엘의 죄악 특히 여호와 신앙을 굳건히 지키지 못한 데 대한 책망과 하나님께로 돌아가지 못하는 근본적인 원인을 분석하고 있다.

✚ 묵상 : 여호와께서는 호세아에게 어떤 여인을 다시 맞아들이라고 했나요?(호3:1~3)
여호와 하나님은 자신을 인정하지 않는 제사장과 백성들을 어떻게 심판하시겠다고 말씀하셨나요?(호4:1,6~10,12~14,17)

● 시편 119편 121-144절 범사에 주의 법도를 인정하고 지키는 시편기자

시인은 박해받는 상황 가운데서 건져 주시길 간구한다(121-122,134절). 그는 주의 종이라는 분명한 정체성을 고백하며(122,124-125절) 주의 계명을 사랑하고 굳게 지키고 있는 자신을 말씀으로 세워 주시길 간구한다(121-136절). 대적들의 공격에도 불구하고 주의 의와 주의 성실하심, 율법의 진리됨을 선포하며 주의 말씀을 사랑하는 시인은 이미 말씀으로 승리하는 법을 배운 자다(137-144절). '환난과 우환 가운데서 주의 계명만이 나의 즐거움'이라는 시인의 고백에는 순전한 주님의 말씀으로 인하여 지금까지 버티며 승리할 수 있었다는 의미가 담겨 있다(143절).

✚ 묵상 : 시편 기자는 주의 종인 자신을 어떻게 해 달라고 기도했나요?(시119:122,125,135)
시편 기자는 주의 계명을 어떤 가치로 여기고 어떻게 대했나요?(시119:127~130,138,140,142)

기 도

- 주여, 삶 속에서 우상을 버리고 재정을 성전을 세우는데 사용하게 하옵소서.
- 주여, 자기 생활에 얽매이지 않는 일꾼과 수고하는 농부가 되게 하옵소서.
- 주여, 우리가 주의 종임을 깨닫고 날마다 주님의 말씀을 따라 살게 하옵소서.

10월 31 October

올무

왕하13 / 딤후3 / 호5-6 / 시119:145-176

● 열왕기하 13장 여로보암의 죄를 따라감이 왕들의 올무가 됨

앞서 유다 왕들의 기사가 소개된 데 이어서 13장에서는 북왕국 이스라엘 왕들 즉 4세대까지 계속될 것이라고 예언되던 예후의 아들과 손자 여호아하스, 요아스의 빗나간 통치가 기록되고 있다. 곁들여 엘리사의 죽음과 아람 군대의 패배 기사가 소개되고 있다.

한편 유다 왕 아하시야의 아들 요아스의 23년에 예후의 아들 여호아하스가 사마리아에서 이스라엘 왕이 되어 17년을 치리하며 여호와 보시기에 악을 행하여 이스라엘로 범죄하게 한 느밧의 아들 여로보암의 죄를 좇고 떠나지 아니하였다. 본문은 여호아하스가 하나님 보시기에 악을 행하였다고 증거한다.

✚ 묵상 : 여호와께서 보시기에 악을 행하여 여로보암의 죄를 떠나지 아니한 두 왕은 누구일까요?(왕하13:1,10)
여호와께서 이스라엘에게 은혜를 베풀며 돌보아주신 이유는 무엇일까요?(왕하13:23)

● 디모데후서 3장 경건의 능력을 부인함이 성도들의 올무가 됨

본장은 말세에 대한 이야기로 시작하면서 고통의 때라고 표현한다. 말세의 특징을 한마디로 표현하면, 경건하지 않은 이라고 볼 수 있다. 좀 더 구체적으로 바울은 말하기를 종말에 가서는 경건하지 않음이 더욱 거세질 것이고 그것은 주류가 되고 상식이 될 것이며, 이것은 하나의 고통과 박해가 될 것이다.

✚ 묵상 : 바울은 말세에 고통하는 때가 이르게 되면 어떤 일이 벌어진다고 하였나요?(딤후3:2~5)
바울은 선한 일을 행할 능력을 갖추기 위해 무엇을 알아야 된다고 하였나요?(딤후3:14~17)

통일 주제 올무 (사람을 얽어매기 위해 꾸민 잔꾀)

연합 내용 마귀는 우는 사자 같이 두루 다니며 올무를 놓고 삼킬 자를 찾고 있다. 그러므로 성도는 근신하고 깨어 올무에서 벗어나 성령의 충만함으로 승리해야 한다.

● 호세아 5-6장 음행과 더러운 행위가 이스라엘의 올무가 됨

5: 1절에서 "들으라, 깨달으라, 기울이라"는 호세아는 제사장들과 왕족, 백성에게 말한다. 3번의 명령은 다 귀 기울여 주목하라는 명령이다. 5장 5절에서 6장 3절은 전 이스라엘을 향한 두 번째 설교이다.

6: 신약에 나오는 탕자처럼 방종한 이스라엘도 언젠가는 아버지께로 다시 돌아올 것이다. 6장 4절부터 7장 7절까지는 이스라엘의 영적인 무지와 죄악상을 고발하는 세 번째 설교이다. 이스라엘 패망의 가장 큰 원인은 여호와에 대한 살아 있는 지식이 결여된 것이요 동시에 그들에게 인애(사랑)가 없었기 때문이다. 결국 전인격이 하나님 앞에 바르게 반응하지 못했기 때문에 이스라엘이 멸망한 것이다.

✚ 묵상 : 여호와 하나님은 호세아를 통해 이스라엘의 어떤 행동을 책망하셨나요?(호5:4~5)
호세아는 여호와의 말씀을 들은 이스라엘이 어떻게 하기를 바랐나요?(호6:1~3)

● 시편 119편 145-176절 율례를 구하지 않음이 악인들의 올무가 됨

시인은 자신이 고난에 처해 있음을 여러 차례 언급한다(150,153,157,161절). 그러나 시인은 주의 법을 사랑하고 경외하며, 힘써 지켜 왔으며, 앞으로도 주의 법을 신뢰하며 살아갈 것을 다양한 표현을 통해 고백하고 있다(145-176절). 고난은 그를 말씀 앞으로 인도하였으며 그는 말씀으로 더욱 강건하게 세움을 받았다. 주께서 시인을 넘어지지 않게 말씀으로 붙드시고 세워주신 것 자체가 응답이다. 하나님은 고난을 통해 우리를 당신의 형상으로 빚으신다.

✚ 묵상 : 시편 기자는 자신의 무엇을 강조하면서 하나님께 부르짖으며 기도했나요?(시119:145~176)
시편 기자는 자신을 무엇에 비유하면서 하나님이 찾으시기를 바랐나요?(시119:176)

기 도

- 주여, 베푸신 은혜를 잊지 않고 하나님을 기쁘시게 하는 삶을 살게 하소서.
- 주여, 예수의 복음을 잊지 않고 말씀으로 무장하여 선한 일을 하게 하소서.
- 주여, 성령의 충만함을 덧입고 마귀의 올무에서 벗어나 승리하게 하소서.

11월 01 November 사적

왕하14 / 딤후4 / 호7 / 시120-122

● 열왕기하 14장 이스라엘 왕 요아스와 여로보암2세의 사적

요아스의 아들 아마샤가 유다의 왕위에 올라 율법을 좇으려 했고 에돔을 물리친 후 교만해져 형제 나라인 북이스라엘을 침공했으나 실패하고 반란으로 인해 살해되고 만다. 14장 후반부는 오므리와 아합에 이어 북이스라엘을 강국으로 육성한 여로보암 2세의 통치에 대한 기가이다. 한편 본장은 왜 나라들이 망하게 되는지에 대한 해답을 제공하고 있다. 그것은 바로 교만과 범죄였다. 그리고 요아스의 아들 아마샤의 이름의 뜻은 '여호와에게는 힘이 있다.'라는 의미이다. 유다의 9대 왕(BC 802-786년경)으로 부왕(요아스)의 암살자를 처형하면서 신명기의 정신에 따라 그 아들은 살려주었다. 에돔 정복 후 연이어 이스라엘 정복에 나섰다가 오히려 이스라엘에 예속되어 비운을 맞았고 내란으로 최후를 맞게 된다.

✚ 묵상 : 여호와 보시기에 정직히 행한 남왕국 유다의 왕 아마샤는 북왕국 이스라엘의 왕 요아스에게 전쟁하자고 한 이유가 무엇일까요?(왕하14:3,7~12)
북왕국 이스라엘의 왕 여로보암 2세는 어떤 왕이며 몇 년간 통치했나요?(왕하14:23~27)

● 디모데후서 4장 선한 싸움을 싸우고 갈 길을 마친 바울의 사적

성도가 당한 고난의 필연성과 고난을 이기는 비결에 대해 가르친 바울은 4장에 이르러 디모데에게 최선을 다해 복음 전도자로서의 사명을 다하도록 당부하고 평생 일관되게 전도자의 길을 간 자신의 인생을 회상한다. 바울은 결론적으로 디모데에게 엄한 명령을 내리고 있다. 그 명령이란 말씀을 전파하라는 것이다. 그리고 범사에 오래 참음과 가르침으로 경책하며 경계하라고 한다.

✚ 묵상 : 바울이 하나님과 예수 그리스도 앞에서 엄히 명한 내용은 무엇일까요?(딤후4:1~2,5)
달려갈 길을 마친 바울은 디모데에게 어떤 사사로운 부탁을 했나요?(딤후4:9,11,13)

기 도

- 주여, 신앙 안에서 살아갈 때 개인적인 충동으로 일을 그르치지 않게 하옵소서.
- 주여, 때를 얻든지 못 얻든지 늘 주의 말씀을 전하는 전도자가 되게 하옵소서.
- 주여, 천지를 지으신 여호와께서 지켜주심을 믿고 매사에 담대하게 하옵소서.

통일 주제 사적 (事蹟, 행한 일이나 사건의 자취)

연합 내용 모든 존재는 살아온 흔적을 남긴다. 왕, 전도자, 성도, 민족 다 자신이 행한 사적을 남긴다. 아름다운 사적은 상을 받고 악하고 더러운 사적은 벌을 받는다. 하나님도 우리를 위하여 구원의 사적을 남기신다.

● 호세아 7장 달궈진 화덕 같이 죄를 범한 이스라엘의 사적

하나님께서는 이스라엘의 죄를 비난하시면서도 여전히 회개를 촉구하고 계신다. 이런 내용은 이 책의 마지막 부분까지 계속된다. 인간은 자신들의 죄를 곧 잊어버리지만 하나님께서는 그것을 모두 기억하고 계신다. 세 번째 설교(6:4-7:7)와 네 번째 설교(7:8-8:14)가 만나는 곳이다. 7장에는 돌이키지 않는 이스라엘에게 심판이 준비된 사실과 영적 간음과 교만과 은혜를 배신한 죄를 범한 이스라엘을 향한 책망이 소개된다.

✚ 묵상 : 하나님은 호세아를 통해 이스라엘을 무엇과 무엇으로 비유하셨나요?(호7:4,6,8,11)
하나님이 이스라엘을 건져주시고 힘있게 하려 하셨으나 못하신 이유는 무엇일까요?(호7:13~15)

● 시편 120-122편 성전에 오르는 자를 지키시는 여호와의 사적

120: 이 시는 "성전에 올라가는 노래이다. 시편 1편부터 134편까지 15편이 이와 같은 표제가 사용되었다. 15편의 시가 '성전에 올라가는 노래'라는 표제가 사용된 것이 흥미롭다. 그 이유는 바벨론 포로생활에서 해방된 이스라엘이 예루살렘으로 올라가게 됨을 노래한 것이라는 견해이다. 저자에 대해서도 확실하지 않으나 52편과 유사한 내용과 분위기로 보아서 도엑이 다윗의 동정을 사울에게 밀고한 때에 지은 다윗의 작품으로 보는 것이 무난할 듯싶다(칼빈).

121: 극한의 상황에 처한 시인에게 창조주 하나님만이 진정한 도움이 되신다(1-2절). 하나님은 시인에게 그의 성실을 베푸셔서 모든 환난에서 건지시고 영원까지 지키시겠다고 약속하신다(3-8절).

122: 예배를 위해 준비된 도시와 같은 예루살렘을 향한 오랜 순례길 끝에 마침내 성전 문 앞에 서게 된 시인은 예배의 자리로 나아가는 것을 진심으로 기뻐한다(1-5절). 시인은 예루살렘과 순례자들에게 평안이 있기를 축복한다(6-9절).

✚ 묵상 : 성전에 오르는 자에게 여호와 하나님은 어떤 분이실까요?(시121:1~8)
여호와는 예루살렘에 무엇을 두셨으며 어떤 축복을 베푸셨나요?(시122:1~3,5~7)

11월 02 November 악행

왕하15 / 딛1 / 호8 / 시123-125

● 열왕기하 15장 여호와 보시기에 악행하는 이스라엘 왕들

부왕 아마샤를 이어 그의 아들 아사랴가 유다를 통치한다. 아사랴도 통치 초기에는 여호와 보시기에 정직히 행함으로써 대외적으로 많은 치적을 쌓았다. 하지만 나중에는 교만함으로 인해 하나님의 징벌을 받는다. 한편 일찍이 하나님께서 예후에게 말씀하신 대로 예후 집안은 4대 왕 스가랴가 살룸에 의해 피살됨으로써 약 140년에 걸친 예후가의 이스라엘 통치가 종말을 보게 된다. 이후 북왕국 이스라엘은 거듭되는 반역과 암살로 회복이 불가능한 멸망의 길로 치닫게 된다. 여기서 1절에 등장하는 아사랴는 어떤 인물인가? 그의 이름의 뜻은 '여호와께서 도우셨다'이다. 그는 기원전 785년 즉위했으나 나병에 걸려 기원전 760년에 퇴위할 수밖에 없었고 그가 사망한 시기는 기원전 734년이었다.

✚ 묵상 : 여호와 보시기에 정직히 행하였으나 산당을 제하지 못한 왕은 누구일까요?(왕하15:3,34)
여호와 보시기에 악을 행한 왕은 누구일까요?(왕하15:8~9,17~18,23~24,27~28)

● 디도서 1장 바울과 선지자가 보기에 악행하는 그레데인들

바울서신 첫머리에 사도권의 신적 기원을 강조하고 있다. 자신의 서신이 하나님의 영감 받은 권위임을 확증하기 위해서였다. 이어 나오는 장로(감독)의 자격도 이와 같은 맥락에서 파악된다. 바울은 영지주의자와 유대주의자가 판치는 그레데교회를 바로잡기 위한 일환으로 장로 선택의 필요성과 그 요건을 설명하고 있다.

✚ 묵상 : 바울이 디도를 그레데에 남겨 둔 이유는 무엇일까요?(딛1:5)
바울과 어떤 선지자는 그레데인들에 대해 어떤 평가를 했나요?(딛1:12~13,16)

기 도

- 주여, 여호와 하나님이 보시기에 절반만 정직한 자가 되지 않게 하옵소서.
- 주여, 악한 도시에도 복음을 전하고 참된 자를 뽑아 감독으로 세우게 하옵소서.
- 주여, 우리 편이 되어 주시고 은혜를 베푸시며 둘러주시니 정말 감사드립니다.

통일 주제 악행 (惡行, 하나님의 법을 어기고 악을 행함)

연합 내용 불순종의 죄를 지은 아담의 후손인 인간은 항상 죄 앞에 선다. 신분이 어떠하든 넘어지고 쓰러진다. 그렇지만 그러한 가운데 은혜를 입은 하나님의 자녀들은 승전보를 울리니 이 얼마나 놀라운 일인가!

● 호세아 8장 여호와 보시기에 우상숭배하며 악행하는 이스라엘

"그들이 왕을 세웠으나 내게서 난 것이 아니며"란 4절의 내용처럼 이스라엘의 죄는 하나님께서 벗어나 제멋대로 행동한 데 있었다. 언약을 저버린 이스라엘의 열망상, 가증스러운 우상 숭배로 인한 타락상, 결국에는 하나님의 심판으로 패망하게 될 허망한 미래상이 어둡게 소개되고 있다. 아마도 이 장에서 가장 주목할 만한 것은 14절의 "이스라엘은 자기를 지으신 이를 잊어버리고 왕궁들을 세웠으며"란 구절일 것이다.

✚ 묵상 : 호세아는 이스라엘이 여호와 앞에 어떤 죄를 저질렀다고 말했나요?(호8:1,3~4,6)
여호와 하나님은 이스라엘을 위하여 어떤 노력을 하셨으며 이를 따르지 않고 외식한 그들에게 어떤 벌을 내리신다고 하셨나요?(호8:11~14)

● 시편 123-125편 이스라엘을 향해 조소와 멸시로 악행하는 자들

123: 이 시의 표제는 '성전에 올라가는 노래'이다. 이 시의 저자와 쓰여진 배경과 그와 관련된 내용은 알 수가 없다. 본시는 짧지만 하나님께 대한 저자의 소망이 애절하게 표현되어 있는 작품이다. 저자는 견디기 어려운 멸시와 조소 속에서 그의 시선을 하나님께로 향하고 있다. 저자는 오직 하나님의 긍휼만이 자신이 처한 상황을 능히 이기게 하시리라고 굳게 믿었던 것이다.

124: 이 시의 표제는 '다윗의 시'라고 했다. 다윗이 작시한 이 시는 강적과의 전쟁에서 승리하게 해 주신 하나님께 대한 찬양을 그 내용으로 하고 있다. 특히 이 시에는 다윗의 겸손한 성품이 두드러지게 나타나 있는데 그는 승리의 영광을 모두 하나님께 돌리고 있다.

125: 이 시는 여호와를 의뢰하는 자의 안전을 선포하면서 성도에게 소망과 신뢰를 심어주고 있다. 이 시편의 표제는 '성전에 올라가는 노래'이다. 이 시는 저자를 알 수 없기 때문에 따라서 그 저자와 관련된 상황도 알 수가 없다. 내적 증거에 의하면 이 시는 포로 후에 쓰여진 듯하나. 대적의 공격에 대하여 하나님의 크신 섭리와 은혜를 강조한 것이 이 시의 성격이다. 따라서 이 시는 '위로'가 큰 흐름이다. 이 시는 그 성격 때문에 고난 중의 성도들이 이 시를 즐겨 찬송하고 있다.

✚ 묵상 : 다윗은 여호와 하나님이 이스라엘을 안일한 자의 조소와 교만한 자의 멸시 가운데서 어떻게 건져 주셨다고 고백했나요?(시123:1~2,4,124:1~2,6,8)
여호와 하나님은 자신을 의지하는 자를 어떻게 돌보시나요?(시125:1~3)

11월 03 November 교훈

왕하16 / 딛2 / 호9 / 시126-128

● 열왕기하 16장 그릇되게 정치와 종교를 이끈 왕이 남긴 교훈

본장에는 남왕조 유다 통치자들 중에 여호와 종교를 가장 혼란하게 만든 인물 중 한 사람인 아하스의 기사가 소개된다. 그는 정치, 군사적으로 뿐만 아니라 종교적으로도 앗수르에 크게 의존하여 앗수르의 우상을 들여오는 등 악행을 행한 왕이었다. 물론 그의 통치에서 긍정적인 면이 없지는 않으나 근본적으로는 하나님을 전적으로 의지하지 않은 죄악과 허물이 큰 것으로 평가되고 있다.

또한 유다의 새로운 왕으로 요담의 뒤를 이어 그의 아들 아하스가 통치하게 되는데 그는 이전의 어떤 왕들과도 비교할 수 없을 만큼 사악하였다. 그는 어린아이를 우상에게 제물로 바치는 악행을 범했을 뿐만 아니라 앗수르의 원조를 요청하러 다메섹에 갔다가 그곳의 우상 종교를 들여와 하나님의 성전을 더럽히는 가증한 죄악을 범하기도 하였다.

✚ 묵상 : 유다 왕 아하스는 남왕국 유다의 역대 왕들과 다르게 어떤 왕이었나요?(왕하16:2~4)
유다 왕 아하스는 나라의 정치와 종교를 어떻게 이끌었나요?(왕하16:7~15)

● 디도서 2장 가르쳐야 할 남녀 성도의 자질에 관한 교훈

여기서는 목회 지침이 제시되어 있다. 다양한 계층의 교인들을 다스리려는 목회자 자신부터 경건한 삶을 실천함으로써 모범을 보여야 한다. 예수 당시 유대 종교 지도자들은 자신들은 실천하지 않으면서 사람들에게는 무거운 종교적 규례를 강요하였다. 이러한 지도자는 멸망으로 인도하는 소경된 지도자일 따름임을 교훈하고 있다.

✚ 묵상 : 바울은 디도에게 목회를 할 때에 성별과 연령에 따라 어떻게 가르치라고 교훈했나요?(딛2:1~8,15)
바울은 디도에게 구원받은 모든 성도들을 향하여 하나님의 은혜가 어떻게 나타났다고 말했나요?(딛2:11~14)

통일 주제 교훈 (教訓, 향후 행동이나 생활에 도움이 될 것을 가르치고 깨우침)

연합 내용 미숙함과 죄악 중에 태어난 인간은 지속적인 교훈과 교육을 통해 의롭고 성숙하게 성장되어 가야 한다. 하지만 하나님과 그의 부르신 지도자들의 지속적인 양육에도 불구하고 잘못된 인생을 사는 자가 많다.

● 호세아 9장 거짓되고 더러운 제사의 심판에 관한 교훈

하나님은 아무런 의(義)도 없는 이스라엘을 자신의 언약 백성으로 삼으시고 그들을 통하여 하나님의 사랑과 공의를 이 세상에 펼치기 원하셨다(창 12:1-3). 그러나 이스라엘은 하나님의 기대와는 달리 오히려 이방의 세속 문화와 종교의 영향을 받아 하나님 없는 삶을 살았다.

✚ 묵상 : 호세아 선지자는 이스라엘에게 어떤 죄를 지적하고 벌을 예고했나요?(호9:1,3~4,6~7)
호세아 선지자는 여호와 하나님이 에브라임에게 어떤 무서운 벌을 내리실 것이라고 예언했나요?(호9:11~14,16)

● 시편 126-128편 세우시고 지키시는 여호와의 주권에 관한 교훈

126: 포로기 이후를 배경으로 하는 노래다. 시인은 바벨론에 의해 끌려갔던 유다의 포로들이 고레스왕의 칙령으로 예루살렘으로 돌아왔던 때를 회상하며 하나님을 찬양하고 있다. 약속의 땅으로 돌아온 기쁨에 '꿈꾸는 것 같다'고 말한다. 그러나 귀환자들이 성전을 다시 짓고 예루살렘을 재건하는 것은 '눈물을 흘리며 씨를 뿌리는 과정'과 같다. 그러나 기쁨으로 거두게 될 것이다.

127: 지혜시다. 일상의 삶이 여호와가 함께 하시지 않으면 부질없다(1-2절). 자녀는 하나님이 주신 기업으로 그들이 대적 앞에 설 수 있도록(=자기 몫을 다하는 삶을 살아가도록) 부모는 그 책임을 다해야 한다(3-5절).

128: 지혜시다. 여호와를 경외하는 자는 수고한대로 먹는 복을 누리며 가족과 함께 하는 평범한 복을 누린다(1-4절). 무엇보다 하나님이 주시는 진정한 복은 '평안'이다(5~6절). 예수님 안에 이 평안이 있다.

✚ 묵상 : 솔로몬 왕은 전도서와 같은 시편에서 어떤 내용을 고백했나요?(시127:1~5)
시편 기자는 여호와를 경외하는 자에게 어떤 복이 있다고 선포했나요?(시128:1~6)

기 도

- 주여, 주어진 사명과 직분을 올바로 감당하여 좋은 열매를 맺게 하옵소서.
- 주여, 늙은 자와 젊은 자, 남자와 여자 모두가 바른 교훈을 따르게 하옵소서.
- 주여, 여호와를 경외함으로 약속되고 보장된 복을 누리게 하옵소서.

11월 04 November 열매

왕하17 / 딛3 / 호10 / 시129-131

● 열왕기하 17장 이주와 혼합종교정책으로 불법적인 열매를 맺음

북이스라엘이 멸망하게 된 근본 이유, 즉 여호와를 등지는 사건을 소개하고 멸망의 과정을 소개하고 있으며, 호세아 왕의 등극을 전후하여 국운이 급격히 쇠락한 이스라엘은 마침내 앗수르에 의해 멸망하게 된다.

한편 호세아 왕 9년 북왕국 이스라엘은 앗수르의 침공으로 약 210년간의 짧은 역사를 끝으로 그 종말을 알린다. 북왕국 이스라엘의 멸망 원인을 살펴보면 출애굽 사건을 망각함으로써 파생된 죄악들, 율법에서 금한 우상숭배 행위들이라고 볼 수 있다. 한편 북왕국 이스라엘을 정복한 앗수르의 식민지 정책으로 북왕국의 이스라엘 백성들은 이방 여러 지역으로 흩어지게 되고, 수도 사마리아 땅은 이주민들로 인해 온갖 이방 종교의 집합처가 되고 만다.

✚ 묵상 : 북왕국 이스라엘의 수도인 사마리아가 앗수르에 의해 점령당한 이유는 무엇일까요?
(왕하17:3~12,13~20)
앗수르 왕은 점령한 사마리아에 누구를 이주시켰으며 그들은 어떤 신앙생활을 했나요?
(왕하17:24,27~29, 32~33,41)

● 디도서 3장 다툼과 정욕을 버리고 성령 안에서 열매 맺음

여기서는 교인의 신앙생활 원리가 제시되어 있다. 그 대표적인 것으로 복종, 화합을 들 수 있다. 교회도 하나의 공동체인 이상 성도 상호간 그리고 성도와 목회자 간의 화목과 질서가 필수적이다. 특히 이 장에서 눈여겨 볼 대목은 이단에 대한 성도의 태도이다. 이단과의 논쟁을 삼가고 한두 번 훈계한 다음 멀리하라고 교훈한다.

✚ 묵상 : 바울은 디도에게 하나님의 구원사역을 어떻게 가르쳐 주었나요?(딛3:4~7)
바울은 디도에게 굳세게 할 것과 피할 것에 관해 어떻게 가르쳐 주었나요?(딛3:8~10)

통일 주제 열매 (일의 좋은 결과를 비유적으로 이르는 말)

연합 내용 식물은 맛있고 풍성한 열매를 맺어야 하고 사람은 아름답고 성숙한 열매를 맺어야 한다. 하나님은 이런 열매를 맺도록 은혜를 베푸셨으나 인간은 불법과 다툼과 정욕과 교만으로 악취나는 썩은 열매를 맺는다.

● 호세아 10장 주가 주신 무성한 열매로 주상과 제단을 꾸밈

호세아의 메시지는 죄에 대한 회개와 심판에 관한 것이다. 10장에는 이러한 구절이 4번이나 반복되어 나타나고 있다. 자연을 사랑했던 호세아는 그 때문에 자연에 대한 직유를 많이 사용하고 있다. 이 장이 나타내 주는 것처럼 그는 자신의 눈에 띄는 것이면 어느 것에서나 도덕적인 선과 악을 유추해 냈다. 이스라엘은 역사상 하나님의 사랑이 가장 많이 베풀어졌던 곳에서 가장 심각한 부패와 타락이 조성된 것을 발견할 수 있다(민 11:4-9; 마 11:20-24).

✚ 묵상 : 여호와께서는 이스라엘이 하나님이 주신 축복을 어디에 사용했기에 멸망시킨다고 말씀하셨나요?(호10:1~2,5~6)
호세아를 통해 이스라엘에게 징계를 선언하신 하나님은 다시 어떤 회복의 말씀을 주셨나요?(호10:12)

● 시편 129-131편 교만과 오만을 버리고 주를 바라며 열매 맺음

129: 성전을 올라가며 부르는 노래다. 이스라엘은 이집트의 종살이를 포함하여 이웃나라들로부터 끊임없이 괴롭힘을 당했지만 대적들은 완전한 승리를 얻지 못했다(1-2절). 등에 고랑이 파일 정도로 괴롭힘을 당했지만 결국 하나님이 대적들의 줄을 끊으셨다(3-4절). 대적들은 점차 쇠퇴하여 물러나게 될 것이다(5-8절).

130: 시인은 자신의 죄로 인한 괴로움 가운데 하나님의 용서와 구원을 바라며 하나님 앞으로 나아간다(1-4절). 아침이 온다는 확신으로 밤새 성읍을 지키는 파수꾼처럼 시인은 하나님의 용서를 확신하며 베푸실 은혜를 기다린다(5-8절).

131: 죄는 평안과 안식을 깨뜨린다. 어머니의 품에 안긴 아이처럼 주의 평안 가운데 거하는 시인은 죄를 멀리하고 교만을 경계하며 겸손하길 다짐한다(1-3절).

✚ 묵상 : 시편 기자는 죄악을 사유하시는 여호와를 어떤 마음으로 기다린다고 했나요?(시130:3~6)
다윗은 자신의 영혼이 젖 뗀 아이 같기에 무엇에 힘쓰지 않는다고 했나요?(시131:1~2)

기 도

- 주여, 지역사회가 아무리 변할지라도 신앙은 언제나 성서적이게 하옵소서.
- 주여, 어리석은 변론과 분쟁과 말씀에 대한 다툼과 이단을 피하게 하옵소서.
- 주여, 나로 하여금 파수꾼이 아침을 기다림보다 더 주를 기다리게 하옵소서.

11월 05 November 의뢰

왕하18 / 몬1 / 호11 / 시132-134

● 열왕기하 18장 앗수르의 침략을 물리쳐 주실 하나님을 의뢰함

분열 왕국 시대에 남북 왕조를 통틀어 하나님 앞에서 가장 온전한 모습으로 통치자 역할을 감당했던 인물이 바로 히스기야 왕이다. 한편 북왕국 이스라엘의 마지막 왕인 호세아의 시기에 남왕국 유다에서는 부왕 아하스를 이어 히스기야가 왕위에 올라 통치하게 된다.

친앗수르 정책으로 정치적, 종교적 독립성을 거의 상실하고 있던 유다는 히스기야에 의해 새롭게 종교개혁 되어 간다. 다윗과 같이 정직했던 히스기야의 정치적, 종교적 개혁은 이전의 어떤 왕과도 비교할 수 없었으며 앗수르에 의존하지 않는 독자적 노선을 추구했다. 그의 과감한 개혁 정책은 당시대의 선지자 이사야의 말을 따른 신앙적 용단이었다.

✚ 묵상 : 아버지 아하스에 반하여 아들 히스기야 왕은 어떤 종교개혁을 단행했나요?(왕하18:3~7)
앗수르 왕 산헤립은 랍사게에게 대군을 이끌고 예루살렘에 올라가서 히스기야 왕과 유다 백성들에게 어떤 말을 전하라고 했나요?(왕하18:19~33,35)

● 빌레몬서 1장 도망자 오네시모를 용납해 줄 빌레몬을 의뢰함

당시 로마 법률상 도망친 노예는 사형을 당하게 되어 있었다. 따라서 오네시모가 빌레몬에게 돌아갈 경우 그의 생명은 위태로웠다. 사정이 이러했음에도 바울은 오네시모를 복음의 일꾼으로 천거하며 그를 관용할 것을 요청하고 있다. 이 같은 모습은 부패한 우리를 위해 생명까지 주신 그리스도의 사랑을 연상시킨다.

사도 바울은 자신을 '그리스도 예수의 죄수'라고 부른다. 그가 자신을 그렇게 부른 것은 그가 예수 그리스도를 위해 또 예수 그리스도 때문에 고난을 받고 감옥에 갇혔기 때문이다. 예수 그리스도를 위해 당하는 고난은 예수 그리스도를 믿는 참된 믿음의 증거요 구원받은 성도의 면류관이다.

✚ 묵상 : 바울은 빌레몬에게 명령이 아닌 사랑으로써 무엇을 의뢰하였나요?(몬1:8~11,14~17)
바울은 빌레몬을 누구라고 불렀으며 의뢰한 것에 대해 순종할 것을 무엇으로 확신했나요?(몬1:20~21)

기 도

- 주여, 어떤 반대와 어려움 가운데서도 오직 그리스도 신앙을 지키게 하옵소서.
- 주여, 과거에 내게 피해를 준 자라 할지라도 용서하고 용납하게 하옵소서.
- 주여, 몸된 교회를 늘 생각하고 성도 간에 연합함으로 복을 받게 하옵소서.

통일 주제 의뢰 (依賴, 남에게 의지하고 부탁함. 하나님을 의지함)

연합 내용 식물은 맛있고 풍성한 열매를 맺어야 하고 사람은 아름답고 성숙한 열매를 맺어야 한다. 하나님은 이런 열매를 맺도록 은혜를 베푸셨으나 인간은 불법과 다툼과 정욕과 교만으로 악취나는 썩은 열매를 맺는다.

● 호세아 11장 구원을 베풀 바알과 아로새긴 우상을 의뢰함

11장과 12장에는 포기하지 않으시는 하나님의 사랑과 그에 대조되는 이스라엘의 죄악상을 주제로 하는 일곱 번째 설교가 소개된다. 그중 11장에는 채찍을 드셔서라도 하나님의 백성을 돌이키시려는 하나님의 거룩한 집념과 고뇌가 언급된다.

✚ 묵상 : 하나님의 각별한 사랑을 받은 이스라엘은 오히려 어떻게 행동했나요?(호11:1~4,7)
하나님은 우상을 섬긴 에브라임에 대해 어떻게 하시겠다고 말씀하셨나요?(호11:8~11)

● 시편 132-134편 여호와의 처소 찾기를 도우실 하나님을 의뢰함

132: 성전에 올라가며 부르는 노래 중에서 성전 건립의 과정과 성전의 의미가 잘 나타나는 시다. 블레셋과의 전쟁에서 패한 이스라엘은 사울 왕이 죽고 언약궤도 빼앗겼다. 언약궤를 가져간 블레셋에서 연이어 재앙이 일어나자 그들은 언약궤를 기럇여아림의 아비나답의 집으로 옮겨 놓았다. 다윗은 하나님의 언약궤를 왕궁으로 모시겠다는 계획을 세운다(1~5절). 언약궤가 돌아오는 날 다윗은 백성들과 함께 기뻐하며 춤을 춘다(6~9절). 시인은 하나님이 다윗을 기억하셔서 그의 왕조를 지켜 주실 것을 확신한다(10~12절). 하나님은 성전건축을 계획한 다윗을 축복하셔서 시온을 거처로 삼으시고 백성을 축복하시고 다윗의 권위를 더하여 주실 것이다(13~18절).

133: 형제의 연합은 보배로운 기름이 아론의 머리에서 수염을 타고 옷깃까지 흘러내리는 모습 같고 헐몬의 이슬이 모여 요단으로 흘러 내려가는 모습과 같다. 위로부터 은혜가 임할 때 공동체의 연합이 이루어진다.

134: 성전에 올라가는 노래의 마지막편이다. 여호와의 종은 제사장과 레위인일 수도 있고 여호와의 임재를 바라며 제사하는 사람들일 수도 있다. 늦은 밤에 성전에서 제사가 이루어지고 있는 가운데 시인은 손을 들고 송축하며 적극적으로 제사에 참여하라고 촉구한다. 송축은 여호와의 종들의 마땅한 행위다.

✚ 묵상 : 다윗은 여호와의 처소를 발견하기까지 무엇을 하지 않겠다고 했나요?(시132:1~5)
다윗은 여호와께서 복을 주실 자가 누구라고 했나요?(시133:1~3,134:1~3)

11월 06 November 존귀

왕하19 / 히1 / 호12 / 시135-136

● 열왕기하 19장 존귀하신 주 여호와를 비방한 산헤립의 최후

앗수르 군대에 의해 수도 예루살렘이 포위된 절대 절명의 위기에 놓인 남왕국 유다와 히스기야 왕, 과연 남왕국 유다도 북왕국 이스라엘처럼 멸망하고 말 것인가? 하지만 히스기야는 이 모든 위기 상황에서 신앙으로 대처한다. 먼저 하나님의 선지자 이사야를 찾아 도움을 구하고, 앗수르 왕 산헤립의 협박 편지를 받고 하나님의 성전에 올라가 간절히 기도한다. 결과는 하나님의 이적적인 도우심으로 산헤립은 예루살렘 정복에 실패한 채 퇴각하고 만다. 하나님은 이사야를 통해 앗수르에 대한 심판의 메시지를 전하심으로써 히스기야의 기도에 대한 적절한 응답을 주셨다. 이렇게 함으로써 전쟁은 과연 여호와께 속한 것이 되었다.

✚ 묵상 : 랍사게의 말을 들은 히스기야 왕은 하나님께 어떻게 나아갔나요?(왕하19:1~4,14~19)
교만한 산헤립 왕은 여호와를 비방하다가 어떤 최후를 맞이했나요?(왕하19:28,35~37)

● 히브리서 1장 존귀하신 예수 그리스도는 천사보다 뛰어남

구약의 모든 예언은 한 분에게로 집약되며, 한 분을 통하여 성취되었는데 그가 바로 예수 그리스도이시다(1-2절). 하나님의 본체의 형상이신 예수님은 하나님의 영광을 직접 보여 주셨고, 만물을 창조하셨고 유지하고 계시며, 죄를 정결케 하고, 하나님 보좌 우편에서 다스리시는 분이시다(3-4절). 기름 부음 받은 하나님의 아들 예수 그리스도는 천사와 비교할 수 없는 지위를 가지고 계신다(5-9절). 그는 창조주이시지만 천사들은 그리스도 및 그리스도인을 섬기는 영들이다(10-14절).

✚ 묵상 : 히브리서 기자는 예수 그리스도에 관하여 어떻게 설명했나요?(히1:1~3,8~9,11~12)
히브리서 기자는 예수 그리스도를 특히 무엇보다 뛰어나시다고 강조했나요?(히1:4~7,13~14)

기 도

- 주여, 스스로 감당할 수 없는 일을 만났을 때 주 앞에 나가 간구하게 하옵소서.
- 주여, 존귀하신 예수 그리스도를 날마다 믿고 따르며 널리 전파하게 하옵소서.
- 주여, 창조주이시며 구원자이신 여호와 하나님을 찬송하고 감사하게 하옵소서.

통일 주제 존귀 (尊貴, 지위나 신분이 높고 귀함)

연합 내용 창조주이시고 구원자이시며 전능자이신 하나님과 예수 그리스도는 천지만물뿐만이 아니라 그 위에 가장 존귀하시다. 모든 피조물은 존귀하신 성부와 성자께 찬송해야 하며 또 감사해야 한다.

● 호세아 12장 존귀하신 만군의 하나님께 돌아오길 호소함

오늘날 우리의 몸의 건강을 위해서는 적당한 비타민을 섭취해야 하는 것처럼 성령의 음식을 먹는데 있어서도 올바른 사고방식을 가질 필요가 있다. 에브라임은 분명히 잘못된 식사를 하였다(1절). 하나님의 백성의 죄악을 돌이키시려는 하나님의 거룩한 의지가 소개된다. 동시에 부정한 이익을 추구하며 죄악의 노예로 전략해간 이스라엘의 허물이 언급된다.

✚ 묵상 : 호세아는 과거부터 현재까지의 에브라임과 유다의 죄를 어떻게 지적했나요?(호12:1~2,7~8,11,13~14)
호세아는 이스라엘에게 하나님의 뜻을 전하면서 어떤 호소를 했나요?(호12:3~6,9~10)

● 시편 135-136편 모든 신들보다 존귀하신 여호와를 감사 찬송함

135 이 시는 표제가 없다. 주제는 하나님께 대한 경배와 감사를 다루고 있다. 이 시는 저자도 알 수 없고 상황도 알 수 없다. 이 시편은 초두에 '할렐루야'가 나온다. 할렐루야는 시편 중의 하나이다. 이 시편도 성전에서 일하는 "여호와의 종들에게 여호와를 찬송하라."라는 내용이 주종을 이룬다. 이 점에서 시편 134편과 유사하다고 할 수 있다. 그러나 이곳에서는 그 이유가 조목조목 열거되어 있다는 점에서 다르다.

136: 이 시는 표제가 없다. 본시는 하나님께 대한 감사와 경배를 주제로 하고 있는 이 작자 미상의 시는 외형상 독특한 통일성을 지니고 있다. 즉 처음부터 끝까지 모든 구절이 "여호와께 감사하라." 로 시작하여 "그 인자하심이 영원함이로다."로 끝맺고 있다.

이 시의 특징은 응답송에 있다. 이 시는 주로 유월절과 신년에 주로 낭송되어졌다. 이것은 다른 시에서 찾아보기 힘든 특이한 내용이다. 이 시의 서두는 시편 106, 118편과 유사하다. 이 시와 유사한 후렴의 구조와 내용은 역대하 5장 13절과 에스라 3장 11절에서도 나온다.

✚ 묵상 : 시편 기자는 주 여호와 하나님이 찬송 받으셔야 할 이유를 어떻게 말했나요?(시135:1~3,5~6,8,12~14,19~21)
시편 기자는 왜 주 여호와께 감사하라고 했나요?(시136:1~3,5~9,10~20,21~22)

11월 07 November 보응

왕하20 / 히2 / 호13 / 시137-138

● 열왕기하 20장 전심으로 기도하는 히스기야에게 보응하심

19장에서 한 인간으로서 그의 신앙에 대한 기록이라면 본장 전반부에서는 한 인간으로서 그의 신앙에 대한 기록이다. 히스기야의 생애는 파란만장하다. 병든 히스기야는 이사야로부터 죽음의 연도를 받고 기도함으로써 생명을 15년간 더 연장 받은 축복을 받는데 그 증거로 해 그림자가 10도 뒤로 물러간 이적적인 사건이 연출된다. 하지만 치료받은 히스기야는 바벨론 사절단의 축하 방문을 받고 잠시 교만에 빠지는 어리석음을 범한다. 그 결과는 후일 유다가 바벨론으로부터 재앙을 겪을 것이라는 심판을 선고받는다.

한편 히스기야의 질병과 치유 사건을 통해 하나님과 인간 사이에 상상을 초월하는 친밀함이 존재할 수 있다는 사실을 보여준다. 그는 얼굴을 벽으로 향하여 오직 하나님의 능력과 은총만을 의지하는 기도의 자세를 볼 수 있다. 동시에 아무리 인정받는 자라도 하나님을 의지하기보다 자기 힘을 믿고 교만하면 하나님의 징계를 받게 된다는 교훈적 메시지를 주고 있다. 히스기야의 교만과 방심은 결국 유다 멸망의 원인을 제공하는 결정적 실수가 되었다.

✚ 묵상 : 자신의 병을 놓고 통곡하며 기도하는 히스기야 왕에게 하나님은 어떤 약속으로 응답하셨나요?(왕하20:5~6)
바벨론에서 온 사자들에게 히스기야 왕은 무엇을 보여 주었나요?(왕하20:13)

● 히브리서 2장 구원을 등한히 여기는 성도에게 보응하심

예수 그리스도께서 천사보다 탁월한 분임을 설명한 1장에 이어 저자는 천사를 통해 수여한 율법이 소중히 여김을 받던 과거를 회상하면서 그리스도를 통해 받은 구원이 얼마나 소중한지를 상기시킨다. 그리고 예수 그리스도께서 낮아지신 것은 바로 우리의 구원 때문이지 천사보다 못하기 때문이 아님을 다시 한 번 강조하고 있다.

✚ 묵상 : 예수 그리스도와 구원에 관하여 히브리서 기자가 인용한 시편의 내용은 무엇일까요?(히2:6~8)
만약 성도가 시험을 당했을 때 누구를 바라봄으로 승리할 수 있을까요?(히2:18)

기 도

- 주여, 질병과 아픔으로 통곡하는 모든 기도를 들으시고, 눈물을 보시옵소서.
- 주여, 들은 말씀에 유념하며 흘러 떠내려가지 않도록 힘과 의지를 주옵소서.
- 주여, 나라를 위해 기도케 하시고, 주의 손으로 지으신 것을 버리지 마옵소서.

통일 주제 보응 (報應, 착한 일과 악한 일이 그 원인과 결과에 따라 대갚음을 받음)

연합 내용 창조주이시고 구원자이시며 전능자이신 하나님과 예수 그리스도는 천지만물뿐만이 아니라 그 위에 가장 존귀하시다. 모든 피조물은 존귀하신 성부와 성자께 찬송해야 하며 또 감사해야 한다.

호세아 13장 바알과 우상을 숭배한 에브라임에게 보응하심

본장 전체에는 스스로 자초한 이스라엘의 멸망에 대해 부모처럼 안타까워하시는 하나님의 모습이 나타나 있다. 이 부분에서 하나님은 이스라엘이 머지않아 그분의 사랑을 인식하게 되리라는 희망 가운데 부모 같은 사랑으로 그들이 갖추어야 할 보다 참된 모습을 제시하고 있다.

이스라엘의 죄악이 다시금 열거된다. 즉 영적교만, 우상 숭배 외에 왕이신 하나님(시 10:16)을 버리고 인간을 왕으로 요구한 일 등이 견책을 받는다. 이러한 행위들은 하나님께 대한 명백한 배반이었다(16절).

✚ 묵상 : 여호와 하나님이 보시기에 에브라임이 행한 범죄는 무엇이었나요?(호13:1~3)
하나님께서는 에브라임에 대한 분노가 어떠하다고 표현하셨나요?(호13:7~8)

시편 137-138편 감사와 찬송으로 예배하는 자에게 보응하심

137: 시인이 속한 공동체가 바벨론 포로 시절에 시온을 생각하며 울었다고 고백한다(1-4절). 이는 바벨론 사람들이 유대인들에게 시온의 노래(=예배찬송)를 자신들의 유흥을 위해 부르도록 강요했기 때문이다. 시인은 만약 자신이 예루살렘을 사모하지 않았다면 자신의 오른손이 그 기능을 잃고 혀가 입천장에 붙었을 것이라고 말한다(5-6절). 바벨론의 포로로 있던 하나님의 백성들은 예루살렘을 잊을 수 없었다. 시인은 유다를 멸망시킨 바벨론과 바벨론 침공 당시 유다의 멸망을 이용하여 이득을 챙긴 에돔에 대한 하나님의 심판을 요청한다(7-9절).

138: 다윗의 신앙고백을 바탕으로 한 개인 감사시다. 큰 어려움을 겪은 다윗이 기도응답을 받고 전심으로 감사하며, 특별히 신들 앞에서의 찬송을 결단한다(1-3절). 여기서 말하는 신은 우상을 가리키는 것으로 우상에 비교할 수 없는 탁월하신 하나님의 역사는 이방 민족 가운데 더욱 크게 드러나게 될 것이다(4~5절). 낮은 자를 살피시는 하나님은 환난 중에 붙드신다(6-8절).

✚ 묵상 : 시편 기자가 바벨론의 강변에서 시온을 기억하며 울었던 이유는 무엇일까요?(시137:3~4)
다윗이 전심으로 감사하며 찬송할 수 있는 이유는 무엇이었나요?(시138:7~8)

11월 08 November 불의

왕하21 / 히3 / 호14 / 시139

● 열왕기하 21장 불의한 므낫세 왕이 아버지의 업적을 무너뜨림

유다의 13대 왕 히스기야가 죽고 그의 아들 므낫세가 14대 왕위에 오르게 된다. 하지만 므낫세는 부왕 히스기야가 이루어 놓은 정치적, 경제적 번영을 이용하여 철저하게 하나님께 반역적인 삶을 살아간다. 앗수르의 유다 침공으로(BC 701년) 전쟁의 상처가 아직 아물지 않은 때에 겨우 12살의 나이로 왕위에 오른 므낫세는 부친 히스기야와는 정반대의 길, 즉 악행과 범죄의 길을 걸었고 그로 인해 그의 뒤를 이은 악한 왕 아몬과 함께 유다를 더욱 곤경에 빠뜨리게 된다. 둘은 선보다 악이 더 전염성이 강함을 입증해 보이고 있다.

므낫세는 유다 열왕들 가운데 가장 오랜 동안(55년) 유다를 통치하면서 북왕국 이스라엘의 멸망 원인인 바알 숭배재개 등 온갖 악행을 자행했다. 그 결과 부왕 히스기야가 이룩해 놓은 믿음의 업적들이 무너지고, 므낫세는 마침내 자신의 가증한 일과 악행 때문에 유다가 멸망할 것이라는 무서운 재앙의 심판을 선고 받는다. 므낫세의 뒤를 이어 그의 아들 아몬이 15대 유다 왕위에 오른다. 하지만 아몬 역시 '그 아버지 므낫세의 행함같이'라는 짧은 기록에서 보듯이 유다 왕국은 므낫세와 아몬으로 인해 죄악의 깊은 늪에 빠져들고 말았다.

✚ 묵상 : 아버지 히스기야와는 다르게 55년 동안 통치한 아들 므낫세 왕은 여호와 보시기에 어떤 악을 행하였나요?(왕하21:1~9,16)
므낫세의 아들 아몬 왕은 2년 동안 어떻게 통치했나요?(왕하21:19~22)

● 히브리서 3장 불의한 출애굽 백성이 주의 안식에 못 들어감

본장에서는 율법 수여자인 모세를 예수 그리스도에 비교함으로써 예수 그리스도의 탁월성을 입증한다. '모세보다 뛰어나시는 그리스도'에 대한 증언은 2중적이다. 그 하나가 모세와 그리스도를 직접적으로 비교 대조하여 증언한 것과, 또한 옛 이스라엘의 실패와 우리의 안식에 대한 증언이다. 이상하게도 모세의 실패는 이스라엘의 실패를 가져왔고, 그리스도의 우월성이나 그의 승리는 우리 믿는 그리스도인의 승리를 가져온다고 하는 놀라운 논리이다. 아마도 히브리서 저자는 이 사실을 염두에 두고 모세와 그리스도를 비교 대조하고 그리스도에 대하여 강한 권면을 한 것으로 풀이된다.

✚ 묵상 : 히브리서 기자는 대제사장이신 예수를 누구보다 더 존귀하다고 했나요?(히3:1~3)
히브리서 기자는 믿는 형제들에게 무엇을 조심하라고 했나요?(히3:12~14)

통일 주제 불의(不義, 정의롭지 못하고 도리에 어긋남. 하나님의 뜻을 거역함)

연합 내용 하나님의 은혜와 사랑을 풍성히 받았으면서도 하나님의 뜻과 법을 어기며 불의를 행한 남왕국 유다의 왕과 출애굽한 백성들, 북왕국 이스라엘의 백성들과 다윗을 해롭게 한 원수들은 모두 멸망을 당하였다.

● 호세아 14장 불의한 이스라엘이 회개하고 돌아오길 호소함

호세아의 결론으로서 이스라엘이 진정으로 살 수 있는 길을 제시하고 있다. 이스라엘이 살 길은 곧 그 죄악에서 참회하고 돌이키는 것이다. 그럴 때 하나님은 언약에 근거해 이스라엘을 회복해 주실 것이다.

특히 본장에서 우리가 해야 할 것들과 하나님께서 하실 일들로 이루어져 있다. 1절부터 3절까지는 하나님께 진실로 회개한다는 내용이 주제로, 그것은 이스라엘 백성들이 하나님께 기도하라는 권고 가운데 잘 나타나 있다. 4절부터 8절까지에는 용서하시는 하나님의 사랑과 그 사랑으로 인한 복된 결과가 시적인 아름다움과 영적인 능력으로 잘 설명되어 있다.

✚ 묵상 : 호세아 선지자는 이스라엘에게 어떤 호소를 했나요?(호14:1~3)
호세아 선지자는 여호와의 진노가 이스라엘에게서 떠나면 어떤 결과가 온다고 예언했나요?(호14:4~8)

● 시편 139편 불의한 자를 미워하는 다윗을 다 아시는 여호와

다윗의 작품으로 하나님의 전지하심과 그의 무한하신 능력에 대한 경험적 신앙고백이 특히 돋보이는 개인의 찬양의 시이다. 하나님께서 '나를 아신다'는 것은 다윗의 생애를 통하여 입증되어진 보배롭고도 엄청난 사실이었다(겔 6:7). 이 시의 표제는 '다윗의 시는 인도자를 따라 부르는 노래'이다. 이 시를 쓴 시기와 그 배경에 대해 시편 자체 내에서는 언급이 없다. 이것은 사람이 하나님 앞에서 부지런히 일하는 모습이고 하나님이 그러한 인간을 굽어 살피시는 모습이다.

✚ 묵상 : 다윗은 여호와 하나님이 자신의 무엇을 아신다고 고백했나요?(시139:1~4,7,13,15)
다윗은 다 아시는 하나님께서 악인에 대해 어떻게 하시길 원했나요?(시139:19~22)

기 도

- 주여, 우리의 자녀들과 후손들이 부모의 옳은 신앙생활을 배우게 하옵소서.
- 주여, 믿지 아니하는 악한 마음을 품고 주에게서 떨어지는 일이 없게 하옵소서.
- 주여, 우리를 지으시고 모든 것을 다 아시는 주께 삶을 맡기고 살게 하옵소서.

11월 09 November

결부

왕하22 / 히4 / 욜1 / 시140-141

열왕기하 22장 율법책을 백성통치에 결부시켜 나라를 세움

다윗의 이상적인 계승자로 평가받는 요시야의 의로운 행적이 소개되고 있다. 특히 그는 성전 수리 때 발견된 율법책에 따라 하나님께 드리는 예배를 정화했고 이방 종교를 철저히 배격함으로써 경건한 통치자의 반열에 서게 되었다. 이처럼 바른 권세는 신앙에서 비롯된다.

한편 57년간에 걸친 므낫세 왕(55년 통치)과 아몬 왕(2년 통치)의 오랜 악정으로 유다는 깊은 죄악의 수렁에 빠져 있었다. 이러한 때에 유다의 마지막 개혁자 요시야가 유다의 제16대 왕으로 즉위한다. 요시야는 8세에 왕위에 올라 31년 동안 유다를 통치하는데 그 기간 동안 성전을 수리하고, 또 성전 수리 과정에서 율법책을 발견한다. 그러나 여선지자 훌다의 예언에서 보듯이 율법책의 발견은 유다를 향한 하나님의 심판을 확인시켜 주었을 뿐이다. 이미 유다는 돌이키기 힘든 죄악의 늪에 빠져 있었던 것이다.

✚ 묵상 : 남왕국 유다의 요시야 왕은 어떤 왕이었으며 무슨 일을 단행하였나요?(왕하22:17)
요시야 왕은 대제사장 힐기야가 서기관 사반을 통해 전해 준 율법책을 어떻게 대하였나요?(왕하22:10~17)

히브리서 4장 들은 복음을 믿음에 결부시켜 안식에 들어감

본장에서는 안식에 대한 하나님의 약속이 여전히 유효함을 상기시키면서 이 안식에 들어가기를 힘쓰라고 권면한다. 그리고 안식에 들어갈 수 있는 비결은 영원한 대제사장이신 예수 그리스도를 절대적으로 의지하는 것이라고 가르친다.

저자는 하나님께서 약속하신 안식을 얻는데 있어서 이스라엘이 철저하게 실패하였음을 논하면서 그 안식에 들어가기 위하여 힘쓰라고 권하고(4:1-11), 또한 하나님의 약속의 말씀이 얼마나 귀하고 하나님의 안식을 얻음에 있어서 얼마나 중요한 역할을 하는가를 설명하여 주고 있다.

✚ 묵상 : 믿는 자가 하나님의 안식에 들어가기 위해 무엇을 힘써야 할까요?(히4:1~2,6~13)
우리에게 계신 큰 대제사장은 누구시며 어떤 일을 해 주실 수 있을까요?(히4:14~16)

기 도

- 주여, 하나님이 주신 말씀을 철저히 관리하고 그 말씀 따라 살게 하옵소서.
- 주여, 안식에 들어가기 위해 연약함을 동정하시는 주님을 의지하게 하옵소서.
- 주여, 재림과 심판의 날이 이르기 전에 회개와 말씀 중심의 삶을 살게 하옵소서.

통일 주제 결부 (結付, 일정한 사물이나 현상을 서로 끌어 붙여 연관시킴)

연합 내용 올바른 결부는 아름다운 열매를 맺지만 그릇된 결부는 자기 합리화에 빠져 핑계와 변명으로 추한 결과를 낳는다. 그러므로 하나님이 주시는 모든 것을 우리의 인생에 바로 결부시켜 승리하는 자가 되어야 한다.

● 요엘 1장 심판의 교훈을 회개에 결부시켜 후손에게 전함

이스라엘 땅에 갑자기 닥친 메뚜기 재앙의 비참함에 대해 상세히 언급하고 있는 부분이다. 그러나 요엘은 이 재앙이 단순한 천재(天災)가 아니라 하나님의 진노의 재앙임을 상기시키면서 이스라엘 백성들에게 회개하고 하나님께 돌아올 것을 촉구하고 있다.

특히 15-20절에서는 '재앙에 대한 경고'이다. 여기서 요엘 선지자는 지금까지 이스라엘 백성들이 체험한 것보다 더 무서운 일이 곧 닥칠 것이라는 사실을 경고하고 있다. 즉 그들에게 임할 재앙은 아직 일부분에 불과하므로 만약 제때에 하나님께로 돌아서지 않을 경우 더 무서운 재앙이 임할 것이라는 점을 밝혀주고 있는 것이다.

✚ 묵상 : 하나님이 요엘을 통해 자손대대에 전하실 심판의 내용은 무엇이었나요?(욜1:1~13)
요엘 선지자는 여호와의 날, 심판의 날이 이르기 전에 제사장과 백성은 무엇을 하라고 외쳤나요?(욜1:14~15)

● 시편 140-141편 악의 시험과 의의 책망을 성숙에 결부시켜 기도함

140: 개인 탄원시다. 시인은 이유를 알 수 없는 고난 속에서 자신을 건져주시고(1-5절) 간구에 귀를 기울이시며(6-8절) 원수들이 재난을 당하기를 탄원한다(9-11절). 다윗은 하나님이 고난 당하는 자를 변호하시고 궁핍한 자에게 정의를 베푸신다는 것을 믿었기에 찬양과 감사로 마무리한다(12-13절).

141: 개인 탄원시다. 다윗과 그의 공동체는 원수들에게서 공격당하는 상황이다. 다윗은 주님이 자신에게 와 주시기를 간구한다(1-2절). 그리고 입술의 문을 지켜 주시고 악한 음모에 가담하지 않게 해 주시기를 기도한다(3-5절). 하나님은 고난을 견딘 의인의 손을 들어 주실 것이다. 사람들이 스올(=지옥) 어귀에 그 해골이 흩어지게 될 때에야 비로소 시인의 말을 들을 것이다(6-7절). 시인은 악한 자들이 자신들의 함정에 스스로 걸려들기를 간구한다(8-10절).

✚ 묵상 : 다윗은 여호와께 악인과 포악한 자를 어떻게 해 달라고 기도했나요?(시140:1,4,9~11)
다윗이 자신의 성숙함을 위하여 여호와께 기도한 내용은 무엇일까요?(시141:2~5)

11월 10 November

온전

왕하23 / 히5 / 욜2 / 시142

● 열왕기하 23장 요시야 왕의 온전한 종교개혁과 유월절 지킴

요시야는 종교 개혁을 단행함으로서 하나님과의 언약 관계를 재확립하는 것으로부터 시작되었다. 그는 유다뿐 아니라 잃어버린 북왕조의 땅에서도 이방 종교를 몰아내었고 인신 제사나 복술과 같은 사악한 종교행위를 금지시켰다. 더욱이 그는 하나님과 백성 사이의 언약을 갱신하고 흐려졌던 유월절 준수를 새롭게 회복하였다. 그러나 불행하게도 요시야는 므깃도 전투에서 그만 전사한다. 요시야 사후 여호아하스가 3개월을 통치하다가 애굽으로 끌려가고 그를 이어 여호야김이 11년간 통치한다.

✚ 묵상 : 요시야 왕의 종교개혁은 어느 정도로 온전했나요?(왕하23:4~15,19~21,24~25)
여호아하스와 여호야김은 하나님 보시기에 어떤 왕이었나요?(왕하23:31~32,34,36~37)

● 히브리서 5장 온전한 예수 그리스도의 순종과 영원한 구원

영원한 대제사장 예수 그리스도와 인간 대제사장을 비교하여 설명한다. 예수 그리스도는 죄가 없으신 하나님의 아들의 신분이지만 인간 대제사장은 연약에 휩싸인 자 즉, 죄인이기에 자신의 속죄를 위한 제사가 반드시 필요하다(1-3절). 예수님은 스스로 영광을 취할 충분한 자격이 있으시지만 오직 하나님의 뜻에 따라 멜기세덱의 반차를 따르는 제사장이 되셨다(4-6절). "율법 후에 하신 맹세의 말씀은 영원히 온전하게 되신 아들을 세우셨느니라"(히7:28) 고난을 거절하지 않으시고 순종의 길을 가셨으며 죄인인 우리를 대변하여 심한 통곡과 눈물의 간구를 드린 예수님은 대제사장으로서의 충분한 자격이 있으시다(7-10절). 저자는 영적으로 둔하고 진리에 관한 열망이 부족하며 여전히 유대교의 유혹에 흔들리고 있는 이들을 책망하면서 하나님은 어린아이 같은 믿음이 아니라 연단을 통해 단련되어 유혹을 이겨내는 장성한 믿음을 원하신다고 강조한다(11-14절).

✚ 묵상 : 히브리서 기자는 예수 그리스도가 하나님의 부르심을 받아 어떤 사역을 감당했다고 선포하고 있나요?(히5:4~9)
히브리서 기자는 장성한 자와 어린 아이의 차이가 무엇이라고 했나요?(히5:12~14)

통일 주제 온전 (穩全, 결점이 없고 완전함)

연합 내용 성경에서 온전은 성삼위일체 하나님과 사람에게 사용되었다. 물론 하나님의 온전하심과 인간의 온전함은 다르다. 하나님의 형상을 따라 지음받은 인간은 피조물로서의 최선의 온전함을 의미한다.

● 요엘 2장 백성의 온전한 회개와 여호와의 풍성한 회복

1장에서 메뚜기 재앙을 하나님의 심판의 날과 연관시켜 교훈을 주고 있는 부분이다. 즉 요엘은 여기서 메뚜기 재앙을 임박한 하나님의 심판과 연관시켜 보다 상세히 설명한 뒤에 간곡하고 결여한 어조로 백성들에게 옷이 아닌 마음을 찢고 하나님께 돌아올 것을 촉구하고 있다.

✚ 묵상 : 요엘은 이스라엘 백성에게 온전한 회개에 대하여 어떻게 가르쳤나요?(욜2:12~17)
요엘 선지자는 이스라엘 백성이 온전히 회개한다면 여호와가 어떤 두 가지의 축복을 내려 주신다고 말했나요?(욜2:18~19,23~27,28~30,32)

● 시편 142편 다윗의 온전한 부르짖음과 여호와의 보호하심

표제어를 통해 시의 배경을 확인할 수 있는데 사울에게 쫓겨 굴에 숨어 있는 비참한 상황에 있는 다윗이 하나님께 드리는 탄원이다. 원통함과 우환으로 인한 고통에 시달리는 다윗은 자신의 편에 선 자들이 보이지 않는 상황에서 자신의 길을 아시는 하나님께 소리 내어 부르짖는다(1-4절). 시인은 피난처요 분깃(=유산)이 되시는 하나님을 향한 신뢰를 고백하며 자신의 영혼을 건져 주심으로 인하여 감사하며 의인들과 함께할 날을 소망하고 있다(5~7절).

✚ 묵상 : 다윗은 굴에 있을 때 여호와 하나님께 어떤 간구를 드렸나요?(시142:1~2,4,6)
다윗은 여호와께 온전히 부르짖은 후 어떤 확신을 가졌나요?(시142:3,5,7)

기 도

- 주여, 신앙의 연륜이 더 할수록 말씀을 잘 분별하는 장성한 자가 되게 하옵소서.
- 주여, 만민에게 성령을 부어 주시고 자녀들에게 장래 일을 말하게 하옵소서.
- 주여, 원통함과 우환으로 부르짖은 후에는 오직 믿음으로 기다리게 하옵소서.

11월 11 November

맹세

왕하24 / 히6 / 욥3 / 시143

● 열왕기하 24장 주 하나님이 유다를 멸하실 것을 맹세하심

유다의 마지막 개혁자 요시야가 므깃도 전투에서 전사하자 이후 유다는 급속히 타락과 쇠락의 길을 걷게 된다. 요시야의 뒤를 이어 여호아하스가 왕위에 오르지만 3개월 만에 애굽으로 끌려가고, 그를 이어 여호야김이 왕이 되어 11년간 통치하는데 유다의 종국은 여호야김의 악정으로 한층 본격화된다.

특히 23장의 여호아하스(BC 609년)에 이어 24장에서는 여호야김(BC 609-598년), 여호야긴(BC 598년), 시드기야(BC 598-587년) 드의 행적이 소개된다. 이들은 모두 하나님 보시기에 악을 행했다. 멸망 원인은 외부 세력에 의한 것이 아니라 내부의 죄, 우상 숭배와 범죄에 의해서였다.

✚ 묵상 : 바벨론의 왕 느브갓네살은 남왕국 유다의 왕 여호야김 시대에 유다를 향하여 어떤 일을 행하였나요?(왕하24:1~4)
남왕국 유다의 왕 여호야긴과 시드기야는 여호와 보시기에 어떤 왕이었나요?(왕하24:8~10,13~19)

● 히브리서 6장 주가 기업을 받는 자에게 약속을 맹세하심

5장에서 언급한 장성한 자에 이르려면 죽은 행실에 대한 회개와 하나님에 대한 믿음, 세례교리, 안수(=성령임재), 부활과 심판 등의 기초 교리를 다시 닦지 말고 즉, 기초 교리에만 머무르지 말고 성숙한 경지로 나아가야 하는데 우리의 연약함을 도우시며 따라야 할 모범이 되시는 예수님으로 인해 그것이 가능해질 것이다(1-3절). 은사와 성령과 말씀을 받은 자가 그리스도를 떠난다면 그것 자체로 이미 저주를 받은 것이다(4-6절). 그리스도인은 절대로 그런 삶으로 나아갈 수 없으며, 은혜의 비를 맞으면 못된 열매(=엉겅퀴)가 아닌 좋은 열매(=채소)를 맺게 된다(7-8절). 저자는 히브리서의 1차 독자들 대부분이 믿음의 선한 증거와 열매를 보이고 있다고 위로하면서 동시에 영적으로 더욱 분발할 것을 촉구한다(9-12절). 아브라함이 인내함으로 약속의 성취를 맛보았듯이 고난 가운데 있는 히브리서 독자들 역시 인내가 필요하다(13-15절). 맹세로써 약속에 대해 보증하시는 하나님의 신실함이 우리의 소망이 된다(16-20절).

✚ 묵상 : 히브리서 기자는 믿는 자가 어떻게 될 것을 가장 염려하고 있나요?(히6:1~2,4~6)
히브리서 기자는 믿는 자가 소망의 풍성함을 끝까지 이루기 위하여 어떤 권면을 하고 있나요?(히6:9~12,18~20)

통일 주제 맹세 (盟誓, 임무나 약속을 시행하거나 목표를 이룰 것을 굳게 다짐함)

연합 내용 성경은 맹세의 문제를 매우 중요하게 다룬다. 누구에게 맹세를 할 것인가의 문제로부터 무엇을 맹세할 것인가를 다룬다. 하나님은 자신에게 맹세하고 인간은 하나님께 맹세하되 진실과 결단의 문제를 다룬다.

● 요엘 3장 여호와가 이방민족을 멸할 것을 맹세하심

비록 선민의 죄악 때문에 이방 나라를 동원하여 징계를 행하셨지만 여호와의 날 곧 심판의 날에는 선민을 회복하시는 동시에 그들을 괴롭히던 가증스러운 이방 나라들을 멸하실 것이 선언되고 있다.

비록 하나님께서 이스라엘을 징계하시기 위하여 이방 민족을 들어 쓰시긴 하지만 마지막 심판 때에는 대적들이 하나님의 온전한 심판을 피할 수 없음을 분명히 밝혀주고 있는 부분이다. 결국 여호와의 날은 선민에게 구원과 번영과 평안의 시대가 허락되는 날임을 알 수 있다.

✚ 묵상 : 요엘은 여호와께서 만국을 심판하시는 이유가 무엇이라고 말했나요?(욜3:1~3,5~6,19)
요엘은 여호와께서 만국을 어떻게 심판하신다고 예언했나요?(욜3:7~8,11~12)

● 시편 143편 다윗이 종으로서 영혼을 주께 드림을 맹세함

전형적인 개인 탄원시다. 고난의 대한 언급, 하나님께 도움 요청, 하나님에 대한 신뢰의 표현이 모두 등장한다. 원수의 핍박으로 죽은 지 오래된 자 같은 처지에 놓인 다윗은 자신이 당하는 고난이 죄에 대한 심판이 아니기를 바라며 긍휼을 구한다(1-4절). 기도자는 탄원을 드리는 가운데 이전에 행하셨던 하나님의 일들을 떠올리며 은혜를 사모하기 시작한다(5-6절). 침묵하시는 하나님에 대한 탄식이 등장하긴 하지만 시인은 구원을 요청하며 하나님을 향한 신뢰를 고백한다(8-10절). 마지막으로 원수에 대한 심판과 주의 종인 자신을 건져달라는 기도로 마친다(11-12절).

✚ 묵상 : 다윗은 환난 중에 하나님의 어떤 성품을 의지하여 기도했나요?(시143:1,8,10~12)
다윗은 여호와 하나님께 자신의 힘든 상태를 어떻게 표현했나요?(시143:3~4,7,9)

기 도

- 주여, 하나님이 멸하기로 맹세하실 만큼 악한 삶을 살지 말게 하옵소서.
- 주여, 하늘의 은사와 내세의 능력을 맛보고도 타락하는 일이 없게 하옵소서.
- 주여, 환난 가운데 있을 때 진솔하게 기도하고 주의 역사를 기다리게 하옵소서.

11월 12 November

목자

왕하25 / 히7 / 암1 / 시144

● 열왕기하 25장 목자를 잃어버린 유다가 범죄로 멸망을 당함

우상과 외세의 힘을 빌려 나라를 보존하고자 했던 왕들의 어리석은 노력이 끝이 나고 유다는 마침내 멸망의 순간을 맞게 된다(BC 586년). 시드기야는 도망치다가 붙잡혀 바벨론 왕 앞으로 끌려가 두 눈을 뽑히고 바벨론으로 끌려간다. 이후 바벨론 군대는 성전과 왕궁을 불사르고 보물을 강탈하고 포로로 잡고 유다의 지도자들을 처형한다.

그리고 열왕기하의 끝을 맺는 마지막 절에서는 이전에 바벨론 2차 침공시에 포로로 끌려갔던 유다 왕 여호야긴이 석방되어 바벨론 왕으로부터 높임을 받은 사실을 소개하고 있다.

✚ 묵상 : 시드기야 왕이 유다를 통치할 때에 바벨론 왕 느부갓네살이 예루살렘을 2년간 포위하다가 양식이 떨어졌을 때 왕과 백성과 성전을 어떻게 대했나요?(왕하25:1~15)
바벨론 왕 느부갓네살은 전쟁에 패한 유다 땅을 누가 관할하게 했나요?(왕하25:22)

● 히브리서 7장 목자이신 대제사장 예수께서 언약을 이루심

창세기 14장에 등장하는 멜기세덱은 예수 그리스도의 그림자다. 멜기세덱은 전쟁에서 승리하고 돌아오는 아브라함에게서 전리품의 십분의 일을 받고 그를 축복하였는데 히브리서 저자는 그가 예수 그리스도를 예표하는 인물이라고 선언한다(1-4절). 그림자에 불과한 멜기세덱이 아브라함에게서 십일조를 받고 그를 축복하는 우월한 지위에 있었다면 실체가 되시는 예수 그리스도는 비교할 수 없을 만큼 우월한 지위에 있는 분이 될 것이다(5-10절). 레위 지파 제사장이 우리를 온전케 하지 못하기 때문에 하나님은 레위 지파가 아닌 한 제사장을 별도로 세우셨다(11-15절). 생명의 능력을 가지신 예수님은 우리를 거룩케 하셔서 능히 하나님 앞으로 인도하실 수 있으므로 율법이 가지는 연약함과 무익함을 극복하는 소망이 되신다(16-19절). 또한 하나님이 맹세로써 예수 그리스도의 영원한 대제사장직을 보증하시기 때문에 그는 더 좋은 언약의 보증이 되신다(20-22절). 예수 그리스도는 우리의 구원의 확실한 보증이다. 단번에 자기를 드려 제사를 드리신 예수 그리스도는 영원히 살아 계셔서 우리를 위해 친히 간구하신다(23-28절).

✚ 묵상 : 히브리서 기자는 멜기세덱을 어떻게 소개했나요?(히7:1~6)
히브리서 기자는 멜기세덱의 반차를 따라 맹세로 제사장이 된 예수 그리스도에 관하여 어떻게 기술하고 있나요?(히7:14~17,20~22,24~26,28)

통일 주제 목자 (牧者, 양을 치는 사람, 영혼을 돌보는 자를 가리킴)

연합 내용 성경은 하나님을 목자로, 우리를 양으로 비유한다. 또한 하나님은 자신의 종인 왕과 제사장과 선지자와 사도와 목사를 모든 백성들의 목자로 파송하신다. 선한 목자의 유무에 따라 백성의 삶은 좌우된다.

● 아모스 1장 목자이신 여호와께서 이방민족을 징벌하심

아모스는 남유다 출신이었지만 주로 북이스라엘을 주요 활동 무대로 삼아 예언활동을 했다. 아모스는 1장에서는 다메섹, 블레셋, 두로, 에돔, 암몬 등을 향해 임박한 하나님의 심판을 선언하는데 이는 하나님께 죄를 범한 이스라엘의 허물을 간접적으로 지적하며 심판을 경고하기 위해 서였다.

✚ 묵상 : 아모스 선지자가 이스라엘에 대하여 예언의 말씀을 전한 때는 언제일까요?(암1:1)
아모스는 어느 나라들의 서너 가지 죄에 대한 심판을 예언했나요?(암1:3,6,9,11,13)

● 시편 144편 목자이신 주 여호와께서 다윗의 산성이 되심

전쟁에서 승리한 왕이 드리는 감사의 기도와 승전 이후 풍성한 복을 기원하는 내용이다. 다윗은 승리를 주신 하나님을 송축하며 인간의 유한함과 인간을 도우시는 하나님의 긍휼하심을 고백한다(1-4절). 전쟁은 여호와께 속한 것임을 믿는 다윗은 용사이신 여호와가 전쟁터에서 행하실 일들을 바라본다(5-8절). 구원의 은혜를 베푸시는 하나님은 평화와 번영을 더하여 주실 것이다(9-15절).

✚ 묵상 : 다윗은 여호와 하나님과 자신에 대해서 어떻게 대조적으로 표현했나요?(시144:2~4)
다윗은 여호와를 자기 하나님으로 삼는 백성에게 어떤 복이 있다고 말했나요?(시144:12~15)

기 도

- 주여, 우리 민족이 나약해져서 외침을 받는 일이 없도록 보호하여 주옵소서.
- 주여, 대제사장 되신 예수 그리스도에게 영광을 돌리는 자가 되게 하옵소서.
- 주여, 여호와를 아버지로 모신 자로서 자녀와 물질의 복을 누리게 하옵소서.

11월 13 November

선택

대상1-2 / 히8 / 암2 / 시145

● 역대상 1-2장 야곱의 열 두 아들 중에 유다를 선택하심

1: 바벨론 포로기를 거치는 동안 끊어졌던 이스라엘 역사를 복원하는 차원에서 뿌리 찾기 작업이 실시되었고 그 일환으로 1장부터 9장까지 긴 족보가 소개된다.

역대기를 읽는 독자들 입장에서는 무의미하고 지루하게 느껴지는 이 부분이 없으면 훨씬 더 좋았을 것이라고 생각할 수 있다. 그러나 이들의 이름 배후에는 각각 하나님의 오묘한 뜻이 담겨져 있다. "모든 성경은 하나님의 감동으로"(딤후 3:16) 기록되었다. 하나님의 감동으로 된 내용에는 반드시 신성한 뜻이 들어 있다. 그러므로 이곳의 족보에서도 그와 같은 하나님의 뜻을 살피는 것이 중요하다. 1장은 긴 족보의 서론으로 창세기 5, 10, 11, 25장에 언급된 족보들에 의존하여 아담과 노아, 노아와 아브라함, 아브라함과 야곱, 에서 후손의 명단이 소개되고 있다.

2: 이스라엘 열두 지파의 뿌리가 되는 야곱의 열두 아들의 명단과 이스라엘의 영적 장자 지파인 유다 자손들이 다윗 대까지 소개되고 있다. 더불어 유다 자손 가운데 다윗과 방계를 이루는 갈렙과 여라므엘 자손의 족보가 함께 소개되고 있다. 야곱의 자손들이 차지한 지역에 따라서 이들의 명단이 이곳에서 나온다. 이곳에서 나온 명단은 야곱의 자손들이 얼마나 많아졌고 이들이 어떤 역할을 수행하였는지를 알게 한다. 야곱은 에서를 속이고 간교한 자세를 보이기도 하였으나, 그는 또한 하나님의 뜻 안에서 신령하게 연단을 받은 사람이다.

✚ 묵상 : 역대상 1장에서 이스마엘과 에서의 후손을 언급하고 에돔이 먼저 번성함을 기록한 것은 어떤 의미를 가지고 있을까요?(대상1:28~31,34~43)
역대상 2장에서 야곱의 12아들 중 유다의 가계를 먼저 언급한 것은 어떤 의미가 있을까요?(대상2:1~4,7,10~15,18~23,49~50)

● 히브리서 8장 선민 중에 새 언약을 받을 백성을 선택하심

예수 그리스도는 하늘 성소에서 우리를 섬기는 대제사장이며(1, 2절), 더 좋은 언약의 중보자시다(4-6절). 하나님은 예레미야 선지자를 통해 새 언약에 대해 예고하셨다(8-12절). 새 언약은 예수 그리스도를 통해 온전히 성취되었다(13절).

✚ 묵상 : 히브리서 기자는 예수 그리스도가 어떤 대제사장이라고 말했나요?(히8:1~6)
하나님이 이스라엘 집과 선택한 백성에게 주시는 새 언약은 무엇일까요?(히8:9~13)

통일 주제 선택 (選擇, 여럿 가운데서 필요한 것을 골라 뽑음)

연합 내용 하나님의 다스리심은 선택의 역사다. 선택한 자를 통해 민족을 이루시고 민족을 통해 세계를 구원하신다. 선택에 순종하는 자는 사명과 아울러 상을 받고 선택을 거역한 자는 그에 따른 심판과 벌을 받는다.

● 아모스 2장 서너 가지 죄를 지은 벌할 민족을 선택하심

본장에서는 이스라엘은 물론 그들과 좀 더 긴밀한 관계를 맺고 있던 모압과 유다를 향한 심판이 경고되고 있다. 이들 각 나라들이 심판을 받는 근본 된 이유는 각 나라들이 자행한 범죄 때문이었다.

특히 14-16절을 보면, 개인적으로 힘이 세다고 해도 싸울 만반의 준비를 갖추었다고 해도 주전 722년 앗수르 군대를 사용한 하나님의 심판의 손길을 막을 수는 없었다(참고, 왕하 17장).

✚ 묵상 : 하나님이 모압과 유다와 이스라엘을 벌하시는 이유가 무엇일까요?(암2:1~4,6~8,12)
하나님은 아모스를 통해 자신이 내리는 벌은 어떻다고 말씀하셨나요?(암2:13~16)

● 시편 145편 하나님을 찬송하고 선포할 성도를 선택하심

이 시의 표제는 '다윗의 찬송 시'이다. 본시는 다윗이 작시한 찬양의 시로서 본서에 기록된 그의 마지막 작품이며, 답관체 형식을 띠고 있다(119:1-176).다만 히브리 알파벳 준 '눈'(נ) 자가 빠져 있어 약간의 형식에서 탈피하였으며, 각 절들은 대부분 두 구절로 이루어져 아름다운 운율을 형성하고 있다. 그러나 이 시를 쓴 시기와 그 배경은 알 수가 없다. 이 시는 매 7행 3절로 구성되어 있고 주로 하나님의 인자하심을 찬양하는 내용이다.

✚ 묵상 : 다윗이 하나님을 찬송하고 선포할 수밖에 없는 이유는 무엇일까요?(시145:1,3~4,6)
하나님은 자신을 경외하고 사랑하는 자에게 어떻게 행하시나요?(시145:8~9,14~20)

기 도

- 주여, 많은 사람 중에 선택하시고 일꾼 삼아 주셨으니 늘 충성하게 하옵소서.
- 주여, 새 언약을 생각에 두고 마음에 기록하여 주의 백성으로 살게 하옵소서.
- 주여, 하나님을 찬양하고 선포하며 송축하는 참 믿음의 사람이 되게 하옵소서.

11월 14 November

현현

대상3-4 / 히9 / 암3 / 시146-147

역대상 3-4장 다윗의 족보를 통해 하나님의 구속사가 현현됨

3: 이스라엘 왕국의 핵심 인물인 다윗 집안사람들의 명단이 소개되고 르호보암에서 바벨론 포로 때까지 솔로몬 후손들의 이름과 스룹바벨 이후 후손들의 계보가 소개되고 있다. 결국 역대기 저자는 남왕국 중심의 역사 서술을 함으로써 유다 왕국의 정통성을 분명히 확인시켜주고 있다. 역대기 저자의 최대의 관심사는 다윗과 그의 왕조, 그리고 그들의 인간상들이다. 이것은 역대기의 여러 곳에서 눈에 띄게 드러난다. 결국 역대상 기록자는 남왕국 유다 중신의 역사 서술을 함으로써 유다 왕국의 정통성을 분명히 확인시켜주고 있다.

4: 지금까지 아담에서 바벨론 포로 후기까지를 잇는 방대한 계보를 요약 소개한 데 이어 4장에서는 유다 후손의 계보와 이스라엘 중 가장 약했던 시므온 후손의 계보가 함께 소개되고 있다.
특히 4장 23절의 '토기장이'는 진흙으로 그릇을 만들던 도공을 가리킨다. 이들은 왕실의 후원 아래 안정된 생활을 했고 또 그 직업이 세습화 되었다고 볼 수 있다. 그들은 '산울'로 둘러쳐진 곳에서 안정된 가운데 거주했다는 것은 안전한 곳에서 살았음을 의미한다.

✚ 묵상 : 역대상 3장의 족보에 따르면 다윗과 그 후손은 총 몇 명일까요?(대상3:1~24)
역대상 말씀에 기록된 족보는 역대기 사가의 어떤 의도가 담긴 것일까요?(대상4장)

히브리서 9장 예수님의 희생을 통해 하나님의 구원이 현현됨

본장에서 저자는 예수 그리스도의 사역이 완전한 이유를 보여준다. 즉 구약의 장막이 제한적이고 제물이 불완전한 반면, 예수 그리스도는 자신의 몸을 대속 제물로 드려 단번에 영원히 죄를 용서하고 구원을 이루셨기 때문에 그분의 대속 사역은 완전하다고 말한다.

✚ 묵상 : 예수 그리스도께서는 무엇을 통해 새 언약의 중보자가 되셨나요?(히9:12,15)
히브리서 기자가 예수 그리스도께서 자기를 바라는 자들에게 두 번째 나타나실 것이라고 말한 의미는 무엇일까요?(히9:28)

통일 주제 현현 (顯現, 명백하게 나타나거나 나타냄)

연합 내용 창조주 하나님께서는 피조물인 인간에게 여러 가지 방법과 모양으로 자신을 나타내셨다. 우리는 성경 말씀을 통해서 현현하심의 여러 형태인 성막과 환상, 율법과 증거, 기적과 사건 등을 알게 된다.

● 아모스 3장 선지자들의 선포를 통해 하나님의 말씀이 현현됨

3장에서 6장까지는 이스라엘이 현재(2장), 과거(4장), 미래(5-6장)에 받게 될 심판을 소재로 한 세 가지 내용의 메시지가 전달된다. 그중 3장에서는 이스라엘이 받는 벌의 이유와 선지자의 사명 그리고 사마리아의 멸망과 그 가운데서 구원받을 남은 자에 대한 희망에 대해 언급하고 있다. 끝으로 타락과 부패가 불러들인 처참한 멸망의 모습이 소개된다.

✚ 묵상 : 아모스는 이스라엘 자손들이 여호와께서 이르시는 말씀을 들어야 할 이유가 무엇이라고 말했나요?(암3:1~2)
아모스는 하나님의 말씀을 선포하면서 하나님을 어떤 분으로 묘사했나요?(암3:13)

● 시편 146-147편 곤고한 자들의 회복을 통해 하나님의 사랑이 현현됨

146: 시인은 하나님을 찬양할 것을 결단하며 흙으로 돌아갈 사람을 의지하는 것이 헛된 것임을 고백한다(1-4절). 반면 천지를 창조하신 전능하신 하나님, 영원히 신실하신 하나님, 악인을 심판하시고 연약한 자를 돌보시는 하나님께 소망을 두는 자는 복이 있다고 선언한다(5-10절).

147: 하나님의 위대하심(별을 세시는 분)과 자비로우심(고치시고 싸매시는 분)을 찬양하는 것은 마땅한 것이다(1-6절). 풀을 자라게 하시며 짐승들을 먹이시는 은혜의 하나님은 당신을 경외하며 감사함으로 찬양하는 자를 기뻐하신다(7-11절). 시인은 하나님이 당신의 백성에게 풍성한 복을 베푸시는 장면을 예루살렘을 지켜 주시고, 백성들을 배불리 먹이시며, 철마다 눈과 서리와 우박과 바람과 물을 주시는 것으로 묘사한다(12-18절). 특히 다른 민족에게 주시지 않은 언약의 말씀을 주셨다(19-20절).

✚ 묵상 : 억눌린 사람들을 위해 정의로 심판하시며 갇힌 자들에게 자유를 주시는 등 시편 기자가 묘사한 하나님은 어떤 분이실까요?(시146:6~9)
시편 기자가 하나님의 명령을 땅에 보내시고 그의 말씀이 속히 달린다고 노래한 이유는 무엇일까요?(시147:15~19)

기 도

- 주여, 나의 자녀와 자손을 통해 하나님의 구속사가 선히 드러나게 하옵소서.
- 주여, 다시 오실 예수님을 기대하고 기다리며 준비하는 자가 되게 하옵소서.
- 주여, 하나님을 경외하며 주의 일하심을 노래하는 기쁜 주일 되게 하옵소서.

11월 15 November 거룩

대상5-6 / 히10 / 암4 / 시148-150

● 역대상 5-6장 거룩하신 여호와의 직무를 담당하는 레위 자손

5: 이곳에서는 가나안 정착 때 요단 강 동편 땅을 차지했던 르우벤의 후손과 갓 후손 그리고 므낫세 후손의 계보와 그들이 차지했던 영토가 언급되고 있다. 이에서 요단 동쪽 땅에 머물던 지파들의 영적인 타락과 그로 인한 패망 사실이 소개되고 있다. 특히 5장 1절의 '장자의 명분'이라는 말은 이스라엘에서는 원칙적으로 아들에게만 상속권이 있었고 장자는 다른 형제보다 아버지의 재산을 갑절이나 상속받았다(왕하 2:9 참조). 성경에는 부모의 편애로 인해 장자가 아닌 다른 아들에게 장자의 권한이 옮겨지는 것을 금하고 있다(신 21:15-17 참조).

6: 아론에서 포로기까지의 긴 세월 동안 대제사장을 담당했던 자들의 명단과 레위 세 아들의 후손의 계보, 찬양대로 수고한 레위인들의 족보 및 레위인들의 거주지를 소개하고 있다. 특히 약속의 땅에 들어가서 유다와 요셉은 그들의 기업을 차지하였으나 레위에게는 그러한 기업이 없었다. 그러나 이들은 하나님의 특별한 족속으로, 어느 면에서 더 놀라운 특권을 소유하였다.

역대기 저자는 성역을 맡은 레위 자손의 계보를 소개하면서 이들이 하나님을 섬기는 자들로서 어떤 일을 하였는지를 소개하고 있다.

✚ 묵상 : 르우벤 자손과 므낫세 자손의 좋은 점과 나쁜 점은 무엇일까요?(대상5:1~3,9~10,18~26)
레위 자손은 무슨 일을 맡았으며 그 정착지는 어디였나요?(대상6:31~33,48~49,54)

● 히브리서 10장 거룩하신 하나님께 단번의 제사를 드린 예수

단번에 영원히 구원을 이루신 예수 그리스도의 대속 사역에 대해 가르친 저자는 이제 구약 제사의 한계와 예수 그리스도 사역의 완전성을 정리한다. 그 내용은 그림자에 불과한 구약 제사, 예수 그리스도 제사의 완전성, 예수 그리스도가 세우신 새 언약의 우월성, 새 언약 시대에 사는 성도의 특권과 책임으로 구성되고 있다.

✚ 묵상 : 왜 하나님은 율법에 근거하여 드린 각종 제사를 기뻐하지 않으시고 오직 예수 그리스도가 단번에 드린 제사를 기뻐하셨나요?(히10:1~6,8~12,14)
히브리서 기자는 하나님께 나아가는 자는 어떤 자세가 필요하다고 말했나요?(히10:19,22~25,36)

통일 주제 거룩 (하나님의 속성을 표현하는 말로 성결하고 깨끗하며 성스러움을 뜻함)

연합 내용 거룩은 성결함과 깨끗함을 뜻한다. 즉 더러운 죄와 악이 없는 성스러운 상태를 말한다. 그러므로 거룩한 분은 하나님 밖에 없다. 단지 그 하나님과 연관되어 일하는 자나 기구나 지역이 거룩함을 입는 것이다.

● 아모스 4장 거룩하신 여호와께 돌아오지 않는 이스라엘

아모스 선지자는 이스라엘 귀족들의 타락상을 강한 어조로 지적하고 있다. 예로부터 지속되어온 이스라엘의 허물에 대한 심판이 선언된다. 즉 사치한 지도층에 임할 심판, 우상 숭배, 경고를 무시하는 백성들이 언급되었다. 특히 1절의 "바산의 암소들", 이는 호화롭게 사는 사마리아 여인들이 가난한자를 압제하는 모습을 비하하여 부르는 표현이다(참고, 사 3:16- 26; 32:9-13; 렘 4:30).

✚ 묵상 : 아모스 선지자가 선포하는 여호와 하나님은 어떤 분이실까요?(암4:2,13)
아모스 선지자는 이스라엘의 가장 나쁜 죄가 무엇이라고 말했나요?(암4:6,8~11)

● 시편 148-150편 거룩하신 여호와께 모든 것으로 찬양하는 성도

148: 창조주 하나님을 찬양하는 찬송시다. 1절의 '하늘에서'는 원어 그대로 직역하면 '하늘로부터'이다. 하늘로부터 하늘의 영역에 속한 모든 것들은 여호와를 찬양하고(1-6절) 땅에 속한 모든 피조물과 현상들도 여호와를 찬양하고(7-12절) 하나님의 백성들도 여호와를 찬양해야 한다(13-14절).

149: 이스라엘 백성들을 찬양으로 초대한다(1-3, 5-6절). 여호와가 찬양을 받으셔야 할 이유는 자기 백성을 구원하시며(4절) 대적들을 심판하시는 주시기 때문이다(7-9절).

150: 성전제의를 배경으로 한 찬송시다. 호흡이 있는 자는 모든 것을 동원하여 하나님의 속성과 하나님이 행하신 일을 찬양해야 한다(1-5절).

✚ 묵상 : 시편 기자는 누구에게 여호와를 찬양하라고 명령했나요?(시148:2~5,7~13)
시편 기자는 어디에서 어떻게 여호와를 찬양하라고 명령했나요?(시149:1,3,150:1,3~6)

기 도

• 주여, 모든 사람을 위해 중보적인 사역을 감당하는 자가 되게 하옵소서.
• 주여, 자신을 단번의 제사로 드려 하나님을 기쁘시게 한 주를 닮게 하옵소서.
• 주여, 호흡이 있는 우리가 모든 것을 다하여 여호와를 찬양하게 하옵소서.

11월 16 November

생육

대상7-8 / 히11 / 암5 / 눅1:1-38

● 역대상 7-8장 야곱의 일곱 지파가 대를 이어 생육함

7: 본장은 요단강 서쪽의 영토를 차지했던 지파들 즉 잇사갈, 베냐민, 납달리, 므낫세 반, 에브라임, 아셀 지파 후손들의 계보와 그들이 보유한 군인들의 목록을 소개하고 있다. 이곳에서 나온 족속들은 가나안 땅 북쪽을 기업으로 차지한 족속들이다. 역대기 저자는 이들에 대한 소개와 함께 그들이 보유한 용사들의 목록도 소개하고 있다.

8: 8장에서는 앞서 7장 6-12절에 언급된 베냐민 후손의 계보가 보충적으로 소개된다. 그중에서도 이스라엘을 이방의 세력에서 구출한 사사 에훗을 중심으로 한 베냐민인들의 명단, 이스라엘 초대 왕이던 사울 중심의 명단을 소개한다. 한편 다윗이 유다 지파에서 중요한 인물이었다면 사울은 베냐민 지파에서 중요한 인물이었다.

✚ 묵상 : 잇사갈, 베냐민, 에브라임, 아셀 자손의 특징은 무엇일까요?(대상7:1~2,5~7,20~23,40)
베냐민 자손의 특징은 무엇일까요?(대상8:13,28,33,40)

● 히브리서 11장 사라의 후손이 해변의 모래같이 생육함

11장은 다른 어떤 성경에도 비할 수 없다고 할 정도로 신앙의 선구자들에 대한 믿음의 역사적 변증이다. 산 선구자들의 믿음의 역사를 통하여 히브리서 저자가 독자들에게 위대한 그들의 믿음의 역사를 상기시키고, 그들의 믿음에 보조를 맞추어 나가며 그들에게 뒤지는 일이 없도록 하려한 참으로 놀라운 믿음의 증언이다.

특히 본장은 '믿음의 장'으로 인류 역사 초기로부터 또 이스라엘 백성의 역사에서 믿음의 선진들의 예를 들어 우리의 믿음을 격려한다. 본장에서는 '믿음'(2회), '믿음으로'(20회), '믿음을 따르는' 혹은 '믿음을 따라'(2회)라는 단어나 구절이 24회나 사용되었다.

✚ 묵상 : 히브리서 기자는 믿음이란 무엇이라고 했나요?(히11:1~2,6,10,16,40)
히브리서 기자는 믿음의 사람으로 누구를 언급했나요?(히11:4~5,7~8,11,20~23,31)

기 도

- 주여, 믿음의 영웅처럼 현실을 보는 것이 아니라 나중의 영광을 보게 하옵소서.
- 주여, 우상을 좇지 않고 생명의 주이신 창조주 여호와 하나님을 찾게 하옵소서.
- 주여, 믿기 어려운 축복의 좋은 소식을 들을 수 있도록 늘 청결하게 하옵소서.

통일 주제 생육 (生育, 생물이 나서 자람)

연합 내용 하나님은 천지만물을 창조하신 후 당신의 형상대로 사람을 지으셨다. 그리고 복을 주시며 생육하고 번성하여 땅에 충만하라고 말씀하셨다. 그러므로 우리가 주 안에 있을 때 생육하고 번성하며 충만하게 된다.

● 아모스 5장 창조주 여호와를 다시 찾음으로 생육함

본장에서는 타락한 이스라엘을 향한 애가와 이스라엘이 회복될 수 있는 방법 및 형식적인 예배와 경건이 따르지 못한 삶으로 인한 절망적인 심판상이 무겁게 소개되고 있다.

또한 25, 26절에서 이스라엘은 광야에서 여호와 하나님을 섬겼지만 "너희가 너희 왕(또는 '몰렉') 식굿(또는 '성막')과 기윤과 너희 우상들과 너희가 너희를 위하여 만든 신들의 별 형상을 지고 가리라."(26절)는 말씀처럼 다른 신들도 숭배했다. 몰렉 숭배는 토성이라는 별자리 숭배나 수많은 천체 숭배와 함께 실제로 어린 아이 인신 공양을 행했다(왕하 17:16, 17). 이스라엘은 몰렉 숭배에 대해 경고를 받았지만(신 18:9-13) 솔로몬(왕상 11:7)과 그 후손들(왕상 12:28; 왕하 17:16, 17; 렘 32:35) 때도 중단되지 않았고 요시야 시대까지(왕하 23:10) 몰렉 숭배에 열을 올렸다. 스데반은 사도행전 7장 42, 43절에서 이스라엘의 과거 죄악을 지적할 때 아모스 5장 25-27절을 인용했다.

✚ 묵상 : 아모스가 이스라엘 족속에게 간절히 호소하는 내용은 무엇일까요?(암5:4,6,8)
아모스는 이스라엘 족속에게 무엇을 강같이 흐르게 하라고 말했나요?(암5:15,24)

● 누가복음 1장 1-38절 청결한 엘리사벳과 마리아가 생육함

예수 그리스도에 관한 이 글은 역사적인 사건과 이에 대한 증인들의 확실한 증언에 근거한 기록이다(1-2절). 나이가 많은 경건한 제사장 부부에게 찾아온 천사는 하나님의 특별한 사명을 가진 아이가 태어날 것을 예고한다(3-17절). 그러나 아들의 탄생에 대한 천사의 고지를 불신한 사가랴는 아이의 탄생까지 말을 하지 못하는 벌을 받게 된다(18-23절). 천사가 고지한대로 엘리사벳은 잉태하였는데, 천사가 이번에는 마리아를 찾아가 메시야의 잉태를 예고한다(24-38절). 처녀의 몸인 자신의 잉태소식에 놀란 마리아에게 천사는 나이가 많아 아이를 가질 수 없는 친족 엘리사벳의 잉태소식을 전해준다. 이는 엘리사벳과 마리아의 잉태가 하나님의 크신 뜻에 따라 이루어진 것임을 알리고자 함이다.

✚ 묵상 : 가브리엘 천사는 반열의 차례대로 제사장 직무를 집행하는 사가랴에게 어떤 좋은 소식을 전해 주었나요?(눅1:5~6,8,13~17,19,24)
가브리엘 천사는 요셉과 마리아에게 어떤 놀라운 소식을 전했으며 또 마리아는 어떻게 받아 드렸나요?(눅1:27~33,35,37~38)

11월 17 November

성직

대상9-10 / 히12 / 암6 / 눅1:39-80

● 역대상 9-10장 성전에서 제사를 집례하는 레위 자손의 성직

9: 포로생활에서 귀환한 열두 지파의 대표적인 인물 명단과 고레스의 칙령에 따라 돌아온 제사장들의 명단 및 귀환한 레위인들이 각 직임(유사와 재판관, 성전 문지기, 성물 관리 등)에 따른 명단 그리고 이스라엘의 초대 왕이던 사울을 전후한 계보 등이 소개되고 있다. 이로써 지금까지의 족보 이야기가 끝이 나고 10장부터는 다윗을 중심으로 한 이스라엘의 역사가 본격적으로 소개된다.

10: 이스라엘의 초대 왕 사울이 블레셋과의 길보아 전투에서 그 아들들과 함께 전사한 장면 그리고 죽은 후에도 수치를 당했지만 지난날의 은혜를 잊지 않은 길르앗 야베스 사람들에 의해 시신이 수습되는 장면이 소개되고 있다. 이는 사울과 그의 아들 요나단의 운명은 이스라엘의 역사 속에서 가장 슬픈 사건 중의 하나이다. 전에는 그가 "하나님의 영에게 크게 감동되매"(삼상 11:6) 놀라운 능력을 수행하였고, 이스라엘의 초대 왕으로서 나라를 세우는 일에 많은 노력을 다하였다. 그러나 사울은 "여호와께 범죄하여"(13절) 비참하게 죽고 말았다. 이 범죄행위는 역사 속에 잘 기록되어 있다(삼상 15:1-9, 11, 24; 28:18). 이곳에서 그 사울과 관련하여 다음의 내용을 살펴본다.

✚ 묵상 : 바벨론 포로에서 돌아와 예루살렘에 정착한 레위인은 어떤 일을 했나요?(대상9:1~2,26~33)
하나님이 사울을 블레셋과의 싸움에서 죽게 하신 이유는 무엇일까요?(대상10:2~4,13~14)

● 히브리서 12장 주의 뜻을 받들어 감당한 예수의 대속적 성직

본장에서는 구약의 선진들에게 나타난 믿음의 역사를 소개하는 저자는 이제 그리스도인의 실천적 생활에 관심을 집중한다. 저자는 수신자를 향해 인내하면서 믿음의 경주를 하라고 권면한다. 그리고 시련이 닥치더라도 그것을 주님이 주시는 연단으로 생각하고 물러서지 말라고 당부한다. 그러나 혹시 시련을 이기지 못할 자가 생길 수 있음을 우려하여 배교자가 당할 하나님의 심판을 상기시키며 경고하고 있다.

✚ 묵상 : 히브리서 기자는 믿는 자들에게 누구를 본으로 설명하면서 신앙생활 중에 어떤 것을 달게 여기고 순종하며 열매를 맺으라고 말했나요?(히12:1~3,6~11)
히브리서 기자는 믿는 자가 영원한 나라에 이르기 위하여 하나님을 어떻게 섬겨야 한다고 권면했나요?(히12:22~25,28)

통일 주제 성직 (聖職, 교회에 의해 규정된 규범에 따라 봉사하는 거룩한 직분)

연합 내용 거룩하신 하나님은 사람을 통해 구속사를 이끌어 가신다. 구약에서는 제사장과 선지자에게, 신약에서는 예수 그리스도와 사도 및 제자들에게 성직을 주시고 복음의 말씀을 전하게 하심으로 구속의 역사를 이루신다.

● 아모스 6장 이스라엘을 경책한 아모스의 선지자적 성직

아모스 선지자는 교만과 향락에 빠져 다가올 심판을 무시한 채 생활하는 이스라엘 지도자급 인사들의 영적 무지를 고발하고 부패한 백성에게 내려질 극심한 심판과 그들에게 내려질 심판의 주체가 하나님이심을 밝히고 있다.

✚ 묵상 : 아모스는 다가오는 흉한 날과 환난에 대해 이스라엘의 무감각과 불감증을 어떻게 지적했나요?(암6:1~6)
아모스는 하나님이 죄에 무감각한 이스라엘을 어떻게 대하신다고 했나요?(암6:8~10,14)

● 누가복음 1장 39-80절 구속사를 위한 사가랴와 마리아의 중보적 성직

천사 가브리엘의 고지 이후 마리아는 엘리사벳을 방문하여 그녀의 임신을 확인하게 된다. 마리아는 임신 초기라 육안으로 확인할 수 없는 상태이나 엘리사벳은 임신 6개월이 넘었기 때문에 상당히 배가 불렀을 것이다(1:36). 그런데 마리아의 방문에 엘리사벳의 뱃속에 있는 세례요한이 기뻐 뛴다. 마리아의 뱃속엔 눈에 보이지도 않을 아주 작은 태아가 있었겠지만 메시야의 방문에 요한도 기뻐하고, 엘리사벳도 성령 충만하여 복된 선포를 하게 된다(42-45절). 마침내 메시야의 사역을 소개할 선지자 요한이 먼저 탄생하게 된다(57절).

✚ 묵상 : 마리아가 산골로 가서 엘리사벳을 문안했을 때 어떤 일이 있었나요?(눅1:39~42,44)
요한이 출생했을 때 주변 사람과 사가랴는 어떻게 반응했나요?(눅1:57~58,66~73,76~79)

기 도

- 주여, 바른 신앙생활을 위해 징계받음과 경건함과 두려움을 좇게 하옵소서.
- 주여, 영적으로 무감각한 자가 되지 않게 하셔서 지역사회를 깨우게 하옵소서.
- 주여, 민족을 구원할 위대한 종이 이 교회를 통해서 태어나게 하옵소서.

11월 18 November 충성

대상11-12 / 히13 / 암7 / 눅2

● 역대상 11-12장 다윗과 그의 나라를 세우는 용사들의 충성

11: 사울이 죽은 후의 사건은 사무엘하 2장 1-14절에서 잘 언급되어 있다. 사울의 죽음으로 나라가 어지러웠을 때에, 사울의 군장 넬의 아들 아브넬이 사울의 살아 있는 아들인 이스보셋을 데리고 도피를 하였다. 바로 그 때에 다윗은 유다 사람들에 의해서 유다 족속의 왕(삼하 2:1-4)이 되었다. 따라서 사울의 아들을 추종하는 나머지 지파와 유다 지파 간에 갈등이 일어났다. 그 후 상당한 조종기를 지나서 놀라운 변화가 일어났고 그로써 다윗은 온 이스라엘의 왕이 되었다. 이곳에서 다음 몇 가지 상황을 살펴본다.

12: 이곳에서는 다윗이 이스라엘 왕의 자리에 오르기까지 후원과 지지를 아끼지 않았던 충성스러운 무리들과 통일 왕국의 대업을 이루어나갈 때 힘이 된 용사들을 소개하고 있다.

이곳의 내용은 다른 곳에서 찾아볼 수 없다. 다윗이 위기에 처하였을 때에 그를 도와서 다윗으로 하여금 위기를 넘기게 한 사람들의 활동상이 생생하게 묘사되었다. 다윗은 과거에 세 번이나 큰 위기를 만났었다. 그리고 바로 그때에 이들의 도움은 다윗으로 하여금 다시 소망을 갖고 자신의 일을 하게 만들었다.

✚ 묵상 : 여호와 하나님은 다윗을 점점 강성케 하기 위하여 어떤 방법을 사용하셨나요?
(대상11:1~3,6,9~10,15, 20,22,26)
베냐민 지파, 갓 지파, 므낫세 지파에서 다윗을 도운 용사들은 어떤 사람들이었나요?
(대상12:1~2,8, 14~15,20~22)

● 히브리서 13장 하나님의 말씀으로 인도하는 자들의 충성

1장부터 12장에 걸쳐 그리스도의 탁월한 성품에 대해, 새 언약 아래 사는 성도가 가져야 할 믿음에 대하여 그리고 믿음의 선진들이 보인 사례에 대하여 가르친 저자는 결론적으로 이 책을 마무리하면서 수신자들을 향해 형제 사랑, 남녀 문제 등 사회생활에 관한 교훈과 교회생활에 필요한 교훈을 제시한 뒤 자신을 위한 기도를 당부한다.

✚ 묵상 : 히브리서 기자는 하나님이 기뻐하시는 제사에 대해 어떻게 말했나요?(히13:12~16)
히브리서 기자는 말씀을 인도하여 주는 자에게 어떻게 하라고 말했나요?(히13:7,17)

통일 주제 충성 (忠誠, 하나님, 왕, 윗사람, 나라 등을 위해 몸과 마음을 다함)

연합 내용 맡은 자에게 구할 것은 충성이다. 하나님은 각 사람에게 능력에 따라 은사를 주시고 주어진 사명을 감당토록 하신다. 그러므로 주의 종이요 일꾼들은 마음과 뜻과 힘과 정성과 목숨을 다하여 충성해야 한다.

● 아모스 7장 이스라엘에 내린 재앙을 막는 아모스의 충성

하나님의 심판 대행자인 앗수르의 침공에 대한 세 가지 환상과 하나님의 사람 아모스를 대적해 거짓 메시지로 백성을 미혹하던 제사장 아마샤의 모함과 음모가 언급되고 있다.

첫째, '메뚜기 환상'(1-3절)이다. 하나님의 행동을 상징하는 첫 환상은 왕이 풀을 베고 난 뒤(참고, 욜 1:2-12) 메뚜기 때가 다시 자란 백성의 풀을 먹어치우는 내용이다. 둘째, '불의 환상'(4-6절)이다. 불로 비유된 두 번째 환상은 큰 바다를 삼키고 육지까지 먹으려는 가뭄이다(참고, 신 32:22). 아모스는 다시 이스라엘에게 자비를 베풀어주시도록 구한다(참고, 2, 3절). 셋째, '다림줄 환상'(7-9절)이다. 다섯 가지 환상 중 이 세 번째 환상은 이스라엘의 진정한 영적 상태를 하나님의 의의 다림줄로 측정한다. 그리고 하나님의 기준에 미치지 못한 것으로 드러난다. 앗수르라는 심판의 칼이 내려올 것이다.

✚ 묵상 : 아모스는 하나님이 이스라엘에 내리신 메뚜기와 불 재앙을 어떻게 막았나요?(암7:1~6)
아모스는 예언 사역을 금지하는 아마샤에게 어떻게 말했나요?(암7:10~17)

● 누가복음 2장 메시야를 기다리던 시므온과 안나의 충성

예수님의 탄생에 대하여 천사들은 "지극히 높은 곳에서는 하나님께 영광이요 땅에서는 하나님이 기뻐하신 사람들 중에 평화"라고 노래한다(14절). 이 땅에 오신 예수님은 우리와 하나님과의 깨어진 관계를 회복하여 평화를 이루고, 우리가 하나님의 영광을 선포하는 존재가 되게 하셨다. 아기 예수님을 보게 된 시므온은 놀라운 선언을 한다. 예수님에 대하여 어떻게 반응하냐에 따라서 패하거나 흥하게 되며, 예수님은 비방의 표적으로 세움받았다는 것이다(34절). 십자가의 길을 가는 동안 예수님은 많은 반대와 비난, 조롱, 저주에 노출될 것이다. 그의 선언대로 예수님은 우리를 위해 비방의 표적이 되셨다.

✚ 묵상 : 예수의 나심은 어느 때에 어디서였으며 누구의 경배를 받았나요?(눅2:3~15)
예수의 나심을 간절히 기다리다가 만나게 된 두 사람은 누구일까요?(눅2:25~38)

기 도

- 주여, 충성스러운 사람들을 주위에 보내 주사 형통하고 강성하게 하옵소서.
- 주여, 말씀으로 갈 길을 인도하여 주는 목자들에게 항상 순종하게 하옵소서.
- 주여, 다시 오실 예수 그리스도를 기다리는 간절한 마음으로 살게 주옵소서.

11월 19 November

시련

대상13-14 / 약1 / 암8 / 눅3

● 역대상 13-14장 하나님의 궤를 옮기다가 생긴 시련

13: 다윗은 나라 안팎의 불안 요소들을 대부분 청산 한 뒤 이스라엘의 숙제로 남아있던 언약궤를 예루살렘으로 옮겨오는 일을 시행한다. 이 과정에서 불의의 사고로 언약궤를 만진 웃사가 즉사하는 불행한 사건이 일어나게 된다.

이 사건은 하나님을 섬기는 사람들이 어떤 자세를 취하여야 하는가에 관하여 좋은 교훈이 된다. 이곳의 사건은 사무엘하 6장에도 나온다. 그리고 이 사건은 여러 각도에서 우리들의 신앙 자세에 경종과 더불어서 교훈을 갖게 한다.

14: 이곳에서는 다윗이 호화로운 궁전을 건축한 일과 예루살렘을 새로운 통치 장소로 삼은 후 많은 자식들을 얻은 일, 그리고 두 차례의 블레셋 징벌 과정을 소개하고 있다.

이곳의 내용은 시온 성을 취한 직후에 일어났고 같은 내용이 사무엘하 5장 11-25절에서 언급되어 있다. 이곳의 내용은 다윗의 신앙과 그와 관련된 몇 가지 문제를 살피게 한다.

✚ 묵상 : 하나님의 궤와 관련하여 다윗과 웃사와 오벧에돔은 어떤 결과를 보았나요?(대상13:6~14)
다윗 왕은 블레셋과의 싸움에서 하나님께 물어봄으로 어떤 결과를 얻었나요?(대상14:10~11,13~17)

● 야고보서 1장 신앙생활 중에 만나는 믿음의 시련

본서는 전체적으로 성도의 실천적 측면을 강조한 책으로 율법주의와 이방인의 박해로 인해 시련을 겪고 있는 유대 출신 성도들을 위해 기록되었다. 야고보는 고난의 의미를 밝히고, 고난을 극복하는 방법과 고난의 원인을 말한 뒤 고난 중에서도 진리를 행하라고 권면하고 있다. 따라서 하나님의 시험은 오직 성도만이 받을 수 있는 시험의 책임은 인간에게 있으며 하나님에게는 없다는 것을 강조한다.

✚ 묵상 : 야고보는 흩어져 있는 열두 지파에게 어떤 교훈으로 문안했나요?(약1:2~8,12~17)
야고보가 참된 경건에 대하여 강조한 세 가지는 무엇일까요?(약1:19,22,25~27)

통일 주제 시련 (試鍊, 겪어 내기 힘든 고난이나 어려움)

연합 내용 시련은 성도를 단련하고 새롭게 무장하는 과정이다. 믿는 자에게는 복과 평안만 있는 것이 아니다. 오히려 세상과 악의 영에 대하여 씨름하므로 더 큰 시련을 만난다. 이 때 주님이 함께하심을 체험하게 된다.

● 아모스 8장 외식과 범죄로 당하는 심판적 시련

여름 과일 환상을 통해 지금은 번창하는 것 같으나 결국 멸망하게 될 이스라엘의 운명을 소개하고 그러한 심판을 피할 수 없게 된 이유와 마지막 때의 징조가 언급된다.

첫째, '여름 과일 환상'이다. 이 네 번째 환상은 과일이 여름 햇볕에 완전히 익듯 이스라엘이 심판을 받을 때가 되었음을 말해준다.

✚ 묵상 : 여호와 하나님이 아모스에게 절대로 잊지 않겠다고 말씀하신 이스라엘의 죄악은 무엇이었나요?(암8:4~7,14)
여호와께서 아모스에게 말씀하신 이스라엘의 심판 내용은 무엇일까요?(암8:3,9~11)

● 누가복음 3장 회개와 정의를 외치다가 당한 시련

세례요한은 메시야의 본격적인 사역에 앞서 이스라엘 가운데 회개의 세례를 전파한다. 회개의 증거는 삶 가운데 구체적으로 나타나야 한다(7-14절). 예수님도 세례 요한으로부터 회개의 세례를 받는다. 그는 죄가 없으시지만 죄인을 대표하여 죄인을 위한 세례를 받으신다. "그는 근본 하나님과 본체시나 하나님과 동등됨을 취할 것으로 여기지 아니하시고 오히려 자기를 비워 종의 형체를 가지사 사람들과 같이 되셨고"(빌2:6-7절) 이어서 예수님의 계보가 등장한다. 그는 참 하나님이시며(22절), 참 인간이다(23절).

✚ 묵상 : 사가랴의 아들 세례 요한은 본디오 빌라도 총독과 헤롯 분봉 왕이 통치할 때에 이스라엘 백성에게 어떤 말씀을 전파하였나요?(눅3:1~3,7~9,11,13~14,19)
세례 요한은 예수 그리스도에 관하여 무엇이라고 전파했나요?(눅3:16~17,21~22)

기 도

- 주여, 하나님의 궤와 하나님의 성전을 가까이 함으로 큰 복을 받게 하옵소서.
- 주여, 신앙생활 중 시련을 만났을 때 인내와 경건으로 능히 이기게 하옵소서.
- 주여, 복음을 전하고 정의를 외치다가 시련을 당할 때 낙심치 않게 하옵소서.

11월 20 November

경배

대상15 / 약2 / 암9 / 눅4

● 역대상 15장 다윗과 백성이 언약궤 앞에서 여호와를 경배함

하나님의 궤를 예루살렘으로 옮기는 일은 이스라엘의 오랜 소망이었고, 또한 다윗의 간절한 소망이었다. 그러나 이전에 이 일을 하려다가 웃사가 죽는 사태가(대상 13:10) 발생하여 궤는 석 달 동안 "오벳에돔의 집에" 머물러 있었다.

웃사의 죽음으로 일시 중단되었던 언약궤 이동이 다시 재개된다. 한 번 실패를 경험한 다윗은 철저히 율법에 근거해서 이제 다시 그 궤를 예루살렘으로 옮기기 위한 준비를 한다. 하나님의 사람은 언제나 하나님의 일에 관하여 관심이 많다.

✚ 묵상 : 다윗 왕은 하나님의 궤를 예루살렘 성에 두기 위해 옮겨 오기 전에 무엇을 어떻게 준비했나요? (대상15:1~2,12,16)
다윗 성에서 여호와의 궤를 맞이하는 두 부류의 사람은 누구일까요?(대상15:27~29)

● 야고보서 2장 행함이 있는 믿음으로 예수 그리스도를 경배함

본서 전체의 주제이기도 한 본장의 주제는 '참된 믿음에 대한 철저한 규명'이다. 참된 믿음은 이웃과의 관계에서 사랑을 동반하며, 살아 있는 행위로 나타난다. 특별히 여기에서 야고보는 믿음과 행위의 관계성을 강조하면서 믿음을 두 가지로 구분한다. 첫째는 야고보가 염려했던 것으로서 단지 교회에 출석하고 교리를 인정하지만 진정한 생활이 없는 형식적인 믿음이며, 둘째는 중심적으로 믿고 거듭나서 그리스도와 영적인 일체가 되어 양심, 즉 지적 신앙과 실천적 신앙이 일체가 된 믿음이다.

✚ 묵상 : 야고보는 주 예수 그리스도에 대한 믿음을 가진 자에게 절대 무엇을 하지 말라고 말했나요? (약2:1,4,9,13)
야고보는 형제들에게 어떤 믿음이 참 믿음이라고 강조했나요?(약2:14,17,20,22,26)

기 도

- 주여, 여호와의 궤, 즉 하나님의 말씀을 가까이하고 즐거워하게 하옵소서.
- 주여, 행함이 있는 믿음으로 많은 사역을 하여 주께 영광을 돌리게 하옵소서.
- 주여, 시험과 배척 중에도 강한 믿음으로 복음과 신유사역을 행케 하옵소서.

통일 주제 경배 (敬拜, 경의나 공경의 뜻을 나타내기 위하여 공손히 절함)

연합 내용 십계명의 첫 계명은 나 외에 다른 신을 네게 있게 하지 말라 이다. 오직 하나님만 경배하라고 명령하셨다. 하나님의 백성이요 예수 그리스도를 믿고 자녀가 된 성도는 오직 하나님께 경배와 찬양을 올려야 한다.

● 아모스 9장 범죄한 이스라엘이 회복되어 여호와를 경배함

마지막 남은 신실한 자들에게 천년왕국의 축복이 기다린다. 그때는 메시야가 직접 예루살렘 다윗의 보좌에서 만국을 통치할 것이고 유대인은 다시는 하나님의 유업으로 주신 땅에서 뽑히지 않을 것이다. 이처럼 이스라엘을 향한 선지자적 예언이 명쾌히 제시되고 있다. 즉 파괴되는 문지방 환상을 통해 이스라엘의 돌이킬 수 없는 멸망과 그러한 멸망 중에도 남은 자를 보존하시려는 하나님의 거룩한 계획이 강렬한 어조로 언급된다.

1절에서 다섯 번째 환상은 '제단 환상'이다. 벧엘의 제단 곁에 서신 하나님이 성전이 무너져서 그 예배자들 위로 떨어지라고 명령하시는 장면으로 시작한다. 그분은 한 사람도 살려주지 않으실 것이다(참고, 5:2; 8:14).

✚ 묵상 : 아모스는 여호와 하나님이 무엇을 주목하신다고 말했나요?(암9:1~4,8~10)
아모스는 여호와 하나님의 어떤 계획을 예언했나요?(암9:11~15)

● 누가복음 4장 가르침과 병고침을 받은 자들이 주를 경배함

40년간의 광야 생활 가운데 여러 가지 시험이 있었으나 이스라엘 백성들은 실패했다. 그러나 예수 그리스도는 40일 금식 후에 찾아온 마귀의 세 가지 시험에서 승리하셨다(1-15절). 진정한 안식에 관한 예언의 말씀(사 61:1-2=18-19절)을 인용하신 예수님은 당신 자신을 두고서 이 말씀의 성취를 선포하신다(16-21절). 그러나 사람들은 예수님을 그저 요셉의 아들로만 취급하며 믿지 않았으며 예수님은 사렙다 과부와 아람의 나아만 장군을 언급하며 복음이 믿지 않는 이스라엘을 떠나 이방에서 더욱 편만하게 전파될 것을 미리 예언하신다(22-30절). 죄와 저주에서 우리를 자유케 하시는 예수님의 능력은 더러운 귀신을 내어 쫓고 병든 사람을 치유하는 것을 통해 나타난다(31-41절). 예수님은 잃어버린 영혼을 찾아 가신다(42-44절).

✚ 묵상 : 예수님이 성령충만하실 때 누구와 누구에게 시험과 배척을 받으셨나요?(눅4:1~9,28~29)
예수님은 가버나움 동네에서 어떤 사역을 하셨나요?(눅4:31,33~36,38~41,43~44)

11월 21 November 준수

대상16 / 약3 / 욥1 / 눅5

● 역대상 16장 온 백성들이 다윗의 명령대로 준수함

언약궤를 다윗 성으로 옮긴 후 이스라엘은 하나님께 감사 제사를 드리게 된다. 이와 병행하여 레위 사람 중심의 찬양대가 구성되고 레위 사람들이 맡은 각 직임이 소개된다. 특히 아삽의 형제와 함께 찬양한 다윗의 감사 찬송이 소개되는데 이 찬송은 시편에서 발췌한 내용으로 구성되어 있다.

이곳의 내용은 다윗이 하나님의 영광을 위하여 얼마나 철저하였는가를 보여준다. 그리고 이것은 지금의 우리들에게도 이와 같은 마음과 자세가 필요하다는 것을 권고하여 준다.

✚ 묵상 : 다윗은 하나님의 궤를 장막 가운데에 두고 어떤 제사를 하나님께 드렸나요?(대상16:1)
다윗은 아삽과 그의 형제를 언약궤 앞에 있게 하여 그들이 어떻게 섬기도록 했나요?(대상16:37)

● 야고보서 3장 성도들이 선생의 가르침대로 준수함

본장은 지도자들에게 특별히 요구되는 덕목 중 언어생활에 대해 교훈한다. 즉 야고보는 말이 주는 피해가 얼마나 대단한지를 상기시키면서 말을 절제하도록 권면한다. 후반부에서는 다툼과 거짓을 가져오는 세상 지혜를 버리고 하늘의 신령한 지혜를 힘입어 열매 맺는 삶을 살도록 당부하고 있다.

✚ 묵상 : 야고보는 말에 실수가 없어야 함을 강조하면서 어떤 예를 들어 설명했나요?(약3:9~12)
야고보는 위로부터 난 지혜가 무엇들이며 무슨 열매를 거둘 수 있다고 했나요?(약3:17~18)

기 도

- 주여, 매일 말씀을 통독하며 주를 찬송함이 나의 기쁨 되게 하옵소서.
- 주여, 나의 혀를 주장하셔서 저주가 아닌 복음만을 전하게 하옵소서.
- 주여, 나를 따르라하실 때에 주저함없이 주를 좇는 믿음을 주옵소서.

통일 주제 준수 (遵守, 규칙과 명령 등을 그대로 좇아 지킴)

연합 내용 하나님은 율법을 준수하는 자에게 땅과 자손의 복을 주셨고 예수님의 가르침을 준수하는 자에게 기적과 능력을 베풀어 주셨다. 우리가 믿음으로 주의 말씀을 준수할 때 복과 기적의 은혜를 경험할 수 있다.

● 오바댜 1장 구원 받은 자들이 주의 말씀대로 준수함

21절로 된 이 간결하고 놀라운 예언은 오바댜가 멸망될 운명에 처한 에돔에게 행한 날카로운 경고이다. 에서의 후손인 에돔 혹은 이두메는 거만하고 잔인하며 복수심에 불타는 야곱의 이웃이며 적이었다. 바벨론이 예루살렘을 공격했을 때 에돔은 그 침공에 기꺼이 가담하였다(시 137:7). 그러나 이스라엘의 대적이던 에돔의 처참한 멸망상(1-9절)과 에돔이 멸망하게 된 이유를 소개하고(10-14절) 동시에 에돔의 필연적인 심판과 더불어 선민 이스라엘의 궁극적인 회복을 언급하고 있다(15-21절). 또한 성경에는 오바댜와 그의 시대에 대한 언급이 거의 없다.

✚ 묵상 : 여호와께서는 오바댜를 통해 에돔의 마음이 교만한 이유가 무엇이라고 하셨나요?(옵1:3~4)
여호와께서는 만국을 벌하실 날에 에돔의 죄를 어떻게 갚으신다고 하셨나요?(옵1:15~16)

● 누가복음 5장 제자들이 예수님의 말씀대로 준수함

베드로의 배 위에서 말씀을 가르치신 예수님은 베드로에게 "깊은 데로 가서 그물을 내리라"고 명하셨는데 순종한 베드로가 많은 고기를 잡게 된다(1-7절). 예수님이 자신과는 근본적으로 다른 신적 존재임을 깨달은 베드로는 자신의 죄인 됨을 고백하였으며 야고보, 요한과 함께 예수를 따르는 제자로 부름을 받게 된다(8-11절). 한 나병환자는 예수님의 구원과 치유의 능력을 의지하여 깨끗함을 얻었으며 지붕을 뚫고 침상에 누인 채 예수님을 만나게 된 중풍병자 역시 친구들의 순전한 믿음으로 인하여 고침 받게 된다(12-26절). 예수님은 치유의 기적을 통해 죄 사함의 권세가 있음을 선포하신다. 세리, 창녀, 나병환자, 혈루증 여인 등 누구든 만나 주시는 예수님은 세리 레위(=마태)를 제자로 부르시고 그가 초대하는 잔치에 참여하셔서 당시 사회에서 죄인으로 취급되어 배척당하는 사람들과 함께 하신다(27-35절). 예수님으로 인하여 누구든 천국에 초대받을 수 있는 새로운 시대가 열렸다(36-39절).

✚ 묵상 : 시몬의 배에 오르셔서 말씀을 마치신 예수님은 시몬에게 다시 어떤 말씀을 하셨나요?(눅5:3~4)
세관에 앉아있는 레위에게 예수님은 어떤 말씀을 하셨나요?(눅5:27~28)

11월 22 November

계시

대상17 / 약4 / 욘1 / 눅6

● 역대상 17장 성전을 건축하려던 다윗에게 주신 말씀과 계시

하나님의 언약궤를 옮겨 온 다윗은 이제 성전에 대한 열망에 사로잡힌다. 그것은 그가 여호와의 언약궤가 놓인 장소를 거론한데서 잘 드러난다. "여호와의 언약궤는 휘장 아래에 있도다"(1절). 다윗은 여호와의 거할 집을 세우려고 하였다.

다윗이 하나님의 처소를 생각할 때 나단은 다윗에게 "하나님이 왕과 함께 계시니 마음에 있는 바를 모두 행하소서!"(2절)라고 하였다. 그 밤에 성전 건축에 대한 하나님의 말씀이 나단에게 임했고, 나단은 그것을 다윗에게 전했고, 다윗은 감사 기도를 올렸다.

✚ 묵상 : 성전을 건축하려던 다윗은 하나님에게 어떤 말씀과 계시를 들었나요?(대상17:1~14)
다윗은 하나님의 말씀과 계시를 들은 후 어떤 감사기도를 드렸나요?(대상17:17~19,22~27)

● 야고보서 4장 정욕을 멀리하고 하나님을 가까이 하라는 계시

초대교회는 교회 내에 개인주의와 분리주의(=선호하는 영적 스승에 따라 분파 형성)의 팽배로 인해 다툼이 잦았다. 야고보는 다툼의 원인을 정욕으로 보고 정욕으로 구한 것은 잘못(=원어 의미로는 악한) 구하는 것이므로 받지 못한다고 강조한다(1-3절). 그리스도를 떠나 세상으로 나간 하나님과 원수 된 자들이 있는데 성령께서 말할 수 없는 탄식으로 간구하시며 하나님과의 교제가 계속되도록 도우신다(4-5절). 하나님은 겸비한 자에게 은혜를 베푸신다(6절). 하나님께 복종하는 것이 곧 마귀를 대적하는 것인데 이를 위해서는 늘 하나님을 가까이 하고(하나님께 예속된 삶), 손(=외적 행위)을 깨끗이 하며, 마음(=내적 동기와 생각)을 성결하게 해야 한다(7-8절). 또한 죄에 대해서는 진실한 마음으로 회개하고 겸손해야 한다(9-10절). 다툼을 일으키는 비방을 중단하고 미래에 대한 헛된 망상을 자랑하지 말아야 하며 선을 알고도 행하지 않는 것이 죄라는 것도 알아야 한다(11-17절).

✚ 묵상 : 야고보는 하나님을 가까이 하기 위해 무엇을 대적하고 어떤 마음을 가지라고 권면했나요?(약4:7~10)
야고보는 형제들에게 서로 무엇과 무엇을 하지 말라고 권면했나요?(약4:11~12)

통일 주제 계시 (啓示, 하나님이 인간을 깨우치기 위해 열어 보여주시는 말씀과 환상)

연합 내용 하나님은 그의 사랑하는 백성들에게 직접 또는 선지자와 사도를 통해 계시하신다. 말씀과 계시를 듣고 믿음으로 순종하면 그에 따른 영광을 누리게 된다. 반면 불신하고 거역하면 그에 따른 벌을 받는다.

● 요나 1장 악독이 심한 니느웨에 심판을 선포하라는 계시

요나서에는 하나님의 구원 계획이 이스라엘의 국경을 넘어 이방 민족에게 전해지는 아름다운 구속의 역사가 소개된다. 그중 1장에서는 앗수르의 도성 니느웨 선교를 명령받은 요나가(1-2절) 그 사명을 외면하고 도피하다가(3-5절) 하나님의 징계를 받는 장면이 소개된다(6-17절).

✚ 묵상 : 여호와 하나님은 요나에게 어떤 사명을 주셨나요?(욘1:1~2)
하나님의 명령을 불순종한 요나는 어떤 일을 당하였나요?(욘1:4,6~9,11~15,17)

● 누가복음 6장 새로운 마음과 행동으로 생활하라는 주의 계시

유대인들은 '안식일을 지키라'는 십계명의 제4계명을 위해 많은 세부적인 규정을 만들어 냈다. 그래서 안식일 준수 계명이 율법주의, 형식주의로 변질되었다. 안식일의 주인은 예수님이며, 안식일은 생명을 살리기 위한 날이다. 안식일 논쟁으로 서기관과 바리새인들이 예수님에 대하여 노기가 가득할 때, 예수님은 밤이 새도록 기도하신다(11-12절). 그리고 그 기도의 결실이 바로 12제자의 선택이다. 예수님은 메시야로서의 길을 기도하시며 한걸음씩 가셨다. 27절부터는 원수 사랑을 강조하신다(27-38절). 원수에 대한 선대, 자신의 것을 포기, 황금률, 자비, 비판 및 정죄하지 않기 등의 구체적인 실천사항을 제시한다.

✚ 묵상 : 예수님이 행하신 가장 따뜻한 사역은 어떤 사역이셨나요?(눅6:6,10,17~19)
예수님이 제자들에게 말씀하신 내용 중 행하기 어려운 말씀은 무엇일까요?
(눅6:22~23,27~30,35,37,42)

기 도

- 주여, 하나님의 마음을 감동시키는 생활로 주의 말씀과 계시를 받게 하옵소서.
- 주여, 마귀를 대적하고 하나님 사랑과 이웃 사랑을 실천할 권능을 주옵소서.
- 주여, 감당하기 어려운 사명을 받았을 때 바로 순종할 수 있는 힘을 주옵소서.

11월 23 November 정성

대상18 / 약5 / 욘2 / 눅7

● 역대상 18장 **전쟁에 승리한 다윗이 정성을 다해 드린 예물**

다윗은 블레셋, 아람, 에돔과의 전투에서 계속해서 승리를 거두면서 가나안 땅에서의 이스라엘의 입지를 단단하게 구축한다. 다윗의 승전 기록은 겉으로 볼 때에 거의 의미가 없는 듯하다. 그러나 이곳의 사실들은 역사적 자료로써 그 속에는 다른 곳에서 찾아볼 수 없는 귀한 가치가 포함되어 있다. 역사적 사실이 증거 하는 하나님의 섭리와 그 백성의 승리 그리고 그들의 전투적 자세이다. 악은 이겨야 한다. 사탄의 시험은 극복되어야 한다. 이곳에서 우리는 그것을 다시 살펴 볼 수 있다.

✚ 묵상 : 다윗이 모든 전쟁에서 승리할 수 있었던 이유는 무엇일까요?(대상18:1~3,5~6)
다윗은 대부분의 조공과 전리품을 어떻게 처리했나요?(대상18:2,6~11)

● 야고보서 5장 **고난을 당하는 자가 정성을 다해 드린 기도**

야고보는 자신의 소유를 자랑하면서 가난한 자를 차별하는 부유한 자들에 대한 심판을 선언한다(1-6절). 이는 수탈과 핍박의 대상이 되는 가난한 자들에 대한 위로의 말씀이기도 하다. 착취와 방종에 대해 하나님이 보응하실 것이다. 주의 재림이 가까이 왔으니 성도들은 선지자들의 인내를 본받아 농부가 가을을 기다리듯이 끝까지 견뎌야 한다(7-11절). 야고보는 맹세 금지를 강조하는데 이는 종말의 때를 살아가는 성도는 맹세가 필요 없을 만큼 정직하게 살아야 한다는 의미다(12절). 성도는 고난에 처하면 기도로, 즐거운 일이 생기면 찬송으로 늘 하나님을 찾아야 한다(13절). 특히 믿음으로 드리는 의인의 기도는 영적, 육적 치유의 기적을 낳는다(14-18절). 마지막으로 야고보 사도는 신앙을 포기한 자들이 공동체로 돌아오는 일에 관심을 가질 것을 촉구한다(19-20절).

✚ 묵상 : 야고보는 부한 자들에게 어떤 경고를 내렸나요?(약5:1~5,7~8)
야고보는 마지막 장에서 형제들에게 어떤 신앙생활을 강조했나요?(약5:7~10,13~16)

기 도

- 주여, 어디로 가든지 이기게 하시고 모든 것을 드리는 자가 되게 하옵소서.
- 주여, 길이 참는 인내를 주시고 늘 기도하며 찬송하는 자가 되게 하옵소서.
- 주여, 백부장의 믿음과 향유를 붓는 여자의 헌신을 닮는 자가 되게 하옵소서.

통일 주제 정성 (精誠, 온갖 힘을 다하려는 진실되고 성실한 마음)

연합 내용 사람은 형식적으로 행동하는 모습과 정성을 다하는 모습을 가지고 있다. 하나님과 사람 앞에 정성을 다하는 자의 행동은 놀라운 결과를 얻게 된다. 왜냐하면 하나님은 중심을 보시고 역사하시기 때문이다.

● 요나 2장 물고기 뱃속에서 요나가 정성을 다해 드린 기도

하나님의 명령을 저버린 대가로 바다 속 큰 물고기 배 안에 갇히게 된 요나가 하나님을 향하여 자신의 허물을 인정하고(1-6절) 오직 하나님께만 소망이 있음을 확인한 뒤 은혜를 간구함으로써(7-9절) 마침내 구원을 얻게 되는 장면이 소개된다(10절). 실로 하나님의 사람에게 고난은 오히려 복된 기회가 될 수 있다.

✚ 묵상 : 요나는 물고기 뱃속에서 여호와께 어떤 기도를 드렸나요?(욘2:1~4,6~7,9)
요나의 기도를 들으신 여호와 하나님은 그에게 어떻게 하셨나요?(욘2:10)

● 누가복음 7장 죄를 지은 한 여자가 정성을 다해 향유를 부음

상관인 자신의 명령을 부하들이 바로 받들어 행하듯, 예수님이 명령만 하시면 바로 이루어질 것이라는 믿음을 보인 백부장은 칭찬을 듣는다(9절). 나인성 과부의 아들을 살리신 예수님을 보고 사람들은 "하나님이 자기 백성을 돌보셨다"고 말한다(16절). 이 장면은 구약시대 엘리야가 사렙다 과부의 아들을 살린 장면을 떠오르게 한다(왕상 17장). 마침 사람들은 그를 향해 "큰 선지자"라고 부르기도 한다(16절). 옥에 갇힌 세례 요한은 '예수님이 메시야인 것이 맞는지'를 진지하게 질문한다. 그의 질문은 정당하다. 메시야가 맞다면 세상 나라를 물리치고, 하나님 나라를 세울 텐데 아직 그럴 기미가 보이지 않았기 때문이다. 예수님은 그의 사후, 십자가의 고난과 부활을 통해 하나님의 나라를 이루게 된다. 한 바리새인의 초청에 그 집을 방문한 예수님은 예고 없이 그 집을 찾아와 자신에게 향유를 붓는 여인을 만나게 된다. 집주인인 바리새인은 그 여인이 자신이 준비한 잔치를 망쳤다고 생각했을 것이다. 그러나 예수님과 함께 한 잔치를 망친 사람은 예수님의 사랑과 용서에 감격하며 향유를 부은 여인이 아니라, 예수님을 자신의 집에는 초대했으나 자신의 마음에는 초대하지 않은 바리새인이다.

✚ 묵상 : 예수님은 백부장의 종과 나인성 과부의 아들을 왜 고치고 살려 주셨나요?(눅7:2~16)
예수님은 세례 요한과 향유를 부은 여자를 향해 각각 어떤 말씀을 하셨나요?
(눅7:22,24~28,37~38, 44~48,50)

11월 24 November

의심

대상19-20 / 벧전1 / 욘3 / 눅8

● 역대상 19-20장 다윗의 나하스왕 조문을 의심하는 암몬 신하들

19: 여기에서는 요단 동쪽에 살던 암몬 족속과 아람 족속을 정복하고 영토를 확장하는 과정을 보여주고 있다. 그런데 암몬 자손과의 전쟁은 다윗이 암몬 자손의 왕 하눈의 부친 나하스의 장례식에 조문 사절을 보내 문상한 일을 정탐으로 오해하여 일어나게 된다.

20:이곳의 내용은 19장의 연속이다. 사무엘하 11장 1절에서 12장 25절의 내용이 거의 다시 나오나, 시각이 약간은 다르다. 이곳에서는 '전쟁'이란 단어가 4회 나온다. 이것은 한편으로 전쟁의 한 면을 보여주는 내용이기도 하고, 한 사람의 오판으로 인하여 허다한 사람들이 당하는 고통이 얼마나 큰가를 보여준다. 전쟁은 대중이 일어나서 하는 것이 아니고 한 두 사람의 잘못된 판단에서 비롯되는 경우가 더 많다.

오해로 인한 일이었지만 결과적으로 다윗은 오랫동안 이스라엘에게 가시와 같았던 암몬과 블레셋의 군대를 물리침으로써 주변 세력을 평정하게 된다.

✚ 묵상 : 다윗이 암몬과 아람을 치게 된 이유는 무엇이었나요?(대상19:1~8,16~19)
다윗과 신하가 랍바와 게셀과 가드에서 전쟁할 때에 누구를 멸했나요?(대상20:1~8)

● 베드로전서 1장 그리스도 보배 피로 대속받음을 의심하지 않음

우리는 예수님의 부활로 인하여 거듭난 산 소망을 가진 자이며 영원히 썩지 않는 유업을 받은 택하심을 받은 나그네다(1-5절). 우리는 불 속에서 단련된 순금보다도 더 귀한 믿음의 소유자로서 선지자와 사도가 전한 복음을 그대로 믿고 구원에 이르게 되었다(6-12절). 성도가 다시 오실 그리스도를 기다리며 나그네의 때를 거룩함과 두려움으로 근신하는 삶을 살아야 하는 것은 흠 없는 어린 양 예수 그리스도의 보배로운 피로 구원받았기 때문이다(13-21절). 그리스도의 구원에 대한 확고한 믿음과 다시 오실 그리스도에 대한 소망을 갖게 된 성도는 형제를 사랑하며 영원히 살아있는 말씀의 사람이어야 한다(22-25절).

✚ 묵상 : 베드로는 누구에게 이 편지를 썼으며 구원의 전래 과정을 어떻게 설명했나요?(벧전1:1~2,10~12)
베드로가 흩어진 나그네 곧 택하심을 받은 자들에게 예수 그리스도의 나타나심을 강조하면서 어떤 신앙생활을 간곡히 권면했나요?(벧전1:13~15,17,21~22)

통일 주제 의심 (疑心, 믿지 못하거나 확실히 알 수 없어서 의아하게 여김)

연합 내용 성경은 믿음의 책이다. 하나님을 믿고 그의 아들 독생자를 믿는다. 또한 성삼위일체가 행하신 모든 일을 믿는다. 그러나 믿지 못하고 의심하는 자는 불안과 두려움 속에 빠져 결국은 구원을 얻지 못하게 된다.

● 요나 3장 요나의 멸망선포를 의심하지 않고 회개한 백성

요나가 니느웨를 향해 회개를 촉구하자 성읍 전체가 참회한다. 예수께서는 예루살렘을 향하여 요나의 메시지와 흡사한 내용을 전했으나 예루살렘은 오히려 예수를 십자가에 매다는 악한 죄를 범하고 결국 패망한다. 이처럼 복음에 어떻게 반응하느냐에 따라 자신의 영원한 미래가 결정된다.

✚ 묵상 : 요나는 여호와께 받은 선포 명령을 몇 일 동안 준행하였나요?(욘3:2~4)
요나의 심판 선포를 들은 니느웨 왕과 사람들은 어떻게 반응하였나요?(욘3:5~9)

● 누가복음 8장 야이로 외딸의 다시 살아남을 의심하는 사람들

예수님의 사역에는 12제자 뿐 아니라 치유의 능력을 몸소 경험한 여인들이 함께 했다(1-3절). 복음의 씨가 뿌려지면 마귀에게 말씀을 빼앗기거나 시련이나 인생의 염려와 재물과 향락 추구로 인해 복음을 빼앗길 위기가 찾아오지만 말씀을 최고의 가치로 여기고 굳게 붙드는 자는 인내로서 100배의 결실을 맺는다(4-15절). 복음의 비밀은 때가 되면 반드시 드러나게 되어 있으며 주의 깊게 듣는 사람은 하나님 나라를 얻게 된다(16-18절). 말씀을 듣고 행하는 자가 하나님 나라의 백성이다(19-21절). 우리는 예수님이 행하신 일을 보고 그가 누구인지 정확히 알아야 한다(22-25절). 예수님은 사탄이 활개 치는 세상에 오셔서 그 세력을 멸하시고 생명의 역사를 일으키신다(26-39절). "하나님의 아들이 나타나신 것은 마귀의 일을 멸하려 하심이라"(요일 3:8) 그는 질병과 죽음 그리고 절망의 정복자시다(40-56절).

✚ 묵상 : 예수님이 전하신 씨 뿌리는 자의 비유는 어떤 깊은 의미가 있나요?(눅8:5~8,10~15)
예수님이 행하신 기적은 어떤 종류이며 그 결과로 어떤 일들이 일어났나요?
(눅8:22~25,27~32,35~37, 41~55)

기 도

- 주여, 근신함과 거룩함과 두려움으로 주의 재림을 기다리는 자가 되게 하옵소서.
- 주여, 주의 사자가 삶의 죄와 허물을 지적할 때 온전히 회개하게 하옵소서.
- 주여, 체험 있는 신앙으로 구원을 얻고 복음을 전하는 자가 되게 하옵소서.

11월 25 November 실수

대상21 / 벧전2 /욘4 / 눅9

● 역대상 21장 다윗이 사탄의 충동을 받아 인구조사하는 실수

여기서는 영적 긴장이 느슨해진 다윗의 통치 후반기에 일어난 인구조사 사건으로 비롯된 징벌 사건을 다루고 있다. 이 내용은 다윗의 역사에서 매우 중요한 것으로 사무엘하 24장 1-25절에서도 나온다. 역대기 저자는 다윗의 인구조사가 이스라엘의 군사력을 파악하려는 의도였기에 그동안 승리를 주신 하나님을 향한 믿음의 부족과 하나님보다 사람의 힘을 더 의존하는 일종의 교만과 배신행위인 것으로 시사하고 있다. 아울러 하나님의 사람도 사탄의 유혹에 넘어가 무서운 범죄를 저지를 수 있다는 엄중한 교훈과 다윗의 범죄로 인해 죄 없는 백성들에게까지 재앙을 미치게 한 역사적 사실을 취급하고 있다. 지도자의 활동이 얼마나 중요한가를 이곳에서 보여준다.

✚ 묵상 : 다윗은 사탄으로부터 어떤 인간적인 충동을 받았나요?(대상21:1~8)
다윗은 이 죄로 인해 어떤 결과를 보았으며 그 후 속죄함을 얻기 위하여 여호와 하나님께 어떤 제사를 드렸나요?(대상21:11~19,24~27)

● 베드로전서 2장 육체의 정욕과 부당한 고난중에 실수하지 않음

성도는 악독과 기만과 외식과 시기와 비방하는 말을 버리고(1절), 신령한 젖(하나님의 말씀)으로 채워야 합니다(2절). 예수님은 하나님이 택하신 보배로운 산 돌이시다(4절). 이는 예수님의 부활의 영광을 표현한 것이다. 예수님은 머릿돌이시다. 성전의 기초시다. 우리는 예수님을 기초로 하여 택하신 족속, 거룩한 나라, 왕 같은 제사장, 하나님의 소유된 백성으로 세워지게 되었다(6-10절). 하나님의 소유된 거룩한 우리는 성령의 소욕으로 육체의 정욕을 제어해야 하며(11, 12절), 세상 지도자들을 존중하되, 더욱 하나님을 두려워해야 한다(13-17절). 오직 그리스도의 본을 따라 살아가야 한다(18-25절). 특히 불의하게 고난을 받을 때 주님의 모범을 따라 인내해야 한다(21-23절).

✚ 묵상 : 베드로는 믿는 자들에게 무엇을 버리고 무엇이 되라고 권면했나요?(벧전3:1~5,9~10)
베드로는 믿는 자가 고난에 대해 어떤 자세를 가져야 한다고 말했나요?(벧전3:19~24)

통일 주제 실수 (失手, 부주의로 잘못을 저지르거나 언행이 예의에 어긋남)

연합 내용 인간은 연약성을 가지고 있다. 마귀는 인간의 연약성과 부패성을 자극하여 실수를 유도하고 죄를 짓게 만든다. 그러므로 성도는 전신갑주를 입고 성령충만하여 자신을 지키고 항상 깨어 사명을 감당해야 한다.

● 요나 4장 요나가 니느웨의 구원을 보고 성을 내는 실수

본장은 율법적인 신앙관이 얼마나 잘못된 것인지를 확인시켜준다. 니느웨 성은 회개를 통해 구원받았으나 이방의 구원을 받아들일 수 없었던 요나는 하나님께 불평한다(1-4절). 그러자 하나님께서는 박넝쿨을 통해 하나님의 자비롭고도 충만한 품성을 가르쳐 주신다.

✚ 묵상 : 요나는 어떤 성격을 가진 사역자였나요?(욘4:1~4,6,8~9)
하나님 여호와는 어떤 성품을 가지신 분이실까요?(욘4:2,6~7,10~11)

● 누가복음 9장 제자들이 귀신제어능력을 쓰지 못하는 실수

9장에는 4가지 기사(오병이어의 기적, 베드로의 신앙고백, 변화산 사건, 간질병 걸린 아이의 치유)가 등장한다. 모두 예수님이 누구이신지를 잘 보여준다. 오병이어의 기적을 통해 모든 백성에게 구원의 양식을 풍성하게 먹이시는 구원자의 모습을 보게 된다. 이 사건은 초대교회에서 그대로 재현된다. "이는 남자가 한 오천명 됨이러라"(14절) "말씀을 들은 사람 중에 믿는 자가 많으니 남자의 수가 약 오천이나 되었더라"(행4:4) 베드로의 신앙고백을 들으신 예수님은 당신이 가야할 고난과 죽음의 길에 대해 말씀하신다(27절). 메시야로서 가야할 길이다. 예수님은 고난과 죽음의 길을 지나 영광스러운 부활을 하시게 될 것을 변화산 사건을 통해 미리 예고하신다(29절). 예수님은 이미 제자들에게 권능을 주셨다. "제자들이 나가 각 마을에 두루 다니며 곳곳에 복음을 전하며 병을 고치더라"(6절) 그러나 이번에는 실패하였다(40절). 예수님은 "믿음이 없고 패역한 세대"라고 책망하시는데, 이는 두 번에 걸친 고난과 죽음 예고(22절, 44절)에도 불구하고 여전히 그들은 '누가 큰 자인지?'에 대한 논쟁을 벌이며 권력욕을 버리지 못하고 있었기 때문이다.

✚ 묵상 : 열두 제자에게 귀신을 제어하며 병을 고치는 능력과 권위를 주신 예수님은 제자와 함께 벳새다 광야에서 어떤 기적을 행하셨나요?(눅9:1~2,10~17)
예수님은 제자들에게 자신에 대해 어떤 질문과 교훈을 하셨나요?(눅9:20~26)

기 도

- 주여, 성공했을 때에 인간적 충동으로 힘을 과시하는 일이 없게 하옵소서.
- 주여, 자신의 뜻과 다른 결과가 나타났을 때에 성내지 않게 하옵소서.
- 주여, 주신 능력과 권위를 잘 사용하여 복음사역을 온전히 감당하게 하옵소서.

11월 26 November 확산

대상22 / 벧전3 / 미1 / 눅10

● 역대상 22장 다윗으로 인해 성전건축의 사역이 확산됨

이스라엘의 역사에서 성전 건축은 대단히 중요한 일이었다. 다윗은 성전 건축에 대한 강한 열망을 가지고 이 일을 하려고 하였으나 하나님은 그가 피를 많이 흘렸다는 이유로 그의 손으로 하나님의 전을 건축하는 것을 막으셨다.

이에 다윗은 비록 자신은 이루지 못할 일이라 할지라도 성전 건축을 위해 필요한 물품을 준비하여 성건 건축을 그의 솔로몬에게 아들에게 맡긴다. 이곳에서 이와 관련된 내용들이 언급되어 있다.

✚ 묵상 : 다윗은 성전을 건축하기 위하여 무엇을 얼마만큼 준비했나요?(대상22:2~5,14~15)
다윗은 자신이 성전을 건축할 수 없음을 알고 누구에게 부탁했나요?(대상22:7~12)

● 베드로전서 3장 베드로로 인해 의와 선을 행함이 확산됨

베드로의 권면이 이어진다. 아내는 순종함으로 남편을 구원으로 인도하며 외적 치장보다 내면의 아름다움 즉 온유하고 안정된 심령을 추구하고, 남편은 아내를 생명의 유업을 함께 받을 자로 알아 귀히 여겨야 한다(1-7절). 공동체를 위한 5가지 교훈과 보복하지 말 것과 진실한 말을 할 것, 선을 행하고 화평을 구할 것을 권면한다(8-12절). 대적자들이 주는 두려움을 두려워하지 말고 고난 가운데 선을 행함으로 대적자들을 부끄럽게 하며 소망의 이유를 묻는 자에게 온유와 두려움으로 대답해야 한다(13-17절). 그리스도께서 의인으로서 불의한 우리를 대신하신 것은 우리를 하나님 앞으로 인도하려 하심이다(18절). 부활하신 그리스도는 노아 때에 심판의 메시지를 믿지 않았던 악한 영들에게 승리를 선포하신다(19-20절). 그는 하나님 보좌 우편에 계신 그리스도께서 천사들과 권세들과 능력들을 통치하며 보이는 세계와 보이지 않는 세계를 온전히 다스리신다(21-22절).

✚ 묵상 : 베드로는 예수를 믿는 아내들과 남편들에게 어떤 교훈을 남겼나요?(벧전3:1~4,7)
베드로는 의를 위함과 선한 양심과 선을 행함으로 인해 고난을 받는 것에 대하여 어떤 명분을 제시했나요?(벧전3:13~19)

통일 주제 확산 (擴散, 흩어져 널리 퍼짐)

연합 내용 겨자씨 한 알이 땅에 떨어져 자라면 나무가 되어 새들이 깃들고, 한 알의 밀이 떨어져 죽으면 많은 열매를 맺는다. 선과 악, 의와 불의, 복과 화의 모든 씨는 결국 시간이 흐름에 따라 자라서 확산된다.

● 미가 1장 사마리아와 예루살렘의 죄로 재앙이 확산됨

미가는 북이스라엘의 멸망을 눈앞에 둔 기원전 8세기경 이사야와 비슷한 시기에 활동을 시작한 선지자였다. 그는 타락한 사마리아와 그에 못지않게 부패하고 범죄했던 예루살렘의 멸망을 선포하는 것으로 사역을 시작한다. 선지자는 세계 모든 열국을 법정으로 소환하여(2절) 사마리아와 유다의 죄상을 들어보라고 말한다(5-7절), 참고 사 3:13, 14). 그들의 파멸은 열국에게 주는 경고이며, 하나님께 범죄한 모든 사람에게 임할 심판을 예표한다. 전능하신 정복자로서 모든 만유의 주이신 하나님께는 승리가 보장되어 있다.

✚ 묵상 : 미가는 사마리아와 예루살렘의 죄를 어떻게 지적하고 있나요?(미1:1~2,5~7)
미가는 사마리아와 예루살렘의 죄로 인하여 유다의 여러 성읍들에 어떤 재앙이 임할 것이라고 예언했나요?(미1:9~16)

● 누가복음 10장 칠십인의 전파로 천국의 복음이 확산됨

예수님은 12제자의 6배에 가까운 70제자를 세워 파송하신다. 전도여행 가운데 여러 가지를 금한 이유는(4절) 무엇으로든지 복음 전파에 방해가 되지 않게 하라는 뜻이다. 전도여행 후 돌아온 70제자들은 기쁨이 충만하였다. 그러나 예수님과 제자들의 기쁨의 이유가 달랐다. "너희 이름이 하늘에 기록된 것으로 기뻐하라"(20절) 우리 역시 이것으로 인하여 기뻐해야 한다. 그리스도인은 아무리 어려운 형편에 처해진다 해도, 자신의 이름이 하늘에 기록된 것으로 인하여 기뻐할 수 있는 존재다. 이 기쁨을 빼앗을 자 없다. 참된 거룩함은 전심으로 이웃을 사랑하는 것이며(29-37절), 말씀을 듣는 가장 좋은 편을 택한 마리아를 통해, 그것은 무엇으로도 대체할 수 없는 소중한 것임을 알게 된다(42절).

✚ 묵상 : 예수님은 칠십인 제자들에게 어떤 사명과 지침을 말씀하셨나요?(눅10:1~3,5~7,9)
예수님은 자신을 시험한 어떤 율법교사에게 무슨 비유로 교훈하셨나요?(눅10:25~37)

기 도

- 주여, 성전을 건축할 마음을 가지고 서로 도와 완공하는 은혜를 주옵소서.
- 주여, 신앙생활 중에 의와 선을 행하다가 고난을 받아도 견디게 하옵소서.
- 주여, 제자와 일꾼으로 부름받은 자의 사명과 지침을 알고 충성하게 하옵소서.

11월 27 November 감수

대상23 / 벧전4 / 미2 / 눅11

● 역대상 23장 레위 사람들이 변경된 성전에 직무를 감수함

성경에서 선택은 중요한 의미를 가진다. 이스라엘은 다른 민족 중에서 하나님에 의해서 선택을 받았다. 그리고 그 이스라엘 중에서 레위 사람들은 하나님을 위하여 특별히 섬기는 자들로 선택을 받았다.

다윗은 성전을 건축하기 위한 준비의 일환으로 성전에서의 봉사를 위해 선택받은 레위 사람을 24개 반으로 조직하고 각각에게 임무를 부여하고 각 가문을 점검한다. 그리고 성전 업무가 증가함에 따라 레위 사람의 봉사 연령도 20세 이상으로 크게 확대한다.

✚ 묵상 : 다윗은 솔로몬에게 왕위를 넘긴 후 레위 사람을 어떻게 배치하였나요?(대상23:1~6)
다윗의 유언에 따라 성전이 세워진 후 레위인의 사역은 성막 때와 다르게 어떻게 변화 되었나요?(대상23:24~26,28~32)

● 베드로전서 4장 성도가 마지막 때에 그리스도의 고난을 감수함

십자가 고난은 영원한 생명과 승리를 가져오기 위한 과정이다. 그러므로 예수 그리스도를 따르는 자는 이전의 방탕한 삶을 버리고 그리스도와 같은 마음으로 갑옷을 입어야 한다(1-3절). 기꺼이 십자가를 지기로 결단해야 한다. 불신자들이 성도들을 비방하고 핍박하는 이유는 자신들과는 다른 성도들의 구별된 삶 즉 방탕에 달음질하지 않는 삶을 살기 때문이다(4절). 그들은 심판의 날이 되어서야 하나님 앞에 자기들의 죄를 고백하게 될 것이다(5절). 그리스도를 믿다가 죽은 사람들은 비록 육신은 죽었지만 영으로는 살아있으며 그리스도께서 다시 오시는 날 부활하게 될 것이다(6절). 마지막 때가 가까웠으니 근신하여 기도하고, 뜨겁게 사랑하며, 대접하기를 원 없이 하고, 주신 은사대로 봉사하되 하나님이 공급하시는 힘으로 하는 것 같이 해야 한다(7-11절). 불 같은 시험을 당해도 기뻐할 수 있는 이유는 그리스도인이라는 이유로 당하는 고난은 하나님께 영광이 되기 때문이다(12-16절). 복음에 순종하지 않는 자에게는 심판이 기다리고 있는 반면 하나님의 뜻대로 고난을 받는 자는 자신의 영혼을 신실하신 창조주에게 의탁할 수 있다(17-19절).

✚ 묵상 : 베드로는 만물의 마지막이 가까이 왔음으로 어떻게 신앙생활을 하라고 권면했나요?(벧전4:7~11)
베드로는 그리스도의 고난에 참여하는 것에 대하여 어떻게 여기라고 했나요?(벧전4:13~14,16,19)

통일 주제 감수 (甘受, 어려운 상황이나 고통 따위를 달게 받아 들임)

연합 내용 하나님의 백성과 그리스도인에게는 늘 사명과 그에 따른 고난이 있다. 하나님은 그 사명과 고난을 온전히 감수할 수 있도록 능력과 은사를 주신다. 결국 승리한 자는 영원한 면류관과 상급을 받게 된다.

● 미가 2장 구원받을 백성들이 권력자들의 횡포를 감수함

2장과 다음 3장은 선민 사회에 팽배해 있던 죄악상을 고발하고 회개를 촉구하는 장면이다. 그중 2장에서는 가진 자들의 죄악과 주의 뜻을 무시하는 자들의 악행 및 거짓 선지자에게 쉽게 미혹되는 백성의 어리석음을 질책하는 동시에 남은 자들을 통한 이스라엘의 회복이 제시되고 있다.

✚ 묵상 : 미가는 저주를 받을 권력자들의 횡포를 어떻게 고발하고 있나요?(미2:1~9)
미가는 이스라엘에게 심판 후 장래에 어떤 일이 있을 것이라고 말했나요?(미2:12~13)

● 누가복음 11장 예수가 서기관과 바리새인들의 박해를 감수함

예수님은 기도를 가르쳐 달라는 요청에 대해 기도의 내용(주기도문 = 하나님의 이름과 나라를 위한 간구 + 자신을 위한 간구)과 태도를 가르쳐 주신다(1-8절). 구하고 찾고 두드리는 자에게 좋은 것 곧 성령을 주셔서 최선의 기도가 드려지게 하시고 최선의 응답을 받게 하신다(9-13절). 하나님의 성령을 힘입어 귀신을 쫓아내면 이미 하나님의 나라가 임한 것이다(14-23절). 그러나 귀신이 더 악한 귀신을 대동해 다시 올 수 있으므로 하나님의 말씀으로 채워야 귀신을 막을 수 있다(24-28절). 귀신은 말씀으로 무장된 사람을 사로잡을 수 없다. 요나가 니느웨 백성들의 운명을 결정하는 표적이었던 것처럼 예수님은 이 시대의 표적이다(29-30절). 요나의 선포를 듣고 회개한 자가 심판을 면했듯이 예수님의 선포를 듣고 믿는 자는 심판에 이르지 않는다. 솔로몬이나 요나보다 더 크신 예수님을 믿지 않는 것은 이방인들 즉 남방 여왕이나 니느웨 백성이 하나님의 말씀을 믿었던 것과 크게 대비된다(31-32절). 말씀을 듣고 받아들인 자는 눈(=영적 안목)을 갖게 된다(33-36절). 위선자가 되지 말고 마음을 다해 구제하는 자가 되어야 하며 율법의 정신을 뒤로 한 채 외양만 추구하는 모든 행위로부터 돌아서야 한다(37-54절).

✚ 묵상 : 예수님은 제자들에게 기도의 내용과 방법에 대해 어떻게 가르치셨나요?(눅11:2~13)
예수님은 악한 세대와 바리새인과 율법교사의 죄악을 각각 어떻게 지적하셨나요?
(눅11:29~32,39~43, 46~47,52)

기 도

- 주여, 교회의 상황과 여건에 따라 지혜롭게 변화를 주며 봉사하게 하옵소서.
- 주여, 예수 그리스도로 인해 받는 고난을 영광으로 여기며 감당하게 하옵소서.
- 주여, 주님이 가르쳐 주신 성서적인 기도를 하나님께 드릴 수 있게 하옵소서.

11월 28 November 본분

대상24-25 / 벧전5 / 미3 / 눅12

● 역대상 24-25장 제사장과 찬송을 맡을 자들의 본분

24: 23장에서 성전 봉사의 효율성을 높이기 위해 레위인들을 24개 반으로 조직한 데 이어 24장에서는 제사장들을 24개 반으로 나누게 된다.

한편 이곳에서 아론의 족속들의 직분과 그와 관련된 내용들이 나온다. 전장에서는 레위 사람들이 거론되었고, 이곳에서는 아론의 자손들이 언급되었다.

25: 성전 예배에서 노래하는 자들은 특별한 의무와 권리를 소유했었다. 이것은 아론 족속과 레위 족속들과 역사 발전의 산물이었다. 역대기 저자는 성전 예배의 조직은 다윗에서 기원되었다고 믿는다. 성전에서 하나님을 섬기는 일은 그 절차가 있었다. 레위 사람들은 제사 준비를, 제사장들은 제물 준비를, 노래하는 자들은 여호와께 찬양을 준비하였다. 이것은 성전예배에서 철저하게 전문화가 되었음을 시사한다. 레위 사람(대상 23장), 제사장(대상 24장), 노래하는 자(대상 25장)는 그 후의 성전예배에 큰 영향을 끼친 듯하다.

✚ 묵상 : 제사장의 직분으로 성전과 하나님을 섬기는 일을 어떤 방법으로 나누었나요?(대상24:5)
다윗은 누구의 자손들을 구별하여 하나님을 찬송하는 일에 섬기도록 하였나요?(대상25:1,6~8)

● 베드로전서 5장 주의 양 무리를 쳐야 할 장로들의 본분

신앙 공동체를 이끌어갈 지도자와 환난을 이겨나가야 할 일반 성도들에게 경건한 교훈을 주는 동시에 교회 각 구성원들이 영적 전투를 감당해 나갈 때 어떤 자세를 취해야 할 것인지를 가르친 후 문안과 축도로 끝을 맺는다.

✚ 묵상 : 베드로는 장로들에게 어떤 자세로 하나님의 양 무리를 칠 것을 권면했나요?(벧전5:2~3)
베드로는 젊은 자들에게 어떤 자세로 장로들을 섬길 것을 권면했나요?(벧전5:5~6)

통일 주제 본분 (本分, 의무적으로 마땅히 지켜 행하여야 할 책임과 의무)

연합 내용 구원 받은 성도는 제자요 하나님 나라의 백성이라는 신분을 갖게 된다. 그 신분을 가진 우리는 예수님께서 다시 오실 때까지 헌신과 충성으로 주어진 본분에 충실히 임해야 한다.

● 미가 3장 정의를 외쳐야 할 통치자들의 본분

3장에서도 계속사회, 종교 지도자들의 탐욕스러운 행실과 거짓 선지자들의 그릇된 행보 및 제사장을 위시한 모든 지도자들의 악행을 비난하며 엄중히 경고하고 있다.

✚ 묵상 : 미가는 이스라엘 족속의 통치자들이 가져야 할 본분은 무엇이라고 했나요?(미3:1)
미가는 우두머리들, 제사장들, 선지자들의 어떤 잘못을 질책하고 있나요?(미3:11)

● 누가복음 12장 기다리며 깨어있어야 할 제자들의 본분

반대자들 앞에서 하나님과 예수님을 인정하는 사람은 '하나님을 두려워하는 자'이다(8절). 우리는 마땅히 두려워할 자를 두려워해야 한다(4절). 성령의 역사를 고의적으로 방해한 죄는 용서받을 수 없다(10절). 많은 재물에 취해 자신의 현주소를 잃어버린 '어리석은 부자'에게서 탐심의 위험을 보게 된다. "모든 탐심을 물리치라 사람의 생명이 그 소유의 넉넉한 데 있지 아니하니라"(15절) 많은 사람들이 먹고 마시는 문제에 매여 산다. 만족을 모르고 더 많은 것을 얻고자 한다. 하나님 나라의 백성들은 하나님이 이러한 것들을 채워주실 것을 믿고 하나님 나라를 추구하며 살아가야 한다. "다만 너희는 그의 나라를 구하라 그리하면 이런 것들을 너희에게 더하시리라"(31절) 하나님 나라를 추구하는 것은 주의 재림 때까지 계속되어야 한다(41-48절). 세상은 예수님의 대속의 죽음을 믿는 자와 믿지 않는 자로 나누어지게 될 것이다(49-53절). 우리는 시대를 잘 분별해야 한다.

✚ 묵상 : 예수님께서 바리새인들의 외식을 주의하라고 말씀하신 이유는 무엇인가요?(눅12:2)
예수님께서 재물이 아닌 하나님의 나라를 구하라고 말씀하신 이유는 무엇인가요?(눅12:31)

기 도

- 주여, 교회에서 맡은 일을 기쁨으로 순종하고 즐거워하는 사람 되게 하소서.
- 주여, 세상의 권세보다 크신 하나님을 경외하고 시인하는 사람 되게 하소서.
- 주여, 다시 오실 날을 기다리고 기대하며 기도하는 신실한 사람 되게 하소서.

11월 29 November 흡족

대상26-27 / 벧후1 / 미4 / 눅13

● 역대상 26-27장 다윗왕국의 모든 조직이 흡족하게 배치됨

26: 이곳에서는 세 종류의 일꾼들이 나온다. 이들은 앞에서 나온 레위 사람과는 달리 성전에서 성직이 아니고 그 일을 돕는 보조자적인 일들을 하였다. 그러나 이와 같은 일에서도 하나님은 이들에게 축복을 하셨다. 축복은 어느 일을 하느냐에 달려 있는 것이 아니고 어떻게 그 일을 하느냐에 달려 있다. 하나님의 일은 차등이 있는 것이 아니다. 하나님의 모든 일은 다 거룩하고 신성하다.

27: 23-26장에서는 주로 성전 봉사자들의 임무와 조직에 관련된 내용이 언급되었다면, 27장에서 다윗은 국가를 경영하는 일에서 필수불가결한 군사와 행정에 관련된 조직과 제도를 개편하는 장면이 언급된다.

✚ 묵상 : 레위 사람들이 제비뽑아 성전의 직분을 맡아 순종할 때 어떤 열매가 있나요?
(대상26:4~8, 12~13,20,22,24,26~29)
다윗이 나라를 다스릴 때 잘한 점은 무엇일까요?(대상27:1,16,23,32~34)

● 베드로후서 1장 신성한 성품의 요소가 흡족하게 갖추어짐

예수 그리스도는 생명과 경건에 관한 모든 것을 우리에게 주셔서 정욕 가운데 썩어져 갈 것들을 피하고 신성한 성품에 참여하게 하셨다(1-4절). 우리는 주의 부르심과 택하심을 확신하며 믿음, 덕, 지식, 절제, 인내, 경건, 형제 우애, 사랑 등의 신성한 성품을 날마다 더해 가야 한다(5-11절). 자신이 떠날 때가 가까이 왔음을 직감한 베드로는 성도들이 진리위에 견고히 서기를 소망한다(12-15절). 예수님의 크신 위엄을 직접 보고 하나님의 음성을 직접 들은 베드로이기에 그가 선포한 내용은 교묘히 지어낸 이야기가 아니다(16-18절). 그러나 자신의 경험보다 더욱 확실한 것은 예언 즉 성경이며 그래서 해석에 더욱 주의하고 사사로이 풀어서는 안 된다(19-21절).

✚ 묵상 : 베드로는 어떤 자가 그리스도의 영원한 나라에 넉넉히 들어간다고 했나요?(벧후1:4~11)
베드로는 어떤 체험을 언급하면서 주의 영광의 날을 생각하라고 했나요?(벧후1:14~19)

통일 주제 흡족 (洽足, 모자람이 없이 아주 넉넉하여 만족함)

연합 내용 하나님이 주시는 모든 복과 은혜는 풍성하다. 그것을 어떻게 관리하고 개발하느냐에 따라 결과는 달라진다. 다윗은 조직을 통해 베드로는 성품훈련을 통해 예수님은 복음전파를 통해 흡족한 열매를 추구하셨다.

● 미가 4장 여호와의 통치로 평화가 흡족하게 이루어짐

종말의 때에 도래할 평화의 나라와 흩어진 이스라엘을 다시 회복하시리라는 약속 그리고 여러 이방 나라들의 도전이 있을 것이지만 하나님께서 친히 보호자가 되어 주심으로써 마침내는 승리하게 될 것이라는 희망의 메시지를 전달하고 있다.

미가는 다시 재림의 시간으로 시선을 돌린다. "많은 이방 사람들"과 "여러 백성"의 결집은 미래의 아마겟돈 전쟁을 가리킨다(슥 12, 14장). 그 날에 여호와는 자기 백성에게 힘을 주실 것이다(참고, 5:7-9; 사 11:14; 슥 14:14).

✚ 묵상 : 끝날에 여호와께서 그의 도와 심판으로 온 민족들에게 무엇을 이루실까요?(미4:1~4)
여호와 하나님은 딸 시온에게 어떤 미래의 약속을 하셨나요?(미4:6~8,10~13)

● 누가복음 13장 복음이 흡족하게 전파되지 않아 안타까움

예수님은 두 가지 재앙을 언급하시면서 사람들에게 회개를 촉구하신다(1-5절). 무화과나무의 비유는 하나님이 회개할 기회를 충분히 주신다는 것을 말한다(6-9절). 안식일에 18년간 병으로 고통받은 한 여인을 고치신 사건으로 인해 회당장은 분노한다(14절). 이에 예수님은 안식일에 가축을 풀어내어 물을 먹이지 않느냐고 질문한다. 안식일에 짐승도 줄을 풀어 물을 먹게 하는데, 질병에 매인 여인을 해방시키는 것은 합당한 것이다(15-16절). 그리스도를 제대로 따르려면 좁은 문으로 들어가야 한다. 이 문은 생명으로 연결되어 있기에 우리는 반드시 들어가야 합니다. 때가 되면 주인이 그 문을 닫을 것이다(24-25절).

✚ 묵상 : 예수님은 제자들에게 하나님의 나라를 무엇에 비유하여 가르치셨나요?(눅13:18~21)
예수님이 예루살렘에 대해 큰 안타까움을 가지신 일은 무엇일까요?(눅13:23~30,34)

기 도

- 주여, 주의 일을 할 때에 조직적으로 배치하여 풍성한 결실을 맺게 하옵소서.
- 주여, 신성한 성품에 참여하여 그리스도의 영원한 나라에 들어가게 하옵소서.
- 주여, 주님처럼 안타까운 마음으로 하나님의 나라를 열심히 전하게 하옵소서.

11월 30 November 설명

대상28 / 벧후2 / 미5 / 눅14

● 역대상 28장 다윗이 솔로몬에게 성전 건축에 대해 설명함

다윗이 소집한 마지막 총회의 일이 기록되어 있다. 이 총회에서 다윗왕은 솔로몬과 백성들에게 하나님의 영광을 위해 성전을 건축할 것을 명했다. 이 마지막 장면들은 다윗에게서 솔로몬에게로 왕위가 계승되는 과정을 서술한다.

한편 여기서 노년기에 접어든 다윗의 모습을 보여주고 있다. 임종을 앞둔 다윗은 백성의 지도자들을 모아놓고 성전 건축을 당부하는 동시에 자신의 뒤를 이을 솔로몬에게 여호와의 신앙을 권고를 하면서 지신의 생애를 정리하려고 한다. 신앙인이 남길 수 있는 최고의 유산이 무엇인가를 보여주는 장면이다.

✚ 묵상 : 하나님께서는 왜 다윗에게 성전을 건축하지 못하게 하셨나요?(대상28:2~3)
다윗은 솔로몬에게 성전 건축에 대하여 설명하면서 어떤 것을 강조했나요?(대상28:9~10)

● 베드로후서 2장 베드로가 성도들에게 거짓 선생에 대해 설명함

본장에서는 유다서 1장 4-16절에서와 동일한 주제가 언급된다. 즉 거짓 선생들의 출현과 그들에게 내려질 심판에 대한 교훈, 거짓 선생들의 특징과 죄악상 그리고 이단에 의한 배교의 어리석음을 경고하고 있다.

4절의 "범죄한 천사들"이란 유다서 6절에 따르면 이들 천사는 "자기 지위를 지키지 아니하고", 즉 그들은 음란하게 여인들과 동거한 남자들 안에 들어갔다. 이것이 창세기 6장에서 홍수 전에(5절; 창 6:1-3) 자기 자리를 벗어나 여인들을 탐한 소돔과 고모라 멸망 이전의(6절; 창 19장) 타락한 천사들(하나님의 아들들)을 가리키는 것으로 보인다.

✚ 묵상 : 베드로는 거짓 선생들의 심판을 설명하면서 구약의 어떤 사건을 인용했나요?(벧후2:4~7)
베드로는 거짓 선생들과 그들에게 미혹된 자들이 의의 도를 알지 못하는 것이 도리어 낫다고 말한 이유는 무엇일까요?(벧후2:20~21)

기 도

• 주여, 나와 나의 후손으로 하여금 하나님의 일을 감당하는 복을 주옵소서.
• 주여, 나를 살리신 예수님의 은혜를 저버리지 않도록 저를 굳게 붙잡아 주옵소서.
• 주여, 내 자신을 낮추며 다른 이를 높여주는 하루하루가 되게 하옵소서.

통일 주제 설명 (說明, 어떤 일이나 대상의 내용을 상대편이 잘 알 수 있도록 밝히 말함)

연합 내용 성경은 하나님의 말씀과 약속을 여러 사람의 설명으로 기록한 책이다. 하나님의 뜻과 계획은 왕이나 선지자 같은 사람을 통해 설명되어지거나 예수님께서 직접 설명해 주시기도 하셨다.

● 미가 5장 미가가 에브라다에게 메시야에 대해 설명함

본장에서는 목자처럼 이스라엘을 돌보실 자의 출현과 그분의 고난과 구원 사역 및 그분에 의해 이루어질 우상 숭배자에 대한 심판 사역 등을 소개하고 있다. 이런 맥락에서 볼 때 5장에 제시된 '이스라엘을 돌보실 자'란 모든 불의한 세력을 꺾고 평화의 나라를 건설하실 메시야를 지칭한다고 볼 수 있다(삼하 7:4; 사 9:1-7; 11:1-9).

✚ 묵상 : 미가는 베들레헴 에브라다에서 날 자는 무엇이 될 것이라고 예언했나요?(미5:5)
하나님께서는 미가를 통해 어떠한 자들과 나라를 심판하신다고 하셨나요?(미5:10~15)

● 누가복음 14장 예수님이 제자들에게 비유로 진리를 설명함

예수님은 안식일에도 치유사역을 계속하셨다. 대적자들은 안식일이라도 자신의 가축이 위기에 빠진다면 구해낼 것이 뻔 한 데도, 질병에 시달리는 사람을 고쳐주신 예수님에 대해 계속 시비를 걸고자 한다(1-6절). 자신을 높이는 자는 낮아지고, 자신을 낮추는 자는 높아질 것이다(7-11절). 보상을 위한 섬김은 무익하다. 도리어 갚을 수 없는 자들에게 베풀면, 하나님이 복을 주신다. 사실 예수님은 우리가 그 무엇으로도 갚을 수 없고, 보상할 수 없는 은혜(구원)를 베풀어 주셨다(12-14절). 하나님나라에서 떡을 먹는 자는 복이 있다(15절). 예수님은 우리를 하나님나라의 만찬에 초대해 주신 분이다. 예수님의 제자가 되는 길은 포기와 희생이 따른다. "무릇 내게 오는 자가 자기 부모와 처자와 형제와 자매와 더욱이 자기 목숨까지 미워하지 아니하면 능히 내 제자가 되지 못하고"(26절) 이 말씀은 혈연관계나 가정을 부정하는 의미가 아니다. 제자는 포기하는 헌신이 따른다는 것과 하나님을 사랑하는 것이 먼저임을, 즉 우선순위의 문제를 말하는 것이다(25-35절).

✚ 묵상 : 예수님께서 혼인 잔치에 청함을 받은 자의 비유를 설명하시면서 끝자리에 앉으라고 하신 이유는 무엇일까요?(눅14:10~11)
예수님께서 자신의 제자가 되는 방법은 무엇이라고 설명해 주셨나요?(눅14:26~33)

12월 01 December 사모

대상29 / 벧후3 / 미6 / 눅15

역대상 29장 다윗과 백성을 성전건축을 즐거워하며 사모함

다윗은 여호와를 위하여 성전을 세우려고 하였으나 그가 군인(대상 28:3)이어서 하나님은 그가 이 일을 하는 것은 허락하지 아니하셨다. 전쟁과 예배는 쉽게 병존할 수가 없었다.

마지막 순간까지 성전 건축에 대한 아름다운 소망을 놓지 않았던 다윗은 비록 성전을 세우는 일은 허락받지 못하였으나 그 일을 위하여 준비한 예물을 바치고 백성들에게 협조를 요청하게 된다. 우리가 하나님을 위하여 어떤 것을 하려고 하였으나 그 일을 하나님이 원하지 아니하신다고 하여서 하나님을 위한 일을 중단할 수는 없다. 우리는 하나님이 허락하시는 한 우리가 할 수 있는 일을 해야 한다. 다윗은 여기에 대해 우리에게 교훈을 주고 있다.

✚ 묵상 : 다윗은 성전을 누구를 위하여 건축하고 어떤 기도와 제사를 드렸나요?(대상29:1,11~12,21)
다윗과 지도자들과 온 백성은 성전 건축할 각종 예물들을 어떤 마음으로 드렸나요?(대상29:2~6,9,14,16~17)

베드로후서 3장 베드로와 성도는 주의 날 임함을 간절히 사모함

본장은 거짓 선생들의 가르침이 지닌 오류와 허구성을 고발한다. 즉 거짓 선생들이 그리스도의 재림에 대한 그릇된 교리를 유포하는 것에 대해 경고하고, 그리스도의 재림의 확실성을 일깨움으로써 성도들의 영적 각성을 촉구하며, 그리스도의 재림을 소망하는 성도들에게 요구되는 영적인 준비와 성장에 관해 언급하고 있다.

8절에서 "하루가 천 년 같고"라는 것은 하나님은 사람과 다른 방식으로 시간을 이해하신다. 인간의 관점으로 볼 때 그리스도의 오심은 아직 긴 시간이 남은 것처럼 보인다(참고, 시 90:4). 하지만 하나님의 관점에서는 그리 길지 않을 것이다. 이런 일번적인 언급 이외에도 이것이 환난의 끝에 오는(계 6:17), 주의 날의 첫 번째 단계와 마지막 단계 사이에 실제로 1,000년의 간격이 있다는 구체적인 표시일 수 있다. 마지막 단계인 천년왕국의 끝에서 주는 새 하늘과 새 땅을 창조하실 것이다.

✚ 묵상 : 베드로는 사랑하는 자들에게 어떤 날이 반드시 도래한다고 말했나요?(벧후3:2~4,7~10)
베드로는 곧 주의 날이 임하기 전에 어떻게 생활하라고 말했나요?(벧후3:10~12,14,17)

통일 주제 사모 (思慕, 우러러 받들며 마음 속 깊이 따름)

연합 내용 하나님은 사람을 향하여 사람은 하나님을 향하여 간절히 사모하는 것이 있다. 하나님은 사람이 죄와 불순종을 멀리하고 거룩하고 경건하고 온전하기를 사모하고 인간은 하나님이 구원과 복 베푸시기를 사모한다.

● 미가 6장 여호와가 백성의 정의와 인자와 겸손을 사모함

변론을 통해 이스라엘을 향한 하나님의 애타는 심정과 하나님이 진정 원하는 삶이 무엇인지를 밝히고 또 이스라엘이 그 죄악으로 인해 형벌을 받게 될 것이라는 예언적 메시지를 전하고 있다. 우리는 여기서 하나님이 진정으로 원하시는 것은 형식적인 제사가 아니라 믿음으로 하나님께 모든 것을 맡기고 신뢰하며 순종하는 삶이라는 사실을 배울 수 있다. 미가는 세 명의 화자가 번갈아 등장하는 극적 법정 모티브로 세 번째 신탁(6:1-7:20)을 시작한다. 세 명의 화자는 자기를 변론하는 여호와, 죄책감을 느끼고 반응하는 백성, 원고를 변호하는 선지자이다.

✚ 묵상 : 미가는 여호와께서 이스라엘 백성에게 구하는 것이 무엇이라고 했나요?(미6:6~8)
미가는 이스라엘의 어떤 죄를 지적하였으며 그 결과 어떤 심판을 받는다고 말했나요?(미6:10~16)

● 누가복음 15장 예수님이 한 영혼의 돌아옴을 애타게 사모함

죄인과 세리와 가까이 하는 것에 대하여 불평하는 바리새인과 서기관들을 향해 예수님은 3가지 비유를 차례로 말씀하신다. 잃은 양의 비유(3-7절), 잃은 드라크마의 비유(8-10절), 그리고 탕자의 비유(11-32절)이다. 죄인 하나가 돌아오면 하나님께 큰 기쁨이 된다. 예수님은 3가지 비유를 통해서 하나님의 마음을 품고, 이 기쁨에 동참해야 함을 촉구하신다. 특히 탕자의 비유는 하나님의 아버지의 마음을 잘 보여주며, 첫째 아들의 말과 행동을 통해 서기관과 바리새인들의 모습이 어떠한지도 잘 나타내주고 있다. 아버지가 준 재산을 다 탕진하고 거지가 되어 돌아오는 둘째 아들을 진심으로 기뻐하며 달려가서 그를 끌어안고, 입을 맞추는 아버지의 모습에서 우리는 잃어 버린 자에 대한 하나님 아버지의 마음을 읽을 수 있다. 우리는 하나님 아버지와 같은 마음이어야 한다.

✚ 묵상 : 예수님은 바리새인과 서기관들에게 한 영혼이 회개하고 돌아오는 것에 대하여 어떤 비유를 말씀하셨나요?(눅15:4~10)
예수님은 바리새인과 서기관들 그리고 세리와 죄인들의 구원의 문제를 어떤 감동적인 비유로 교훈하셨나요?(눅15:11~32)

기 도

- 주여, 하나님을 위하여 교회를 세우되 자신의 소유로 온전히 세우게 하옵소서.
- 주여, 종말신앙을 깨달아 거룩함과 경건함과 온전함을 힘쓰며 살게 하옵소서.
- 주여, 잃은 영혼에 대한 주의 마음을 닮아 복음을 외치는 자가 되게 하옵소서.

12월 02 December 미쁨

대하1 / 요일1 / 미7 / 눅16

● 역대하 1장 솔로몬에게 지혜와 지식을 주신 미쁘신 하나님

역대하는 솔로몬의 업적을 주로 다루고 있다. 이곳에서는 솔로몬이 기도의 사람이며, 천 마리 희생 번제를 통해 하나님으로부터 놀라운 지혜를 얻고, 왕국을 발전시켜 나가는 능력자라는 점을 실감나게 묘사하고 있다.

✚ 묵상 : 다윗의 아들 솔로몬의 왕위가 견고해지고 창대하게 된 이유는 무엇일까요?(대하1:1)
천 마리 희생으로 드린 번제를 기쁘게 받으신 하나님은 솔로몬에게 나타나셔서 무엇을 주랴 말씀하실 때 솔로몬은 무엇을 구했나요?(대하1:7~10)

● 요한일서 1장 성도의 죄를 깨끗하게 해주시는 미쁘신 하나님

원래부터 아버지와 함께 있었던 생명의 말씀이신 예수님이 육신으로 오셨다(1-2절). 요한이 복음을 전하는 이유는 듣는 자가 아버지와 아들 그리고 전하는 자와 사귐이 있게 함이며 또한 기쁨이 충만케 하기 위함이다(3-4절). 하나님은 빛이시기에 하나님과 교제하는 사람은 어둠 가운데 행할 수 없으며 빛 가운데 행할 때에 죄 사함과 참다운 사귐이 증명될 것이다(5-7절). 우리가 죄를 자백하면 하나님이 깨끗하게 하시며 의롭게 하신다(9절). 그러나 죄가 없다고 말하는 자는 스스로를 속이고 하나님을 거짓말하는 존재로 만드는 것이다(8,10절).

✚ 묵상 : 사도 요한은 예수 그리스도를 어떻게 표현하며 증언했나요?(요일1:1~3)
사도 요한은 하나님이 빛이심을 강조하며 성도의 어떤 자세를 권면하고 있나요?(요일1:5~10)

통일 주제 미쁨 (진실하고 믿음직하게 여기는 마음)

연합 내용 우리는 성경 속의 많은 증언들을 통해 미쁘신 하나님을 만나볼 수 있다. 진실하고 믿음직한 주님의 미쁘심은 기록된 말씀을 초월하여 우리의 삶 속에 나타나며 함께 하신다.

● 미가 7장 이스라엘의 빛이 되어 주시는 미쁘신 하나님

7장에서는 전적으로 부패한 이스라엘 백성을 향한 선지자 미가의 애가에 이어 이스라엘의 회복에 대한 소망에 찬 메시지들이 소개된다. 하나님의 백성이 구원 받고 평화와 번영을 누리는 것은 전적으로 하나님의 적극적인 은혜 때문이라는 사실을 다시금 상기시켜 주고 있다.

✚ 묵상 : 세상에 재앙과 같은 일들이 일어날지라도 미가가 여호와 하나님만을 바라볼 수 있었던 이유는 무엇일까요?(미7:7~9)
미가는 여호와 하나님의 어떠한 성품을 찬양하고 있나요?(미7:18~20)

● 누가복음 16장 제자들에게 가르침을 주시는 미쁘신 예수님

주인이 소유를 낭비해 해고당할 위기에 놓인 청지기는 그 날이 오기 전 재빨리 주인에게 빚진 자들의 빚을 탕감해 준다. 해고당한 이후를 대비한 것인데 비록 그의 행위자체는 옳지 않으나 미래를 준비하는 그 지혜로움에 대하여는 칭찬을 듣게 된다. 우리는 하나님과 재물을 겸하여 섬길 수 없다고 하신 예수님의 말씀을 늘 기억해야 한다(13절). 돈과 재물은 하나님이 주시는 것이므로 하나님과 재물을 동시에 섬길 수 있다고 생각하는 바리새인들은 예수님의 말씀에 대해 냉소적인 반응을 보이는데, 예수님은 율법과 선지자는 세례 요한 때까지이지만, 여전히 율법이 유효하다고 말씀하신다(16-17절). 18절에서 갑자기 간음을 언급하시는 이유는 돈을 사랑하는 것은 재물문제가 아니라 간음의 문제이기 때문이다. 돈을 사랑하는 것은 영적 간음이다. 예수님은 '부자와 거지 나사로 이야기'를 들려 주심으로서, 18절의 진리를 한번 더 입증하신다.

✚ 묵상 : 예수님께서는 부자와 청지기의 비유를 통해 어떤 가르침을 주고 계실까요?(눅16:10~13)
예수님께서는 부자와 나사로의 비유를 통해 어떤 가르침을 주고 계실까요?(눅16:19~31)

기 도

- 주여, 세상의 욕심보다 하나님의 은사를 구하는 자가 되게 하옵소서.
- 주여, 빛이신 주님께 날마다 회개함으로 구원의 감격을 경험케 하옵소서.
- 주여, 세상의 근심과 걱정 속에서도 하나님만을 바라보며 승리하게 하옵소서.

12월 03 December 마련

대하2 / 요일2 / 나1 / 눅17

● 역대하 2장 솔로몬이 성전 건축을 위해 자재를 마련함

솔로몬은 왕권이 안정되자 즉시 성전 건축 준비에 박차를 가한다. 솔로몬의 성전 건축은 그 자신의 생각에서 나온 것이 아니고 그의 아버지 다윗의 뜻을 계승한 것이었다.

솔로몬은 성전 건축을 위해 두로 왕 후람에게 협조를 요청하고 후람은 백향목을 비롯한 온갖 좋은 물자와 기술자들을 지원해 준다. 역대기 저자는 이곳에서 성전 건축을 위해 이방인들까지 감동시켜 일을 이루시는 하나님의 오묘한 섭리를 보여주고 있다.

✚ 묵상 : 솔로몬이 여호와 하나님의 성전을 크고 화려하게 건축하려고 했던 이유는 무엇일까요?(대하2:5)
솔로몬이 성전 건축을 위해 두로 왕 후람에게 무엇을 요청하였나요?(대하2:7~9)

● 요한일서 2장 성도가 마지막 때를 위해 답할 진리를 마련함

요한은 예수 그리스도를 대언자(=천상에서 죄인을 위해 변호하시고 중보하시는 분)요 화목제물로 소개한다(1-2절). 예수님을 참으로 아는 자는 그의 계명을 지킨다(3-6절). 예수님을 안다고 하면서 그의 계명을 지키지 않는 자는 거짓말하는 자이다. 특히 하나님의 참 빛이 임하는 사람은 형제를 사랑한다(7-11절). 사랑은 옛 계명임과 동시에 예수님이 몸소 본을 보이신 새 계명이다. 죄 사함을 받고 하나님의 말씀이 임한 사람은 세상에 있는 것을 사랑하지 않는다(12-17절). 세상을 사랑하는 자는 아버지의 사랑이 그 안에 없다. 마지막 때(=예수님의 초림~재림 사이 기간)에 나타날 적그리스도는 예수님의 그리스도 되심, 하나님의 아들 되심을 부인한다(18-27절). 성도는 처음부터 들은 것 곧 사도로부터 들은 복음을 잘 지키고 성령의 역사로 깨닫게 된 진리의 말씀 안에 거해야 한다. 예수님 안에 거하는 자는 의로운 삶을 살아간다(28-29절).

✚ 묵상 : 사도 요한은 예수 그리스도가 누구이시기에 온 세상의 죄를 대속해 주신다고 말했나요?(요일2:2)
사도 요한은 마지막 때에 나타나는 적그리스도의 특징이 무엇이라고 말했나요?(요일2:18~23)

통일 주제 마련 (준비하거나 헤아려 갖춤)

연합 내용 모든 일에 좋은 결과를 얻기 위해 관련된 것을 마련하는 것이 필요하듯 하나님의 일도 주께 영광되기 위해 온전히 마련하는 것이 매우 중요하다. 하나님도 자신의 계획을 이루시기 위해 선지자를 예비하셨다.

● 나훔 1장 니느웨 멸망의 묵시와 피할 처소를 마련하심

나훔은 니느웨의 심판과 멸망이 그 주제이다. 특히 1장은 하나님의 공의로운 성품에 무지했던 니느웨 백성에게 주의 성품을 가르치고, 그 공의로우신 하나님이 니느웨를 반드시 심판하실 것을 선언한다.

또한 나훔은 전반적인 하나님의 능력을 소개하면서 전능하신 하나님이며 언약을 심판하고 그 악을 갚는 거룩하고 질투하시는 하나님이라는 사실을 확인해 준다.

✚ 묵상 : 나훔은 여호와의 진노로 인한 니느웨의 멸망은 어떤 모습이라고 예언하였나요?(나1:4~8)
니느웨에 대한 여호와의 진노가 어느 정도일지 나타내는 표현은 무엇일까요?(나1:9,14)

● 누가복음 17장 주가 제자들의 복음사역을 위해 기틀을 마련함

성도들 간의 최악의 관계는 실족시키는 것이다(1-2절). 범죄한 형제가 있다면 사랑으로 책망하고 바로 잡아 주어야 한다(3절). 구원받은 성도는 '무익한 종'의 심정으로 맡겨진 일에 충성해야 한다(7-10절). 우리는 우리가 받은 은혜보다 은혜를 주신 분에게 더욱 집중해야 한다(11-19절). 하나님 나라는 예수님의 말씀과 사역을 통해 임한다. 하나님 나라의 본질은 하나님의 통치다. 진정 하나님의 통치를 받고 있다면, 하나님 나라가 임한 것이다(20-21절). 이 땅에서의 마지막 날은 예수님이 영광과 위엄가운데 재림하는 날이다. 본문에는 예수님의 공개적인 재림(22-25절), 재림시 사람들의 삶의 특징(26-29절), 재림을 위한 준비(30-33절), 재림때 나뉠 운명(34-37절)에 대하여 말씀하고 있다.

✚ 묵상 : 예수님께서 하나님의 나라는 너희 안에 있다고 말씀하신 의미는 무엇일까요?(눅17:21)
예수님께서 제자들에게 말씀하신 인자의 때는 어떤 모습일까요?(눅17:22~35)

기 도

- 주여, 하나님의 영광을 위하여 창조적으로 사역할 수 있는 동역자를 주옵소서.
- 주여, 화목제물이 되셔서 나의 죄를 대속하신 주님의 은혜에 감사하게 하옵소서.
- 주여, 마지막 때에 지혜롭게 분별함으로 하나님의 나라에 참예하게 하옵소서.

12월 04 December 기둥

대하3-4 / 요일3 / 나2 / 눅18

● 역대하 3-4장 보석과 예물들로 성전의 기둥을 세움

3: 솔로몬은 성전 건축 준비를 완료하고 하나님께서 아브라함에게 약속하신 땅, 즉 모리아 산에 성전을 건축한다. 이를 통해 역대기 저자는 성전 건축이 하나님의 언약에 기초하고 있고 하나님의 언약을 성취하는 일이라는 점을 보여주고 있다.

이곳과 다음의 장은 솔로몬의 성전 건축에 관한 내용이다. 3장의 내용은 성전 건축의 장소와 때 그리고 건물 그 자체에 관심을 집중하고 있고, 4장에서는 그 전의 내부 문제가 거론되었다.

4: 솔로몬은 성전 건물, 곧 지성소와 성소 등 성전 외형을 갖추고 나서 이어서 놋단, 바다, 물두멍, 등대, 상 등 각종 성전 부속 성물들을 제작하였다. 여기에서는 각양각색의 성전 기구와 비품들의 제작 과정들을 보여주고 있다.

놀라운 점은 불집게, 숟가락 등 놋 제단 주변의 조그만 부속 성물까지 규례대로 한 치의 소홀함이 없이 제작되었고, 성소 안에서 사용되는 다양한 기구들은 모두 순수한 금으로 아름답게 제작되었다는 점이다.

✚ 묵상 : 솔로몬이 성전 앞에 만든 기둥 둘의 이름은 무엇이며 어떤 뜻을 가지고 있을까요? (대하3:15~17)
솔로몬은 어떤 방법과 기준으로 성전 안에 있는 물건들을 만들었나요?(대하4:7)

● 요한일서 3장 행함과 진실함으로 사랑의 기둥을 세움

본장에는 하나님의 자녀가 추구해야 할 적극적인 면들을 소개하고 있다. 우선 하나님의 자녀의 영광된 신분을 밝힌 뒤, 죄를 멀리하고 거룩함을 추구할 것과 하나님께로 난 자의 특징을 소개한다. 이어서 사랑의 교재를 권면한 후 사랑의 실천에 대해 가르친다.

✚ 묵상 : 사도 요한은 마지막 때에 하나님의 자녀들과 마귀의 자녀들을 구분하는 기준이 무엇이 된다고 말했나요?(요일3:10~11)
사도 요한은 형제들을 어떻게 사랑할 것을 권면했나요?(요일3:18)

통일 주제 기둥 (건축물이나 공동체에서 중심을 잡아 세우는 역할)

연합 내용 건축물에서 기둥의 역할은 몹시 중요한 것처럼, 신앙공동체인 교회에서 기둥의 역할도 몹시 중요하다. 구원받은 성도는 제자라는 기둥이 되어 하나님의 나라가 임할 때까지 교회 공동체를 세워나가야 한다.

● 나훔 2장 니느웨가 멸망함으로 영광의 기둥을 세움

마치 니느웨가 함락되는 그 현장에 서 있는 것처럼 생생한 필치로 멸망상을 소개한다. 니느웨로 향하는 위용에 침략군들의 행보와 쉽게 무너져 내리는 니느웨 그리고 니느웨의 멸망 전후의 상황이 비교되어 열거되고 있다.

✚ 묵상 : 여호와 하나님께서 니느웨를 멸망시키시는 이유가 무엇이라고 하셨나요?(나2:2)
여호와 하나님을 대적한 니느웨는 어떤 최후를 맞이하게 되었나요?(나2:13)

● 누가복음 18장 자신을 낮춤으로 교회의 기둥을 세움

예수님은 항상 기도하고 낙심하지 말아야 함을 과부의 원한을 번거로움 때문에 풀어 주는 불의한 재판관의 비유를 통해 말씀하신다(1-8절). 하물며 하나님은 어떤 분인가? 불의한 재판관과 달리 자비로우시고, 의로우시며 택한 자의 기도를 들으시는 분이다. 그러나 자신이 의롭다고 생각하는 자의 기도는 듣지 않으신다(9-12절). 애통하며 회개하는 자의 기도를 들으신다(13,14절). 제자들은 예수님의 일을 방해한다고 생각해서 아이를 데려온 부모를 책망했으나 예수님은 도리어 '하나님의 나라가 어린아이와 같은 자의 것'이라고 말씀하신다(16절). 자신이 의롭고 잘났다고 생각하는 자가 아니라 부족하다고 생각하는 자에게 하나님은 복을 주신다. 이어서 하나님 나라와 영생에 관하여 두 가지 내용의 기사가 더 등장한다. 하나님이 아닌 재물을 섬기는 자였던 부자 관리(18-27절), 베드로의 질문에 대한 예수님의 답변(28-30절)이다. 세 번째 수난예고를 하신 예수님은(31-34절) 여리고에서 한 맹인을 고치신다(35-43절).

✚ 묵상 : 예수님은 바리새인과 세리의 비유를 통해 어떤 사람들을 권면하고 있나요?(눅18:9~14)
예수님께서 어린 아이들을 금하지 말라는 것과 부자 관리에 대한 이야기를 통해 어떤 하나님의 나라를 깨닫게 하시는 것일까요?(눅18:15~30)

기 도

- 주여, 행함과 진실함으로 예수님의 사랑을 전하는 자가 되게 하옵소서.
- 주여, 자신을 낮추고 남을 높이는 겸손한 삶을 사는 자가 되게 하옵소서.
- 주여, 어린 아이와 같은 마음으로 주의 나라를 소망하는 자가 되게 하옵소서.

12월 05 December 거류

대하5-6:11 / 요일4 / 나3 / 눅19

● 역대하 5-6장 11절 성전에 여호와의 영광이 가득히 거함

5: 오랫동안 기다렸던 성전 공사가 완료되었다. 이제 솔로몬은 레위 사람들로 하여금 다윗 성에 있던 하나님의 궤를 성전으로 운반하게 하고 제사장들을 시켜 지성소 안에 안치시킨다.

그리고 성전을 하나님께 봉헌하는 엄숙한 의식을 행한다. 그때의 장면은 "솔로몬 왕과 그 앞에 모인 모든 이스라엘 회중이 궤 앞에서 양과 소로 제사를 드렸으니 그 수가 많아 기록할 수도 없고 셀 수도 없었더라."(6절)는 기록에서 드러난다. 이제 비로소 이스라엘의 하나님이 거하시는 거룩한 성전이 지어진 것이다.

6: 솔로몬은 언약궤를 안치하고 성전을 봉헌하기에 앞서 감사의 기도를 드린다. 이 자리에서 솔로몬은 성전 건축이 다윗 언약을 성취하시는 하나님의 주권적 역사로 가능하였음을 고백하면서 다윗 왕권의 보전과 이스라엘 공동체를 대대로 보존해 달라는 기도를 드린다.

솔로몬의 봉헌 기도는 오늘날 교회에서 예배당을 건축하고 갖는 입당, 봉헌 예배에서 인용되는 기도의 모범이기도 하다. 이곳의 내용은 열왕기상 8장 12-50절의 것과 거의 일치한다. 그러나 이곳의 내용에서 다음의 것을 살펴본다.

✚ 묵상 : 시온에서부터 메어 올린 여호와의 언약궤 안에는 무엇이 담겨 있었나요?(대하5:10)
제사장들이 여호와를 찬송하며 악기를 울릴 때 여호와의 전에 구름이 가득하게 되었는데, 이것은 무엇을 의미하는 것일까요?(대하5:13~14)

● 요한일서 4장 성도 안에 삼위일체 하나님이 거하심

본장은 가장 명쾌한 사랑의 가르침이다. 사랑을 권하기에 앞서 영의 분별을 권함으로써 참 사랑은 진리에 근거할 때 가능하다는 것과 독생자를 주신 하나님의 사랑을 소개하고 사랑이 지닌 능력과 사랑의 특징을 가르친 후 사랑의 실천을 권하고 있다.

✚ 묵상 : 사도 요한은 성도가 하나님께 속한 것을 어떻게 알 수 있다고 말했나요?(요일4:1~3)
사도 요한은 우리에게 하나님의 사랑이 이루어진 이유가 무엇이라고 말했나요?(요일4:16~17)

기 도

- 주여, 하나님의 임재를 소망하고 기대하며 전심을 다해 찬양하게 하옵소서.
- 주여, 예수님을 하나님의 아들로 시인하여 내 안에 하나님이 거하게 하옵소서.
- 주여, 주님께서 나를 부르셨을 때 지체 없이 즐거움으로 따르게 하옵소서.

통일 주제 거류 (居留, 어떤 곳에 잠시 머물러 사는 것 혹은 있는 것)

연합 내용 하나님은 족장시대로부터 왕정시대까지 다양한 모습으로 이스라엘 중에 거하셨다. 이러한 하나님의 거하심은 독생자 예수 그리스도의 구속적 희생을 믿음으로 말미암아 성도 안에서도 누릴 수 있게 되었다.

● 나훔 3장 니느웨의 멸망으로 누구도 거하지 못함

당시의 패권국인 앗수르의 수도였던 니느웨가 쉽게 함락된 이유가 영적 타락과 도덕적 부패에 있었음을 생생하게 묘사하면서 니느웨가 막강한 군사력을 지녔다 할지라도 하나님이 계획하신 심판을 피할 수 없음을 선언하고 있다.

즉 여기서 나훔은 앗수르가 유다를 침략하여 많은 피를 흘리게 한 것(1절)과 이스라엘로 하여금 우상 숭배하게 한 죄악(4절)을 지적하고 있는데 이는 공의로우신 하나님께서 도저히 묵과할 수 없는 죄악으로서 결국 하나님의 심판을 불러일으키게 된 것이다.

✚ 묵상 : 나훔이 고발하는 니느웨의 세 가지 죄악은 무엇일까요?(나3:1,4,8~10)
나훔이 니느웨 사람들을 메뚜기로 비유한 이유는 무엇일까요?(나3:16~17)

● 누가복음 19장 삭개오의 집에 예수님이 거하심

어려서부터 율법을 지켰다고 자신하는 부자 관원의 '재물을 사랑하는 속마음'을 들춰내어 근심하며 떠나가게 만들었던 예수님은 유대인들이 결코 용납할 수 없는 죄인중의 죄인 세리장 삭개오를 환대하며, 그에게 구원을 선포하신다(1-10절). 구원은 전적으로 하나님의 은혜로 말미암는 것이다. 열므나 비유를 통해 예수님의 떠나가심(승천)과 다시 오심(재림) 사이의 부재기간은 청지기 직분을 감당하는 기간임을 알려 주신다(11-27절). 예수님은 십자가를 통해 우리를 섬겨 주실 겸손의 왕이시다. "그는 공의로우시며 구원을 베푸시며 겸손하여서 나귀를 타시나니"(슥9:9) 예수님이 나귀를 타고 예루살렘에 입성하실 때 예수님을 환영하고 찬양하는 사람들이 있었으며(37절) 반대로 이를 심각하게 여기고 문제 삼는 바리새인들도 있었다(39절). 예루살렘을 바라보며 애통해 하신 예수님은(41-44절) 성전을 정화하신 후(45-46절) 성전에서 가르치신다(47-48절).

✚ 묵상 : 삭개오는 예수님께서 그의 집에 가자고 하셨을 때 어떻게 반응을 보였나요?(눅19:6)
예수님께서는 은 열 므나 비유를 통해 제자들에게 어떤 가르침을 주셨나요?(눅19:11~27)

12월 06 December 이름

대하6:12-42 / 요일5 / 합1 / 눅20

● 역대하 6장 12-42절 성전에 계신 주의 이름 여호와

성전 봉헌식 가운데 솔로몬의 봉헌기도가 드려진다. 솔로몬의 기도는 철저히 하나님이 다윗에게 주신 언약에 근거하고 있다(12-17절). 지상의 성전에 하나님을 모신다는 것은 애초에 불가능하지만 "내 이름을 두리라"는 약속이 있었기에 솔로몬은 그 약속을 붙들고 기도한다(18-20절). 공동체의 정의와 재판(21-23절), 전쟁에서의 실패(24-25절), 가뭄(26-27절), 재앙(28-31절), 이방인의 기도(32-33절), 전쟁(34-35절), 포로(36-40절) 등의 다양한 상황 속에서 주를 향하여 간절히 기도할 때 응답해 주시기를 간구한다. 다윗에게 베푸신 은총을 기억하사 은혜 베푸시기를 기도한다(41-42절).

✚ 묵상 : 솔로몬은 여호와의 제단 앞 놋으로 만든 대 위에 서서 무릎을 꿇고 하늘을 향하여 손을 펴고 제일 먼저 어떤 기도를 드렸나요?(대하6:13~16)
솔로몬은 여호와의 이름을 둔 이 성전 안에서와 이 성전을 향하여, 어떤 간구를 드릴 때 꼭 응답해 달라고 기도를 드렸나요?(대하6:20~26,28~30,32~35,37~38,40)

● 요한일서 5장 영생 얻게 하는 자의 이름 예수

예수를 그리스도로 고백하는 자마다 하나님께로부터 난 자이다(1-3절). 하나님께로부터 난 자는 그의 계명을 지킵니다. 계명은 무거운 것이 아니다. 나를 사랑하고, 또 내가 사랑하는 아버지의 말씀이기 때문이다. 예수님은 하나님의 아들이며(4-5절) 예수의 그리스도 되심은 물(요단강에서 세례받을 때 하늘이 열리고 하늘로부터 "내가 기뻐하는 아들"이라는 음성이 들림)과 피(십자가에서의 대속의 죽음)와 성령님(승천하신 예수님을 대신할 또 다른 보혜사)이 증언하신다(6-12절). 우리는 영생에 대하여 확신하며(13절), 기도에 대하여 확신한다(14-15절). 사망에 이르지 않는 죄(그리스도인으로 살면서 짓는 죄)를 짓지 않도록 구해야 하며, 우리 역시 조심해야 한다(16-21절). 그리스도께서 우리를 지키십니다. 악한 자가 우리의 운명을 바꿀 수 없다(18절).

✚ 묵상 : 요한은 하나님을 사랑하는 자가 누구를 믿고 무엇을 지킨다고 했나요?(요일5:1,3,10)
요한은 누구를 향하여 어떤 목적으로 이 편지를 썼다고 말했나요?(요일5:13~15)

통일 주제 이름 (어떤 사물이나 단체를 다른 것과 구별하여 부르는 존재적 칭호)

연합 내용 이름은 실존하는 존재를 규정짓는 표현양식이다. 그 이름이 존재에 관하여 모든 것을 말해 주지는 않는다. 하지만 그 이름을 통해 사귐과 나눔과 사역과 관계를 가짐으로 많은 것을 알아 가며 결실할 수 있다.

● 하박국 1장 심판하시는 주의 이름 여호와

유다의 죄악에도 불구하고 하나님이 왜 침묵하시는지에 대한 하박국의 질문과 유다를 징벌하기 위해 갈대아(바벨론)를 준비해두셨다는 하나님의 응답 그리고 유다의 죄악을 벌하고자 더 큰 죄의 세력을 들어서 쓰시는 하나님의 섭리에 대한 하박국의 질문이 소개되고 있다.

✚ 묵상 : 하박국이 여호와 하나님께 간구한 기도의 내용은 무엇이었나요?(합1:2~4,12~17)
여호와 하나님은 죄악과 패역과 겁탈과 강포와 변론과 분쟁을 일으키는 자들에게 어떻게 응답하시겠다고 하셨나요?(합1:5~11)

● 누가복음 20장 상속자이신 분의 이름 예수

예수님의 권위를 인정하기 싫은 무리들에게 예수님은 요한의 세례가 출처를 묻는다. 그 시대 사람들이 선지자로 여기는 세례 요한의 권위를 인정한다면, 그 세례 요한이 메시야로 소개한 예수님의 권위도 인정해야 한다. 그러나 그들은 완악하여 세례 요한의 권위에 대해서도 답변하지 않는다(1-8절). 예수님은 주인이 보낸 아들마저 죽인 포도원 소작농의 악한 행위를 말씀하시며 대적자들의 현주소를 고발한다(9-18절). '가이사의 것은 가이사에게 하나님의 것은 하나님에게'라는 말씀을 통해 세상 통치 질서아래 순응하며 살되, 그보다 더 큰 하나님의 통치에 순종하며 살아야 함을 분명하게 가르치신다(19-26절). 하나님은 모세를 부르실 때 "나는 네 조상의 하나님이니 아브라함의 하나님, 이삭의 하나님, 야곱의 하나님이니라"(출3:6)라고 소개하신다. 하나님은 산 자의 하나님이시기에 아브라함, 이삭, 야곱은 하나님 안에 여전히 살아 있는 존재라는 뜻이다. 우리 역시 영광의 부활 이후 주의 나라에서 모든 이들과 온전히 연합된 관계, 온전한 사랑의 관계 속에서 영원히 살게 된다. 영원을 누리게 된다(27-40절). 마지막으로 예수님은 다윗의 자손이시며 동시에 다윗의 주님이 되시는 신적 존재임을 밝히신다(41-47절) .

✚ 묵상 : 예수께서 말씀하신 포도원농부 비유는 누구와 누구의 마지막 운명을 암시하신 교훈일까요?(눅20:9~16)
예수님은 부활이 없다고 주장하는 사두개인들에게 어떤 교훈을 주셨나요?(눅20:27~38)

기 도

- 주여, 항상 주의 몸된 교회를 중심으로 기도하여 응답받는 삶을 살게 하옵소서.
- 주여, 예수 그리스도를 믿고 계명을 지키므로 하나님을 더 사랑하게 하옵소서.
- 주여, 한 영혼이라도 더 구원하시려고 가르치셨던 주의 삶을 본받게 하옵소서.

12월 07 December

성수

대하7 / 요이1 / 합2 / 눅21

● 역대하 7장 솔로몬이 찬송을 드리기 위해 절기를 성수함

솔로몬이 기도를 마치자 하나님께서는 모든 사람들이 볼 수 있도록 가시적으로 하늘에서 불을 내려 응답하신다. 성경에서 이곳만큼 생동감을 갖게 하는 기도의 응답도 드물다. 갈멜 산에서 기도할 때 하늘에서 불이 내려왔으나 이곳에서의 장면은 지상 최대의 사건이라고 해도 과언이 아니다.

솔로몬은 일주일에 걸친 성전 낙성식을 성대하게 거행한다. 이어서 하나님께서는 솔로몬과 성전 언약을 맺으신다. 이 언약은 순종하는 자의 축복과 불순종하는 자의 저주가 중심 주제를 이룬다.

✚ 묵상 : 솔로몬이 여호와의 성전 낙성식을 며칠 동안 지켰으며 그와 함께한 백성들의 마음은 어떠했나요? (대하7:8~10)
솔로몬에게 다시 나타나신 하나님께서는 솔로몬에게 어떤 약속을 하셨나요?(대하7:11~22)

● 요한이서 1장 성도가 온전한 상을 받기 위해 계명을 성수함

한 편의 편지 형식으로 이루어진 본장은 송신자와 수신자에 대한 언급과 인사말로 구성된 서론 부분과 온 교회가 계명을 따라 진리와 사랑 안에 거하며 교회를 어지럽히는 이단에 대해 경계하라는 내용의 본론 부분에 이어 방문 계획을 피력하고 인사를 전하는 등의 결론 부분으로 구성되어 있다.

✚ 묵상 : 사도 요한은 처음부터 가진 것이며 들은 바 무엇을 지켜 행하라고 말했나요?(요이1:4~6)
사도 요한이 스스로 삼가 우리가 일한 것을 잃지 말라고 권면한 이유는 무엇일까요?(요이1:7~11)

통일 주제 성수 (聖守, 규칙과 명령 등을 그대로 좇아 거룩히 지킴)

연합 내용 세상의 역사를 주관하시는 하나님께서 예수님의 재림을 통해 이 땅에 다시 오실 때까지 성도는 믿음으로 자신의 자리를 성수해야 한다. 그 믿음에는 마음가짐과 더불어 실천적인 행동이 수반된다.

● 하박국 2장 하박국이 말씀을 듣기 위해 자리를 성수함

1장에서 하나님께 의문을 제시한 하박국이 하나님으로부터 응답을 받는 부분이다. 바벨론은 필시 멸망할 것인데 그 이유는 탐욕(6-8절)과 불의한 이익을 취한 것(9-11절), 포악과 헛된 수고(12-14절), 술취함과 잔악함(15-17절), 우상 숭배(18-20절) 때문이었다.

그 두 번째 항변에(1:12-2:1)에 하나님은 응답하며 갈대아인들 역시 그 악행으로 심판할 거라고 선언한다.

✚ 묵상 : 선지자 하박국은 어디에서 어떻게 여호와 하나님의 말씀을 기다렸나요?(합2:1)
여호와 하나님의 말씀 중 "화 있을 진저"라는 표현은 총 몇 번 나올까요?(합2:4~20)

● 누가복음 21장 성도가 인자의 오실 날을 위해 경건을 성수함

우리는 형식과 외양에 치우치는 것을 항상 조심해야 하며 마음을 다하여 주님을 섬겨야 한다(1-4절). 건축기간만 70년이 넘어가며 화려한 외양을 자랑하는 예루살렘 성전은 완공 후 10년도 못 가서 완전히 무너지게 된다. 참 성전되시는 예수님은 성전의 붕괴를 예고하신다. 마지막 때에는 미혹하는 자들이 많아질 것이다(5-9절). 성전이 무너지기 전 일어날 여러 가지 일들은 종말의 때에 일어날 일들을 미리 보게 한다(10-38절). 특히 세상에 다시 오실 것을 강조하신다(27-28절). 우리는 항상 "주께서 다시 오신다"는 사실을 기억하며 깨어 있는 제자의 삶을 살아야 한다(29-38절).

✚ 묵상 : 예수님께서 환난의 징조들이 일어날 때에 필요한 것은 무엇이라고 말씀하셨나요?(눅21:19)
예수님께서 항상 기도하며 깨어 있으라고 말씀하신 이유는 무엇일까요?(눅21:34~36)

기 도

- 주여, 성전헌당 일천번제 기도여행에 솔로몬과 같은 마음으로 동참하게 하옵소서.
- 주여, 예수님께 받은 은혜와 사랑을 형제자매에게 나누는 하루되게 하옵소서.
- 주여, 나의 마음과 행실을 날마다 붙잡아 주셔서 마지막 때에 승리하게 하옵소서.

12월 08 December

부흥

대하8 / 요삼1 / 합3 / 눅22

● 역대하 8장 솔로몬이 온 성을 건축하며 나라를 부흥케 함

다윗은 나라의 분열을 방지하고 하나의 통일 국가로 만드는 일에 크게 기여하였다. 솔로몬은 아버지 다윗의 뜻을 계승하여 요새를 공고히 하고, 각종 건축 사역을 하였다. 그 결과로 이스라엘은 부강함이 더해갔다.

솔로몬은 영토를 더욱 확장하고 두로 왕의 도움으로 해상 무역을 신장시킨다. 솔로몬 왕국은 영적으로나 국력에 있어서나 근동 최강의 면모를 자랑하기에 이른다.

그러나 아쉽게도 다른 나라의 여인들과 결혼하는 과오를 범하여 이스라엘로 순수한 신앙인의 길을 벗어나게 하는 계기를 제공하기도 하였다.

✚ 묵상 : 솔로몬이 심혈을 기울여 행한 일들은 무엇이었나요?(대하8:3~6)
솔로몬이 매일 힘쓴 경건한 일은 무엇이었나요?(대하8:12~14)

● 요한삼서 1장 가이오가 영혼을 돌봄으로 교회를 부흥케 함

사도 요한은 교회의 지도자인 가이오에게 보내는 편지에서 그의 영적 자녀들이 진리 안에서 행하고 있음을 크게 기뻐한다고 말한다(1-4절). 그는 가이오의 영혼과 범사의 잘 됨과 강건하기를 기도한다. 강건함의 의미는 육신의 건강일 수도 있고 신앙의 강건함일 수도 있다. 특히 요한은 가이오가 순회 복음 전도자들을 적극적으로 환대하고 잘 섬긴 사실을 기뻐한다(5-8절). 반대로 디오드레베는 요한의 일행에 대해 악한 말로 비방하고 나그네(=순회전도자)를 영접하지 않았으며 나그네를 섬기려는 성도들마저 교회에서 내쫓았다(9-12절). 요한은 디오드레베의 악행을 경고하면서 가이오에게 선한 것을 본받으라고 권면한다. 마지막으로 평강을 기원하며 문안인사를 한다(13-15절).

✚ 묵상 : 요한 장로는 가이오에게 편지를 쓰면서 그의 어떤 점을 칭찬했나요?(요삼1:1,3,5~8)
요한 장로는 교회 성도 중 디오드레베의 어떤 점을 지적했나요?(요삼1:9~10)

기 도

- 주여, 교회에서 서로 영접하고 섬김으로 선한 것을 본받는 자가 되게 하옵소서.
- 주여, 열매와 소출과 먹을 것이 없어도 여호와로 인하여 기뻐하게 하옵소서.
- 주여, 두려움으로 죄를 졌을 때 회개함으로 다시 부흥하는 자가 되게 하옵소서.

통일 주제 부흥 (復興, 쇠퇴하였던 것이 다시 일어남)

연합 내용 하나님은 부흥케 하시고 흥왕케 하시는 분이시다. 그러므로 나라나 교회나 개인은 주 뜻 안에서 부흥할 수 있다. 오직 여호와를 경외하고 그 계명을 지키며 영혼을 사랑할 때 그 부흥의 역사는 나타난다.

● 하박국 3장 여호와가 모든 위엄을 가지시고 부흥케 하심

선민의 멸망과 그 멸망의 도구로 타락한 이방 세력이 사용된 데 대한 의문을 말끔히 해소한 하박국은 이제 하나님께 기도하며 영광을 돌린다. 하박국은 하나님의 거룩한 성품, 초월한 능력과 섭리, 온전한 신앙고백 등을 주제로 하나님께 영광을 돌린다.

그리고 하박국 19절은 혼란스러워하는 하박국에게 하나님은 거룩한 심판을 약속하셨을 뿐 아니라 그 은혜와 소망도 확인해 주신다. 우리가 안전과 소망은 일시적 축복이 아니라 주님 자신에 근거한다. 이것은 2장 4절의 "의인은 그의 믿음으로 말미암아 살리라."는 말씀의 핵심이다.

✚ 묵상 : 하박국 선지자가 여호와 하나님께 드린 기도내용 안에서는 여호와 하나님이 어떤 분으로 고백되어지고 있나요?(합3:1~3,6,10,12~14)
하박국 선지자는 여호와 하나님을 자신의 힘으로 여기고 어떤 상황 속에서도 기뻐한다고 노래하고 있나요?(합3:17~19)

● 누가복음 22장 유다와 베드로는 배반과 부인으로 부흥치 못함

모든 것이 예수님이 예고하신 대로 진행되고 있다. 십자가를 향해 가는 길이 빨라지고 있다. 지도자들은 예수님을 죽일 방도를 궁리하고, 유다는 그 지도자들에게 예수님을 넘겨주기로 약조한다(1-6절). 예수님은 제자들과 최후의 만찬을 주재하시며 떡과 포도주를 나누시면서, 당신의 십자가 죽음의 의미를 제자들에게 가르치신다(14-23절). 누가 크냐에 대한 논쟁을 교정하고(24-27절), 제자들에게 하나님 나라를 맡기고(28-30절), 베드로의 배반과 회복의 예언(31-34절), 영적 싸움을 준비시키신다(35-38절). 겟세마네동산에서의 기도와 체포(39-53절), 베드로의 배반과 회개(54-62절), 산헤드린의 재판과정(63-71절)까지 십자가 지시기 전의 급박한 상황들이 전개되고 있다.

✚ 묵상 : 사탄이 들어간 가룟인 유다는 예수를 팔기 위해 어떤 계략을 꾸몄나요?(눅22:3~6,21)
예수님이 예언하신 베드로의 예수 부인사건은 언제 어떻게 일어났으며 그 후 베드로는 그 잘못을 어떻게 뉘우쳤나요?(눅22:34,54~62)

12월 09 December 대답

대하9 / 유1 / 습1 / 눅23

● 역대하 9장 솔로몬이 스바 여왕의 묻는 말에 대답함

솔로몬의 지혜가 사방도처로 퍼지자 멀리 스바에서 여왕이 솔로몬을 찾아와서 그의 지혜를 듣는다. 예수님은 스바 여왕의 열심을 들어서 하나님의 말씀에 귀를 기울이지 않는 당시 종교 지도자들을 책망하였다(마 12:42). 그러나 후반부에서는 솔로몬의 부귀영화와 함께 그의 죽음을 언급함으로써 인간의 유한함과 허무함을 상기시키고 있다.

이곳의 내용은 열왕기상 10장과 유사하다. 그러나 이곳의 내용은 그 나름대로의 특별한 뜻을 간직하고 있다. 이곳에서 다음의 몇 가지를 살펴본다.

✚ 묵상 : 솔로몬은 하나님 여호와가 주신 지혜로 말미암아 무엇을 얻었나요?(대하9:2~5,7~9)
솔로몬이 얻은 재물은 어떤 의미가 있으며 그는 어떻게 사용했나요?(대하9:13~17)

● 유다서 1장 유다가 부르심을 받은 교회에게 대답함

저자로 소개되는 야고보의 형제 유다는 성경에서 단 한사람 예수님의 동생밖에 없다. 그러나 저자는 철저히 자신을 예수 그리스도의 종이라고 고백한다(1절). 유다가 이 글을 쓴 이유는 교회 안에 가만히 침투한 거짓 교사들 때문이다(3-4절). 그들은 부도덕하고 방탕한 삶을 사는 자들로 사실상 예수 그리스도를 부인하는 자들이다. 유다는 하나님을 거역했던 자들이 받았던 심판의 사례 세 가지를 들면서 음행을 저지르고 예수 그리스도의 권위를 부인하며 영광의 천사를 비방한 거짓 교사들의 멸망을 예고한다(5-10절). 유다는 가인과 고라와 발람 같은 존재인 거짓 교사의 실체를 드러내면서 심판을 선언한다(11-16절). 육에 속한 자요, 성령이 없는 자인 거짓 교사들을 경계하고 거룩한 믿음 위에 자신을 세워나가야 한다(17-23절). 하나님은 거짓 교리로부터 당신의 백성을 지키신다(24-25절).

✚ 묵상 : 예수 그리스도의 종 유다는 가만히 들어온 몇 사람을 어떤 자들이라고 했나요? (유1:4,8,10~13,16)
유다는 부르심을 입은 자들과 교회에게 어떤 권면을 했나요?(유1:17~23)

통일 주제 대답 (對答, 물음이나 요구 등에 응하여 말하거나 어떤 태도를 보임)

연합 내용 모든 대답은 두 가지다. 진실과 거짓이다. 하나님과 그의 자녀, 예수님과 그의 제자는 어떤 상황 속에서도 진실을 말하여 생명을 얻는다. 반면 사단과 마귀와 어둠의 인간들은 거짓을 말하여 멸망에 이른다.

● 스바냐 1장 주가 유다의 범죄에 대해 멸절로 대답하심

선지자 스바냐는 유다 백성의 집요한 죄악에 분노하신 하나님의 거룩한 심판 의지를 선포하고 또 심판의 이유와 심판의 양상 등을 피력함으로써 하나님의 심판이 가깝고 필연적임을 역설한다.

✚ 묵상 : 여호와께서는 스바냐를 통해 유다와 예루살렘의 어떤 죄를 지적하셨나요?(습1:4~6)
하나님이 스바냐를 통해 말씀하신 여호와의 큰 날은 어떤 날일까요?(습1:14~16,18)

● 누가복음 23장 예수가 빌라도의 심문적 질문에 대답하심

대적자들(대제사장과 무리들)은 예수님의 공생애 내내 종교법(율법)으로 시비를 걸었다. 그러나 정작 예수님을 고소한 내용은 정치적인 죄목이었다(2절). 빌라도는 1차적으로 예수님에게 죄가 없다고 선언했으며(4절), 헤롯에게 보냈으나 헤롯은 예수님에 관한 재판에 관심이 없었다(8-12절). 빌라도는 2차 재판에서도 예수님은 무죄라는 입장을 밝힌다(14-16절). 그러나 대적자들의 정치공세에 빌라도는 결국 굴복하고 예수님을 넘겨주고 바라바를 석방하기로 결정한다(18-25절). 십자가를 지기 위해 끌려가는 가운데에서도 예수님은 "나를 위하여 울지 말고 너희와 너희 자녀를 위해 울라"(28절)고 말씀하시며 마지막까지 자신을 위한 삶이 아닌 백성의 구원을 위한 삶을 보여 주신다. 예수님 곁의 한 강도는 예수님의 무죄를 선언한다(41절). 이것은 예수님이 죄가 없으시기에 죄를 대속하실 수 있는 분임을 선언하는 내용이다. 죄인인 자신을 대신해 십자가를 지신 예수님이심을 믿었기에, 예수님은 그에게 낙원을 약속하신다(43절). 십자가에서의 예수님의 마지막 모습, 휘장의 찢어짐, 백부장의 고백, 장례와 관련하여 일어난 일 등은 예수님의 죽음이 무죄한 의인의 죽음이었음을 보여 준다(44-56절).

✚ 묵상 : 빌라도는 예수를 거듭 고발하는 대제사장들과 관리들과 백성들에게 예수님을 재차 심문한 후 어떤 결론을 통보했나요?(죽23:1~4,13~15,20,22,24~25)
예수님은 십자가에 달리신 후 어떤 말씀을 하셨나요?(눅23:33~34,42~46)

기 도

- 주여, 솔로몬처럼 하나님이 주신 지혜와 재물의 복을 옳게 사용하게 하옵소서.
- 주여, 교회에 들어온 거짓 교사를 분별하고 사도의 말을 기억하게 하옵소서.
- 주여, 빌라도가 한 말과 예수님이 하신 말씀을 구별하여 지키게 하옵소서.

12월 10 December

도래

대하10 / 계1 / 습2 / 눅24

● 역대하 10장 르호보암이 다스리는 폭정의 시대가 도래함

이곳의 내용은 열왕기상 12장 1-9절과 일치한다. 따라서 같은 자료를 사용하지 아니하였나 하는 생각을 갖게 한다. 이곳에서는 다윗시대의 이중 구조로서 이스라엘과 유다의 왕권의 문제가 그대로 드러난다. 그리고 이와 같은 이중구조를 없이하기 위하여 노력한 흔적을 찾아볼 수도 있지만, 솔로몬의 죽음과 그의 아들 르호보암의 등장으로 이 일은 수포로 돌아가 버린다.

원로들의 교훈을 무시하고 젊은 정치인들의 말에 귀를 기울인 르호보암이 과중한 세금 부과와 강제 노역 등의 철권통치로 인해 유다와 이스라엘은 완전히 갈라져서 서로 간에 다른 입장에서 나라의 멸망을 보게 된다.

✚ 묵상 : 여로보암과 온 백성이 이스라엘의 왕 르호보암에게 어떤 간청을 했나요?(대하10:3~4)
솔로몬의 아들 르호보암은 삼일 후에 그들에게 어떻게 대답했나요?(대하10:12~15)

● 요한계시록 1장 요한이 예언한 종말과 재림의 시대가 도래함

계시록은 요한이 예수 그리스도께 받은 반드시 일어날 일들에 관한 계시로써 이 말씀을 읽고 듣고 지키는 자는 복을 받는다(1-3절). 피 흘리기까지 우리를 사랑하사 구원하시고 제사장 삼으신 영원하신 예수 그리스도는 곧 다시 오실 전능하신 하나님이시다(4-8절). 그리스도의 고난에 동참하는 자 요한은 성령에 감동되어 환상을 보았는데 일곱 금 촛대 사이에 계신 인자같은 이를 보았다(9-16절). 이는 일곱 교회와 함께 하시는 예수 그리스도시다. 예수 그리스도는 요한에게 전에 죽으셨던 사실을 언급하며 사망과 음부의 열쇠를 가지신 분으로서 보여주는 계시의 내용을 기록하라고 명령하신다(17-20절). 사망과 음부의 열쇠를 가지신 예수 그리스도는 오늘 우리에게 말씀하신다.

✚ 묵상 : 계시록을 기록한 요한은 어떤 사람이며 무슨 사명을 받았나요?(계1:1~2,4,9)
요한에게 나타나신 예수 그리스도는 어떤 모습이며 요한에게 무슨 말씀을 하셨나요?(계1:10~20)

통일 주제 도래 (到來, 어떤 기회나 시기가 닥쳐옴)

연합 내용 역사는 하나님이 직접 주관하신다. 정치와 경제, 종교와 문화 등 모든 영역을 감찰하시고 돌보신다. 특별히 하나님은 인간에게 통치권과 권력을 주셔서 그 선악 간에 행하게 하시고 그 행한 대로 심판하신다.

● 스바냐 2장 스바냐가 예언한 구원과 멸망의 시대가 도래함

하나님의 심판을 소개한 스바냐는 2장에서 그러한 심판을 면하기 위해 회개를 촉구하고 유다 주변의 여러 나라들에 임할 하나님의 준엄한 심판을 소개하고 있다.

✚ 묵상 : 여호와의 분노의 날이 도래할 때에 어떤 자가 구원을 받는다고 했나요?(습2:2~3)
여호와의 분노의 날에 멸망하는 나라는 어디이며 그 이유는 무엇일까요?(습2:4~5,8~10,12~13,15)

● 누가복음 24장 제자가 목격하고 증언한 부활의 시대가 도래함

안식 후 첫날 무덤을 찾아간 여인들은 빈 무덤을 보게 되는데 천사를 통해 예수님의 부활 소식을 듣게 된다(1-8절). 여인들은 제자들에게 부활의 소식을 전했지만 제자들은 믿지 않았다(9-12절). 제자들이 여전히 절망에 빠져 있던 가운데 두 사람이 엠마오로 가면서 예수님과 동행하게 되었지만 그들은 예수님을 알아보지 못한다(12~24절). 두 제자는 길에서 성경을 자세히 풀어 설명해 준 분을 식사에 초대하였는데 떡을 떼며 나눌 때에야 비로소 그 분이 예수님이라는 것을 알게 된다(25-32절). 이제 제자들은 확신을 가지고 예수님의 부활 소식을 전한다(33-35절). 예수님은 제자들이 모두 모인 가운데 부활의 몸을 보여 주신다(36-43절). 예수님의 부활은 말씀의 성취이며 제자들은 부활의 증인이다(44-48절). 부활하신 예수님은 위로부터의 능력을 약속하시며 승천하신다(49-53절).

✚ 묵상 : 예수 그리스도의 부활에 관한 가장 생생한 증언은 어떤 사건일까요?(눅24:13~43)
예수 그리스도의 부활을 목격하고 체험한 제자들은 어떤 사명을 받았나요?(눅24:36~43, 46~49)

기 도

- 주여, 지혜를 주사 맡겨진 사역을 잘 감당함으로 새 시대를 열게 하옵소서.
- 주여, 말세에 주의 재림을 소망하며 계시의 말씀을 듣고 읽고 지키게 하옵소서.
- 주여, 주의 부활을 체험하고 그리스도의 증인의 사명을 잘 감당하게 하옵소서.

12월 11 December

회개

대하11-12 / 계2 / 습3 / 요1

● 역대하 11-12장 르호보암이 범죄한 것을 회개하고 겸비함

11: 르호보암은 세겜에서 유다와 베냐민 지파의 왕이 되고, 무력으로 나라의 통일을 이루고자 그의 형제 이스라엘과 싸우려고 군대를 동원한다. 하지만 하나님의 말씀을 받은 선지자 스마야의 권면에 순종하여 전쟁을 포기함으로써 동족상잔의 비극을 피할 수 있었다.

르호보암 통치 초기에 북이스라엘의 많은 사람들이 신앙의 자유를 찾아 남 유다로 향했으며 르호보암의 가문과 유다 왕국은 안정을 되찾았다. 위기 중에도 무력 대신 하나님의 말씀에 귀를 기울이는 르호보암의 신앙적 면모가 돋보인다.

이곳의 기록은 열왕기상 12장 21-24절과 거의 유사하나 이곳에서는 다른 특징이 언급되어 있다. 때에 따라서 하나님의 말씀이 등장하고 그와 같은 여건에서 하나님이 이들을 어떻게 인도하셨는지 알게 하여 준다.

12: 다윗과 솔로몬의 길을 따라 하나님의 말씀 중심의 통치를 하던 르호보암은 3년이 지나면서 점차 신앙의 길에서 벗어났다. 그 결과 애굽 왕 시삭의 침략으로 국가적 위기에 직면하게 된다. 통치 초기에 애굽의 침략에 대비하여 많은 도성들을 요새화하였지만 하나님을 떠나자 하나님은 유다의 성들을 지켜주시지 않으셨다.

이곳에서는 르호보암의 정책, 그의 개성, 그의 신앙과 배교, 그로 인한 여러 가지 사건과 하나님의 응징 그리고 그의 생애의 내용들이 언급되어 있다.

✚ 묵상 : 르호보암은 나라를 통치할 때 어떤 정책을 펼쳤나요?(대하11:5,11~13,17,21,23)
르호보암이 하나님 앞에 잘못한 일과 잘한 일은 무엇일까요?(대하12:1~2,5~7,12,14)

● 요한계시록 2장 주가 에베소 버가모 두아디라에게 회개를 촉구함

소아시아 일곱 교회에 전해진 그리스도의 친서이다. 이 서신들은 그 메시지가 그리스도에게서 전해졌다는 사실을 밝히고, 각 교회의 현재 행위에 대한 평가, 교회 내외부에 존재하는 악한 세력이 심판을 받을 것이라는 경고와 신실한 자에 대한 약속 등으로 이루어져 있다.

✚ 묵상 : 예수는 서마나교회에 어떤 모습으로 나타나셨으며 무슨 말씀을 하셨나요?(계2:8~11)
예수는 두아디라교회에 어떤 모습으로 나타나셨으며 무슨 말씀을 하셨나요?(계2:18~29)

통일 주제 회개 (悔改, 죄나 잘못을 뉘우치고 마음을 고쳐먹은 후 주 안에서 삶)

연합 내용 회개는 범죄한 인간에게 가장 중요한 회복의 과정이다. 회개란 자신의 죄를 인정하고 원상태로 돌려놓으며 다시는 그 일을 반복하지 않는 변화를 의미한다. 그러므로 세상에서 하나님께로 향하는 새로운 삶이다.

● 스바냐 3장 스바냐가 예루살렘 지도자에게 회개를 촉구함

유다는 지도자들로부터 예루살렘 주민 대부분이 하님의 경고를 무시했고, 심지어 열국의 폐망을 통해 전해진 심판의 메시지도 외면했다. 이에 하나님은 그들을 심판하실 것이며, 그 후 겸손히 순종하는 남은 자들을 모으실 것이고 또 당신의 백성을 향해 위로의 약속을 주실 것이다. 하나님은 죄 많은 인간을 통해 소망을 이루신다.

✚ 묵상 : 스바냐 선지자는 하나님 여호와의 모습과 예루살렘의 지도자의 모습을 각각 어떻게 선포하고 있나요?(습3:1~5,7)
이스라엘 왕 여호와는 그의 백성을 어떻게 구원하시겠다고 약속하셨나요?(습3:8,11~13, 15,17,19)

● 요한복음 1장 세례요한이 어린양을 소개하며 회개를 외침

1절의 '말씀'은 '로고스'를 번역한 단어다. '로고스'는 그리스철학에서 '자연적 창조세계를 성장시키는 신적 이성의 원리'의 의미로 쓰이는데, 요한은 로고스에 인격성을 부여해서 성자 예수 그리스가 어떤 분인지를 설명하는데 사용한다. 예수님은 생명의 빛으로 이 땅에 오셨으며(4-11절), 그를 영접하는 자에게 자녀의 권세를 주신다(12-13절). 우리 가운데 거하시기 위해 말씀(로고스)이 육신이 되어 세상에 오셨다(성육신). 말씀(로고스)이 육신이 되었다는 것은 예수님은 피조물이 아니라는 의미다. 예수님은 완선한 하나님의 형상이다(16-18절). 말씀이 육신이 되어 이 땅에 오신 분(성육신 하신 분)을 향해 세례 요한은 "세상 죄를 지고 가는 하나님의 어린양"이라고 선포한다(29절).

✚ 묵상 : 사도 요한이 소개한 예수 그리스도는 어떤 분이실까요?(요1:1~4,9,14,17)
세례 요한과 안드레와 빌립은 각각 예수를 어떻게 전파했나요?(요1:29,34,41~42,46)

기 도

- 주여, 자신도 모르게 범한 범죄와 교만을 회개하고 은혜를 누리게 하옵소서.
- 주여, 한 교회의 성도로서 어디에서 잘못되었는지를 자주 돌아보게 하옵소서.
- 주여, 예수 그리스도를 더 많이 체험하고 앎으로 강건한 자가 되게 하옵소서.

12월 12 December

책망

대하13 / 계3 / 학1 / 요2

● 역대하 13장 아비야가 싸우려고 나온 여로보암을 책망함

아비야는 선정으로 시작하여 악정으로 마감한 르호보암을 계승한 이후 백성들을 향한 연설에서 북이스라엘의 우상숭배와 그릇된 예배, 성직매매 등 문제점들을 지적하면서 이를 경계하고 바른 신앙을 회복하도록 촉구한다. 이렇게 율법을 준수하려는 열심 때문에 하나님의 은혜를 입은 아비야는 객관적 전력에서 현격하게 뒤지는 군사력에도 불구하고 여로보암의 군대를 물리치고 나라를 지키게 된다.

이러한 아비야의 생애가 이곳에서 드러난다. 열왕기의 기록은 겨우 8절(왕상 15:1-8)에 불과하다. 짧은 기록이지만 이곳에서는 한 인간이 살다간 생애가 농도 깊게 거론되어 있다.

✚ 묵상 : 남 유다 왕 아비야는 북 이스라엘 왕 여로보암에게 무슨 말을 선포했나요?(대하13:3~12)
남 유다 왕 아비야는 북 이스라엘 왕 여로보암을 어떻게 무찔렀나요?(대하13:14~18)

● 요한계시록 3장 주가 범죄한 사데와 라오디게아교회를 책망함

사데 교회는 "살았다 하는 이름은 가졌으나, 실상은 죽은 자"라는 책망을 듣는다(1-6절). 주님은 "깨어나라", "회개하라"고 하신다(2-3절). 세상을 사랑하며, 성결하지 않은 삶을 살았던 과거를 돌이키고, 회개의 열매를 맺음으로 다시 일어나야 한다. 빌라델비아 교회는 환난과 박해 속에서도 충성스러운 믿음과 순종, 주님 사랑으로 인해 칭찬받는 교회다(7-13절). 주님은 교회에 영적 권위와 능력을 주시고(핍박하던 사탄의 회당의 무리 중 몇 사람이 회개하고 돌아옴), 시험의 때에 지켜 주신다고 약속하신다. 라오디게아 교회는 미지근한 신앙과 자기만족의 신앙에 대해 책망을 듣는다(14-22절). 경제적으로 넉넉한 라오디게아 지역에 위치한 교회는 부요함으로 인해 안일함에 빠져 영적으로 둔한 상태가 되었다. 주님은 그들의 마음의 문을 두드리신다(21절). 그들은 다시 그리스도를 영접한 진정한 그리스도인으로 거듭나야 한다.

✚ 묵상 : 예수는 빌라델비아교회에 어떤 모습으로 나타나셨으며 어떤 칭찬을 하셨나요?(계2:7~13)
예수는 라오디게아교회에 어떤 모습으로 나타나셨으며 어떤 책망과 어떤 대안을 말씀하셨나요?(계2:14~22)

통일 주제 책망 (責望, 허물이나 잘못에 대해 꾸짖거나 나무람)

연합 내용 책망은 멸망이 아니다. 멸망을 막기 위한 경고요 반성을 위한 첩경이다. 책망을 무시할 때 결국 큰 손해와 징벌을 받는다. 그러므로 책망을 달게 받고 삶의 태도와 방향을 바꾸면 새로운 결과를 얻을 수 있다.

● 학개 1장 학개가 전을 건축하지 않으려는 백성을 책망함

바벨론 포로 귀환 후 시작했던 성전 재건이 착수 2년 만에 외부 세력의 방해로 14년 간 중단된 상황에서 선지자 학개가 하나님의 명령을 따라 성전 재건축을 독려하는 장면이 나온다. 그리고 학개의 명령이 있은 지 3주 후에 지도자들과 백성이 재건축을 시작하는 장면이 소개되고 있다.

1절의 "다리오 왕 제이년"은 메대의 다리오 왕과 혼동해서는 안 된다(참고, 단 5:31). 다리오 1세(히스타스페스)는 주전 521년 캄비세스 사후에 왕이 되었다. 캄비세스의 부관이자 고레스 대왕의 형제의 중손자인 다리오는 바사 군대의 신망을 받았고 그로 말미암아 왕위 계승 싸움에서 승리하고 왕이 되었다. 그는 주전 486년 사망할 때까지 제국을 다스렸다.

✚ 묵상 : 학개는 포로에서 돌아온 이스라엘 백성들의 어떤 행위를 책망하셨나요?(학1:2,4,9)
총독 스룹바벨, 대제사장 여호수아, 남은 백성은 누구의 말을 들었나요?(학1:12~14)

● 요한복음 2장 예수님이 성전에서 매매하는 자들을 책망하심

예수님은 '가나의 혼인잔치'에서 공생애 기간 첫 번째 표적을 나타내셨습니다. '아직 자신의 때가 이르지 않았다'고 하셨지만, 어머니의 부탁으로 물이 포도주로 변하는 표적을 나타내셨습니다. 나중 것(예수님이 물로 만드신 포도주)이 처음 것(처음부터 주인이 준비해 놓은 포도주)보다 더 좋았습니다(10절). 메시야가 오셔서 도래한 시대는 처음의 시대(율법의 시대)보다 비교할 수 없을 정도로 더 좋습니다. 새 포도주로 인한 연회장의 기쁨은 메시야 시대의 도래에 따른 구원의 기쁨을 보여 줍니다. 물로 포도주를 만든 사건은 표적(예수님이 메시야임을 증명하는 증표)입니다. 자신의 몸을 성전으로 비유하신 예수님은 성전을 더럽힌 자들에 대하여 분노하시며 성전을 정화하십니다. 지금의 성전을 허물고 사흘 만에 다시 세우신다는 선포를 통해 십자가의 죽음과 부활을 예고하십니다(19-22절).

✚ 묵상 : 예수님은 갈릴리 가나의 혼레잔치에 어떤 첫 기적을 행하셨나요?(요2:1~5,7~9,11)
예수님은 유월절에 예루살렘 성전에 들어가셔서 어떤 일을 행하셨나요?(요2:13~16)

기 도

- 주여, 원치 않는 다툼이 있을 때 진실한 기도로 주의 도움을 받게 하옵소서.
- 주여, 우리 교회가 칭찬받는 교회가 될 수 있도록 최선을 다하게 하옵소서.
- 주여, 성전을 짓고 성전을 깨끗하게 하는 성숙한 그리스도인이 되게 하옵소서.

12월 13 December

평안

대하14-15 / 계4 / 학2 / 요3

역대하 14-15장 아사 왕이 제사와 개혁으로 평안을 누림

14: 아사는 아비야의 뒤를 이어 왕이 된 후 잔존한 우상들과 산당을 척결하는 대대적인 종교개혁을 단행하였다. 아울러 국방에 눈을 돌려 군사력을 향상시킴으로써 구스의 백만 대군을 능히 물리치게 된다. 아사는 40년 동안 긴 통치를 수행하였다. 그는 유다의 어느 왕보다 더 헌신적으로 하나님을 섬겼고 그로 인하여 하나님의 크신 축복을 받았다. 그러나 후에 그의 생애는 초기의 때와는 상당히 다르다. 사람은 강성하면 교만하게 되는 것을 아사의 삶에서도 확인하게 된다. 이곳에서 그의 초기 생애에 관하여 살피기로 한다.

15: 아사 왕의 1차 종교개혁에도 불구하고 유다 왕국에는 여전히 우상이 존재하고 있었다. 이에 아사 왕은 선지자 아사랴의 가르침을 따라 다시 대대적인 우상 척결과 왕궁 내의 부패를 일소하는 2차 개혁을 단행함으로써 여호와의 신앙을 확립한다. 아사의 2차 개혁은 개혁이 한 번으로 완성될 수 있는 것이 아님을 보여 준다.

✚ 묵상 : 아사 왕이 여호와 보시기에 어떤 선과 정의를 행하여 평안함을 누렸나요?(대하14:2~6)
아사 왕은 하나님께 어떤 제사를 드렸으며 또 무엇을 맹세하였나요?(대하15:10~12)

요한계시록 4장 네 생물과 이십사 장로가 평안 중에 찬송함

일곱 교회를 향한 주님의 말씀을 선포한 이후 요한은 천상에 대한 환상을 보게 된다. 천상의 광경을 묘사하고(3-8a절) 천상에서 울려 퍼지는 찬양에 대해 기록한다(8b절-11절). 요한이 본 천상의 광경은 벽옥과 홍보석, 녹보석 같은 무지개가 보좌를 둘러 있고, 흰옷 입고 금관을 쓴 이십사 장로들의 보좌가 주님의 보좌를 둘러싸고 있다. 수정 같은 유리바다, 보좌와 보좌 주위에 네 생물도 있다. 이와 같은 영광스런 하늘 보좌에서 네 생물은 밤낮 쉬지 않고 하나님의 거룩하심, 전능하심, 영원하심, 심판 주 되심을 찬양한다.

✚ 묵상 : 요한은 보좌 주위에 네 생물의 모습이 각각 어떠하다고 묘사하였나요?(계4:7~8)
이십사 장로들은 어떤 표현으로 보좌에 앉으신 이를 경배하였나요?(계4:10~11)

통일 주제 평안 (平安, 걱정이나 탈이 없음)

연합 내용 참된 평안은 오직 하나님 안에 있다. 그러므로 우상을 버리고 성전을 재건하여 예배를 회복할 때 주의 은혜가 임하여 평안을 얻게 된다. 하나님은 영원한 평안을 독생자 예수 그리스도를 통해서 이루셨다.

학개 2장 이스라엘이 재건한 성전으로 평안을 얻음

학개 선지자는 재건에 따르는 은혜로운 약속을 선포함으로써 작업에 더욱 박차를 가하게 된다. 여기에는 완성된 성전에 임할 하나님의 영광, 성전 재건을 게을리 함으로써 맞아야 했던 각종 시련에 대한 회상, 스룹바벨을 향한 하나님의 격려와 약속 등이 소개되고 있다.

재건작업이 본격화되자 하나님은 강한 격려의 말씀을 주셨다. 솔로몬의 성전을 본 적이 있는 연장자들이 특별히 귀담아들어야 할 말씀이었다.

✚ 묵상 : 하나님께서 선지자 학개를 통해 이스라엘에게 어떤 말씀을 하셨나요?(학2:4~5,7,9)
하나님께서 제사장에게 율법에 대해 물으신 이유는 무엇일까요?(학2:11~19)

요한복음 3장 하나님이 예수를 통해 세상에 평안을 이루심

니고데모는 바리새인이면서 유대인의 지도자였는데, 예수님이 행하신 표적을 보고 예수님에 대한 믿음을 갖게 되었다. 예수님은 그에게 구원의 조건인 물과 성령으로 나는 것, 곧 거듭남에 대하여 말씀하신다. 바람이 임의로 불어 어디로부터 와서 어디로 가는지 알 수 없듯이 거듭남은 자신의 의지와 상관없는 전적인 은혜로 되어지는 것이다. 거듭남의 역사를 위해 모세가 광야에서 뱀을 든 것 같이 예수님도 들리게 된다(14절). 거듭남과 예수님의 들림은 결코 분리될 수 없는 하나의 사건이다. 십자가에 높이 달리신 예수님으로 인해 죄인을 향한 하나님의 진노와 저주, 심판이 모두 사라졌다. 예수 그리스도의 시대가 열리는 것을 보면서 세례 요한은 진정 기뻐했다(29절). 사람들은 그를 예수님과 라이벌 관계처럼 여겼으나 그것을 단호히 거절하고 자신의 사명에 충실하여 하늘로부터 오신 이인 예수님을 선포한다(22-36절).

✚ 묵상 : 하나님께서 아들 예수 그리스도를 세상에 보내신 이유는 무엇일까요?(요3:16~18)
세례 요한은 자신을 무엇이라 비유하며 예수님께 영광을 돌렸나요?(요3:28~30)

기 도

- 주여, 형통하여 평안하다고 생각할 때 더욱 주님을 의지하는 겸손을 주옵소서.
- 주여, 오늘 드리는 예배 가운데 올리는 영광과 감사와 찬양을 받아 주옵소서.
- 주여, 이 땅에 오신 예수님을 기억하며 진리를 따라 빛으로 행동하게 하옵소서.

12월 14 December 구주

대하16 / 계5 / 슥1 / 요4

● 역대하 16장 유다를 전쟁에서 구원하실 참 구주는 여호와

아사는 2차에 걸친 개혁으로 하나님 중심의 신앙을 확립하였다. 그러나 그는 항존하는 북이스라엘의 위협을 막아내기 위해 하나님 대신 인간을 의지하는 잘못을 범하게 된다. 그는 아람과 동맹을 맺고 군사적 결속을 꾀하지만 선지자 하나니로부터 책망을 듣게 된다.

하나님의 은혜를 입었다 할지라도 한평생 하나님의 뜻대로 살기는 어려운 듯하다. 아사가 바로 그와 같은 모습을 보여준다. 그는 필요할 때에 "하나님 여호와께 부르짖어"(대하 14:11) 놀라운 은혜를 체험하였고 강력하게 종교개혁을 실시하여 하나님을 기쁘게 하였다. 그러나 그러한 믿음의 사람이 나중에는 큰 실수를 하였고 그래서 하나님의 응징을 받은 기록이 이곳에서 나온다.

✚ 묵상 : 유다 왕 아사는 이스라엘 왕 바아사의 전쟁을 어떤 방법으로 이겼나요?(대하16:1~4)
선견자 하나니는 유다 왕 아사의 어떤 행동을 망령되다고 말했나요?(대하16:7~9)

● 요한계시록 5장 경배와 찬양을 받으실 구주는 예수 그리스도

요한은 오른손에 일곱 인으로 봉인된 두루마리를 들고 계시는 보좌에 앉으신 이를 보고 있다(1절). 천사가 큰 음성으로 두루마리를 펴고 인을 뗄 분이 누구인지 묻지만 합당한 자가 보이지 않으므로 요한은 절망한다(2-4절). 이때 장로 중 한 사람이 유다 지파의 사자 다윗의 뿌리가 이겼으니 두루마리와 인을 떼실 것이므로 슬퍼하지 말라고 말한다(5절). 요한은 보좌와 네 생물과 장로들 사이에 서 있는 어린 양을 보았는데 그는 일찍 죽임을 당한 것 같았고 능력과 권능의 상징인 일곱 뿔과 하나님의 일곱 영을 상징하는 일곱 눈을 가지고 있었다(6절). 어린양이 두루마리를 취하자 금 대접(=성도의 기도)을 가지고 있는 네 생물과 이십사 장로들이 그 앞에 엎드렸다(7-8절). 일찍 죽임을 당하사 각 족속과 방언과 백성과 나라 가운데서 사람들을 피로 사서 하나님께 드리시고 그들로 나라와 제사장을 삼으신 어린양에게 네 생물과 이십사 장로, 천사들, 모든 피조물이 찬양을 드린다(9-14절).

✚ 묵상 : 보좌에 앉으신 이의 오른손에 있던 두루마리를 누가 취하였나요?(계5:1~2,5~7)
두루마리를 취했을 때 네 생물과 이십사 장로들과 천천만만의 천사와 모든 피조물은 어떤 노래를 불렀나요?(계5:8~14)

통일 주제 구주 (救主, 세상을 구원하실 참된 주인)

연합 내용 구약의 구주는 여호와 하나님이시고 신약의 구주는 예수 그리스도이시다. 나라의 구원과 개인의 구원을 다 이루시는 성부와 성자이시다. 그러므로 새 하늘과 새 땅에서는 오직 경배와 찬양을 받으실 것이다.

● 스가랴 1장 유다를 회복시키실 구주는 만군의 여호와

본장에서는 조상들의 죄악을 언급함으로써 하나님께 돌아올 것을 촉구하는 회개의 권면과 스가랴가 목격한 여덟 가지 환상 가운데 말 탄 자의 환상 및 네 뿔과 네 공장에 대한 환상을 통해 성전 재건에 낙심한 백성들에게 위로와 용기를 준다.

✚ 묵상 : 선지자 스가랴가 여호와 하나님께 들은 첫 번째 음성은 무엇이었나요?(슥1:1~4)
선지자 스가랴가 여호와 하나님께 들은 두 번째 음성은 무엇이었나요?(슥1:7~17)

● 요한복음 4장 한 여자를 구원하실 구주는 예수 그리스도

복음은 혈통과 전통을 뛰어넘어 전해져야 한다. 예수님은 사람들의 눈을 피해 한 낮에 물을 길으러 나온 사마리아 여인을 만나러 금기의 땅에 들어섰다. 그리고 여인을 만나 대화하는 가운데 당신 자신이 육신의 목마름이 아닌 영혼의 목마름을 해소하는 생수이심을 선포하신다. 예수님은 당신을 믿는 자는 그 배에서 생수의 강이 흘러 나올 것을 약속하셨다. "누구든지 목마르거든 내게로 와서 마시라 나를 믿는 자는 성경에 이름과 같이 그 배에서 생수의 강이 흘러나오리라"(7:37-38절) 이는 우리 안에 임재하시는 성령님을 두고 하는 말씀이다. 지금 우리는 영과 진리로 예배하고 있다(23절). 영은 성령님을, 진리는 예수 그리스도를 의미한다. 성령님이 내주하시는 우리는 예수 그리스도로 말미암아 하나님께 예배하고 있다. 아들의 병으로 인해 예수님을 찾아 온 왕의 신하는 "가라 네 아들이 살았다"(50절)는 예수님의 말씀을 그대로 믿고 갔으며, 그의 믿음대로 아들은 병이 나았다.

✚ 묵상 : 예수님은 사마리아 수가 우물가에서 한 여자와 어떤 대화를 나누셨나요?(요4:5~26)
예수님은 양식을 구하러 다녀 온 제자들에게 자신의 또 다른 양식이 무엇이라고 말씀하셨나요?(요4:32,34~38)

기 도

- 주여, 문제를 풀 때 인간적인 방법보다는 신앙적인 방법을 택하게 하옵소서.
- 주여, 우리의 미래를 열어 주시는 어린양 구주 예수님을 찬송하게 하옵소서.
- 주여, 희어져 추수하게 된 이 때를 보고 사역을 양식 삼아 감당하게 하옵소서.

12월 15 December 측량

대하17 / 계6 / 슥2 / 요5

● 역대하 17장 측량할수록 넘쳐나는 하나님의 축복

여호사밧의 행적에 대하여 열왕기에서는 거의 침묵이다(왕상 15: 24). 그러나 역대기에서 그의 행적은 매우 상세하여 역대하 21장 1절에까지 미친다. 유다의 한 왕의 행적에 관하여 역대하 17장부터 21장 1절까지의 전 과정에서 걸쳐 설명하는 것은 매우 드문 일이다. 이것은 그의 업적이 매우 크고 중요하기 때문이다.

여호사밧은 아사의 초기 선정을 본받아 우상을 척결하는 종교개혁을 단행하여 유다 왕국을 여호와 중심의 국가로 세우고, 강한 군사력을 보유하기 위해 노력하였다. 여호사밧은 특히 북왕국 이스라엘을 포함해 다른 나라들의 어떤 공격에도 대비하도록 유다의 방어 태세를 가다듬었다.

✚ 묵상 : 여호사밧 왕이 강대한 나라를 세울 수 있었던 것은 무엇 때문일까요?(대하17:1~6,10~12)
여호사밧 왕이 방백들과 레위 사람을 보내어 힘써 행한 일은 무엇일까요?(대하17:7~9)

● 요한계시록 6장 측량하기 두려운 하나님의 인 재앙

그리스도께서 성부 하나님으로부터 종말의 비밀을 담고 있는 인봉된 두루마리를 받은 장면에 이어 본장에서는 그리스도께서 그 두루마리를 첫째부터 여섯째까지 떼시는 장면을 소개하고 있다. 이것은 결국 종말의 때가 멀지 않았음을 알리는 일종의 예표요 경고라고 할 수 있다.

✚ 묵상 : 요한이 보고 들은 첫째 재앙부터 넷째 재앙까지의 내용은 무엇일까요?(계6:1~8)
요한이 보고 들은 다섯째 재앙부터 여섯째 재앙까지의 내용은 무엇일까요?(계6:9~17)

기 도

- 주여, 여호사밧이 주를 구하고 그 계명을 지킴같이 우리도 그러하게 하옵소서.
- 주여, 마지막 때에 주가 재앙으로 심판하실 것을 알고 충성되게 살게 하옵소서.
- 주여, 측량할 수 없는 치유하심과 가르치심을 받아 항상 자유하게 하옵소서.

통일 주제 측량 (測量, 어떤 것의 길이, 넓이, 높이, 깊이를 재고 생각하여 헤아림)

연합 내용 성부와 성자와 성령의 일하심은 인간이 가히 측량할 수 없다. 주의 계명을 지키는 자에게 축복하시고 회개하는 자에게 회복을 주시며 돌아오지 않는 악인에게 재앙을 내리시는 주의 능력 또한 측량할 수 없다.

● 스가랴 2장 측량할 수 없는 하나님의 감탄할 회복

에스겔은 왕국 시대에 도성과 성전을 재건하기 위한 준비의 상징으로 이 측량줄과 갈대를 사용하였다. 그것은 왕국 시대의 영광을 예견하는 이 장에도 적용될 수 있다.

스가랴가 목격한 세 번째 환상으로 측량줄을 잡은 환상을 통해 지금은 비록 패망할 것이지만 마침내 회복되고야 말 선민의 역사를 주관하고 계시는 하나님의 구원의 섭리를 확인시켜주는 장면을 보여준다.

✚ 묵상 : 천사는 스가랴에게 예루살렘은 어떤 성읍이 될 것이라고 말했나요?(슥2:1~2,4~5)
시온의 딸을 흩으셨던 여호와 하나님이 다시 그들 가운데 머무시면서 어떻게 회복시키시겠다고 스가랴를 통해 말씀하셨나요?(슥2:6~13)

● 요한복음 5장 측량할 수 없는 예수님의 완전한 사역

간헐천으로 보이는 베데스다 연못은 물이 동할 때 먼저 들어가면 병이 낫는다는 민간전승에 의해 많은 병자들이 모여 있었다(1-4절). 예수님은 자신의 힘으로 못에 들어갈 수 없어 절망하고 있는 38년 된 병자를 치유하셨지만 그 날이 안식일인 것과 자신을 하나님과 동등하게 말하였다(=하나님을 아버지라 표현함)는 이유로 논쟁에 휘말리게 된다(5-18절). 예수님은 치유와 회복이라는 안식일의 참된 의미를 보여 주셨으며 하나님의 아들이신 당신의 정체성도 나타내셨다. 더 나아가 아버지께서 자신에게 생명과 심판에 관한 권한을 위임하셨음도 선포하신다(19-29절). 예수님은 그의 정체성에 대해 자신이 임의로 말한 것이 아니라 세례요한의 증언과 십자가의 죽음과 부활로 대표되는 그의 사역, 그를 보내신 아버지의 증언 그리고 구약이 모두 동일하게 증거하고 있음을 확신 있게 선포하신다(30-40절). 예수님은 유대인의 불신을 책망하시면서 그의 정체성을 밝히는 또 다른 증인으로 모세를 제시하신다(41-47절).

✚ 묵상 : 예수님은 명절이요 안식일에 어떤 병자를 고쳐 주셨으며, 그 일로 인해 어떤 오해와 위험을 받으셨나요?(요5:1,5~9,14~18)
예수님은 자기를 죽이고자 하는 유대인들에게 하나님 아버지와 자신의 관계에 대하여 어떤 내용들을 가르치셨나요?(요5:19~29)

12월 16 December

분별

대하18 / 계7 / 슥3 / 요6

● 역대하 18장 선지자의 예언으로 전쟁여부를 분별하는 두 왕

이곳에서는 여호사밧의 행적에 대한 내용이 더 나온다. 그는 여러 면에서 특이한 사람이었다. 그는 이방 나라 아람의 위협을 받고 있는 동족 이스라엘을 돕기 위해 동맹을 맺고 아합과 힘을 합하여 길로앗 라못을 치려고 하였다. 이곳은 아직도 아람 왕 벤하닷의 수중에 있었다.

미가야 선지자는 아합과 동맹을 맺은 여호사밧의 행위가 선하지 못함을 경고하고 거짓 선지자의 예언을 믿는 동맹군이 아람과의 전투에서 패배하여 아합이 전사할 것을 경고하였다.

✚ 묵상 : 아합 가문과 혼인한 여호사밧 왕은 아합 왕과 더불어 어떤 일로 모든 선지자들의 예언을 들었나요?(대하18:1~7,12~22)
참 선지자 미가야의 예언을 무시한 아합 왕은 어떤 죽음을 맞이했나요?(대하18:29~34)

● 요한계시록 7장 순교적 신앙으로 구원받을 자를 분별하시는 주

일곱 번째 봉인을 떼기 전에 요한은 구원받은 하나님의 백성에 관한 환상을 보게 된다. 땅 네 모퉁이 있는 천사들이 바람(=하나님의 진노)이 불지 못하게 붙잡고 있으며 하나님이 그의 종들을 인치시기까지 심판은 유보된다(1-3절). 인침 받은 자의 수는 144,000명으로 특징적인 것은 야곱의 장자인 르우벤이 아닌 유다가 먼저 등장한다는 것이다(4-8절). 이는 인침을 받은 자가 유다 지파의 사자이자 다윗의 뿌리인 예수님으로 인해 새롭게 형성된 영적 이스라엘이기 때문이다. 그러므로 144,000명을 산술적인 숫자로 보면 안 된다. 흰 옷을 입은 셀 수 없는 큰 무리와 천사들이 하나님과 어린양을 찬양하는데 흰 옷을 입은 무리들은 어린 양의 피로 죄를 씻어 환난에서 승리한 자들이다(9-14절). 어린양이 친히 목자가 되어 생명수 샘으로 인도하시고 모든 눈물을 씻어 주시며 어떤 해함이나 상함도 없는 새 예루살렘에서 영원히 살게 하실 것이다(15-17절).

✚ 묵상 : 야곱의 열두 지파 중에 인침을 받지 못한 지파는 어디일까요?(계7:5~8)
각 나라와 족속과 백성과 방언에서 아무도 능히 셀 수 없는 흰 옷을 입은 큰 무리는 누구이며 어떤 소리를 외쳤나요?(계7:9~10,13~15)

통일 주제 분별 (分別, 서로 다른 것을 종류에 따라 판단하여 구별하고 가려냄)

연합 내용 분별은 하나님이 성령을 통해 성도에게 주시는 은사다. 이 분별의 은사를 통해 죄와 세상을 이길 수 있다. 하지만 많은 사람은 인간적 지식에 의한 분별을 한다. 이로 인해 잘못된 결정을 하고 망하게 된다.

● 스가랴 3장 쓰실 대제사장을 분별하여 새롭게 입히시는 주

네 번째 환상으로 대제사장 여호수아가 하나님 앞에서 죄사함을 받는 장면과 백성의 대표자로서 여호수아가 하나님으로부터 약속과 명령을 받는 장면 그리고 메시야 약속이 주어지는 장면이 소개된다.

✚ 묵상 : 여호와 하나님은 모든 것을 회복시키실 때 무엇부터 정결케 하실까요?(슥3:1~5)
여호와 하나님은 정결한 관과 아름다운 옷을 새롭게 입힌 대제사장 여호수아에게 천사를 통하여 어떤 말씀을 하셨나요?(슥3:6~10)

● 요한복음 6장 자신을 생명의 떡으로 분별하도록 가르치신 주

예수님은 오병이어의 기적을 통해 그 옛날 광야에서 만나로 백성들을 먹이시던 하나님의 역사를 재현하신다(1-15절). 이어서 어두운 바다를 가로질러 풍랑과 사투를 벌이고 있던 제자들에게 오셔서 평안케 하심으로서 홍해를 가르시고 이집트의 군대로부터 백성들을 지켜 내신 하나님의 역사를 재현하신다(16-21절). 오병이어의 기적을 통해 배부른 경험을 한 군중들은 예수님을 다시 찾아 왔는데, 예수님은 당신 자신이 하늘에서 내려온 생명의 떡임을 선포하신다(22-59절) 예수님은 장차 승천하실 것을 말씀하시면서(62절) "살리는 것은 영이니 육은 무익하다"고 말씀하신다(63절). 예수님을 통해 육에 속한 것, 곧 정치적 문제, 경제적 문제를 해결하려는 자들이 있는데, 그들을 향해 "믿지 않는 자"라고 선언하신다(64절). 우리는 대세를 좇아 살아가는 자들이 아니라 "영생이 말씀이 주께 있음을 알기에" 예수 그리스도를 좇아 살아가는 자이다(68절).

✚ 묵상 : 오병이어의 기적을 보이신 예수님은 자신을 무엇이라고 말씀하셨나요?(요6:27,35~40)
자신을 참된 양식과 음료라고 말씀하신 예수님은 무엇을 제정하셨나요?(요6:47~58)

기 도

- 주여, 어떤 일을 결정할 때 내 의견에 일치하는 것보다는 분별하게 하옵소서.
- 주여, 정치와 교회의 지도자가 죄를 벗고 새 옷을 입은 후 바로 일하게 하옵소서.
- 주여, 생명의 떡인 예수로 인해 영생을 얻고 다른 영혼을 구원하게 하옵소서.

12월 17 December

공포

대하19-20 / 계8 / 슥4 / 요7

● 역대하 19-20장 여호사밧이 백성들에게 금식을 공포함

19: 이곳의 내용은 역대기에서만 나온다. 이 내용은 여호사밧의 자세를 이해하는 일에서 매우 중요하다. 여호사밧은 아합이 죽은 후에 예루살렘에 돌아와서 선지자 예후의 책망에 순응하고 놀라운 변화의 모습을 보여준다. 이것은 그로 하여금 그 자신과 그의 백성이 하나님의 뜻을 다시 알도록 하는 일에 크게 기여하게 한다.

20: 국가의 조직을 정비하고 신앙을 회복한 여호사밧은 모압과 암몬 연합군의 공격에 맞서 군사력을 의지하지 않고 하나님께 간구한 결과 전쟁에서 큰 승리를 거둔다.

✚ 묵상 : 선견자 예후의 책망을 들은 여호사밧 왕은 어떤 개혁을 추진했나요?(대하19:4~9)
여호사밧 왕이 모압, 암몬과 전쟁할 때에 사용한 전술은 무엇일까요?(대하20:3~4,17~21)

● 요한계시록 8장 천사들이 세상에게 나팔 재앙을 공포함

어린 양이 일곱 인을 떼자 하늘이 고요해졌다. 태풍 속에 고요와 같습니다. 아무 일도 안 일어나는 것 같지만, 일곱 나팔 재앙이 이내 시작된다. 일곱 나팔 재앙은 하나님께 드려진 성도의 기도에 대한 응답이기도 한다(3-5절). 기도의 내용은 성도들이 자신을 박해한 악한 세력에 대한 하나님의 공의로운 심판의 요청이다("우리 피를 갚아 주지 아니하시기를 어느 때까지 하시려 하나이까", 6:10). 첫째 나팔 소리와 함께 우박과 불이 쏟아져 땅의 삼분의 일이 타 버렸고, 둘째 나팔소리와 함께 바다의 삼분의 일이 피로 변하고, 바다 생물의 삼분의 일이 죽었다. 셋째 나팔 소리에 쓴 쑥이라는 이름의 큰 별이 강과 여러 샘에 떨어져 많은 사람이 죽게 되었고, 넷째 나팔 소리에 해와 달과 별들의 삼분의 일이 어두워졌다. 생명의 유지를 위해 필요한 것들이 손상을 입게 된 것입니다. 점차 파괴되어 가는 세상을 보며 우리는 마지막 때가 오고 있음을 깨달아야 한다.

✚ 묵상 : 천사는 금향로에 많은 향을 받아 무엇과 함께 보좌 앞 금제단에 드렸나요?(계8:1~4)
첫째 나팔재앙부터 넷째 나팔재앙까지 어떤 재앙들이 나타났나요?(계8:7~12)

통일 주제 공포 (公布, 일반 대중에게 널리 알림)

연합 내용 모두가 알아야 할 명령과 법률을 공포하여 반드시 지키게 하듯이 하나님의 뜻 또한 공포하여 지키게 해야 한다. 그 내용은 선민 이스라엘을 위한 율법에서부터 온 세상을 위한 복음까지 아우르는 것이다.

● 스가랴 4장 여호와께서 이스라엘에게 은총을 공포하심

4장에서는 다섯 번째 환상이 소개되고 있다. 성소 안 순금 등대와 그 등대 좌우의 두 감람나무는 성전 재건의 완수를 상징한다. 한편 두 감람나무는 순금 등대의 기름을 공급하는 것 혹은 성전 재건을 위해 백성을 독려하던 대제사장 여호수아와 지도자 스룹바벨로 이해할 수 있다.

✚ 묵상 : 순금 등잔대 좌우의 두 감람나무는 무엇을 의미하는 것일까요?(슥4:14)
여호와께서 스가랴에게 이 말씀들을 하신 이유는 무엇일까요?(슥4:9)

● 요한복음 7장 예수님께서 무리에게 교훈을 공포하심

예수님의 형제들 역시 예수님을 종교적, 정치적 메시야로 이해하고 있다(3-4절). 아직 예수님의 때가 이르지 않았기에 하나님 나라의 비밀은 숨겨져 있다(6,8절). 예수님은 자신의 가르침이 보내신 자의 것이며(16절) 하나님의 뜻을 행하려는 자는 당신의 가르침이 하나님으로부터 온 것인지 판단할 수 있고(17절) 하나님의 가르침을 전하는 자는 하나님의 영광을 추구하기에 그 속에 불의가 없다는 사실을 들어(18절) 당신의 가르침의 출처가 하나님이심을 선언한다. 예수님은 '생수의 강'을 흘러 넘치게 하실 분, 곧 믿는 자에게 성령을 주실 분이다(37-39절). "내가 주는 물은 그 속에서 영생하도록 솟아나는 샘물이 되리라"(4:14)

✚ 묵상 : 예수님께서 명절 중간에 성전에서 가르치신 교훈은 누구의 말씀이었나요?(요7:16)
예수님께서 명절 끝날 곧 큰 날에 어떤 말씀을 외치셨나요?(요7:37~38)

기 도

- 주여, 누군가 나에게 채찍을 칠 때 주의 규탄으로 여길 줄 아는 겸손을 주옵소서.
- 주여, 성전의 기초와 마침을 이루실 하나님을 의지하며 은총을 누리게 하옵소서.
- 주여, 예수님의 말씀을 교훈삼아 재림의 날까지 생수의 강을 마시게 하옵소서.

12월 18 December

불변

대하21 / 계9 / 슥5 / 요8

● 역대하 21장 다윗과 맺은 언약을 지키시는 불변의 여호와

여호사밧은 여러 명의 아들들이 있었으나 장자 여호람이 왕위에 오른 후에 세력 강화를 위해 피비린내 나는 형제살인 행위와 반대파의 제거를 위한 살육을 자행하였다. 이것은 다른 왕과 달리 여호람이 보여준 특징이었다.

북왕국 아합과 이세벨의 딸과 혼인하여 바알 종교를 들여오고 악정을 행한 여호람은 에돔과 립나의 반란과 아라비아의 침공을 받아 국가적으로 위기를 맞는다. 선지자의 엘리야의 책망과 경고가 있었지만 여호람은 끝내 회개하기를 거부하다가 결국 창자에 중한 병이 걸려 죽음에 이른다. 여호람은 요람으로도 불린다.

✚ 묵상 : 여호사밧의 아들 여호람이 왕위에 올라 이스라엘 왕들의 길로 행하여 악을 행하여도 왜 여호와 하나님은 멸하기를 싫어하셨나요?(대하21:4~7)
하나님의 인내하심 속에서도 계속 여러 가지 악을 행한 여호람은 결국 어떤 벌을 받았나요?(대하21:10~17,20)

● 요한계시록 9장 악한 자를 향해 심판을 행하는 불변의 천사들

우주와 대자연에 임할 재앙으로서 첫 번째에서 네 번째까지의 나팔이 소개된 데 이어 본장에서는 인간에게 임할 대재난으로서 다섯 번째와 여섯 번째 나팔 재앙이 소개되고 있다. 나팔은 전쟁이나 제사 혹은 하나님의 임재와 관련하여 등장하며 그날에는 악인들은 심판을, 의인들은 하나님의 나라를 선물로 받게 될 것이다.

✚ 묵상 : 다섯째 나팔 재앙에 등장하는 황충은 어떤 모양이며 무슨 역할을 할까요?(계9:1~11)
여섯째 나팔 재앙에 등장하는 마병대의 수와 모양과 역할은 무엇일까요?(계9:14~19)

기 도

- 주여, 아버지의 믿음과 순종이 자녀와 후손에게 대대로 복이 되게 하옵소서.
- 주여, 말세에 악한 자를 향한 하나님의 재앙을 당하지 않는 자가 되게 하옵소서.
- 주여, 성도로서 예수님에 대하여 충분히 알게 하사 진리를 더 알게 하옵소서.

통일 주제 불변 (不變, 사물의 모양이나 성질, 또 언약이나 약속이 변하지 않음)

연합 내용 세상은 끝없이 변한다. 사람도 자연도 모두 변한다. 오직 변하지 않으시는 분은 삼위일체 하나님이시다. 그분의 말씀도 약속도 통치도 구원도 심판도 절대 변하지 않는다. 오직 인간 때문에 변할 뿐이다.

● 스가랴 5장 거짓말과 헛맹세한 자를 저주하시는 불변의 주

여섯 번째 두루마리 환상과 일곱 번째 한 여인의 환상이 소개된다. 스가랴는 날아가는 두루마리를 보았다. 그 크기는 길이가 20규빗, 약 9m이고 너비가 10규빗, 약 4.5m이었다. 두루마리는 소나 양의 가죽으로 만든 종이이다. 그 두루마리에는 온 세상에 적용되는 저주의 말씀이 기록되어 있었다. 모세의 율법은 복과 저주의 말씀이다(레 26장; 신 28장). 그것은 하나님께서 주신 내용이며 하나님의 공의를 반영한다.

✚ 묵상 : 스가랴가 본 날아가는 두루마리는 무엇이었나요?(슥5:1~4)
스가랴가 본 에바와 한 여인과 납 그리고 두 여인은 어떤 관계일까요?(슥5:6~11)

● 요한복음 8장 유대인들에게 진리를 가르치신 불변의 예수

종교가 변질되면, 자신의 기득권을 유지하고 이익을 얻는 수단으로 얼마든지 활용될 수 있다. 서기관들과 바리새인들이 예수님을 시험하기 위해 간음한 여인을 붙잡아 왔다. "죄 없는 자가 먼저 돌로 치라" 이 말씀은 간음한 여인보다 종교의 힘을 빌어 예수님을 모함하려한 그들의 죄가 더 크다는 것을 말씀하시고자 함이다. 예수님은 자신이 어디에서 왔으며 어디로 갈지 알고 계신다(14절). 그분의 정체성은 하나님이시다. 그래서 "나는 나의 뜻대로 하려 하지 않고, 나를 보내신 이의 뜻대로 한다"(5:30)라고 말씀하셨던 것이다. 예수님이 행하시는 일은 임의로 하시는 것이 아니라 철저히 아버지의 뜻을 행하시는 것이므로 예수님 스스로의 증언도 효력이 있다(18절) 물론 예수님을 보내신 아버지 하나님 역시 예수님을 위한 증언자시다(18절). 예수님은 자신의 정체성에 대하여 십자가에 못 박힌 후에야 알게 될 것이라고 말씀하신다(28절). 보내신 분의 뜻대로 행하는 자를 하나님은 결코 홀로 두지 않으신다(29절). 대적자들은 자신들이 아브라함의 후손이요, 하나님이 그들의 아버지이시기 때문에 자신들은 자유인이라고 생각한다(31~59절). 사람은 본질적으로 죄인이며, 죄 문제를 스스로 해결할 수 없는 죄의 노예다. 그러므로 참 자유는 오직 예수 그리스도 안에 있다.

✚ 묵상 : 예수님은 간음하다가 현장에서 잡힌 여자에게 어떤 은혜를 베푸셨나요?(요8:3~11)
예수님은 자기를 죽이려는 유대인들과 또 자기를 믿는 유대인들에게 각각 자신에 대하여 어떻게 말씀하셨나요?(요8:12,16,23,29,40,42,55,58)

12월 19 December

대행

대하22-23 / 계10 / 슥6 / 요9

● 역대하 22-23장 종교개혁을 대행하는 제사장 여호야다

22: 아하시야는 여호람의 악정을 본받아 북왕국 이스라엘의 아합 왕과 교류하다가 북왕국의 반란자 예후에게 살해당한다. 그러자 아하시야의 어머니 아달랴는 왕자들을 모두 죽이고 섭정을 시작한다. 아달랴는 북왕국 이스라엘의 아합 왕과 이세벨 왕비의 딸로서 바알 종교를 강요한 철저한 우상숭배자였을 뿐 아니라 왕자들을 모두 죽이고 섭정을 할 정도로 잔혹하고 정권욕이 강했다. 왕자들이 죽임을 당하던 때 여호사브앗은 아하시야의 유일한 핏줄인 요아스를 숨겨 성전에서 양육한다. 요아스가 구원을 얻게 된 것은 다윗의 등불, 곧 그의 후손을 끊지 않으시겠다는 하나님의 약속 덕분이었다.

23: 제사장 여호야다는 우상숭배를 강요하며 나라를 혼란하게 만든 악녀 아달랴의 학정에 항거하여 혁명을 일으켜 그녀를 제거하고 숨겨 키운 요아스를 통해 다윗 왕조를 다시 복원한다.

이곳의 내용은 열왕기하 11장 4-12절의 내용과 같은 것도 있고 다른 것도 있다. 이것은 각기 내용의 강조점의 차이 때문으로 보인다. 그러나 두 곳에서 여호야다가 이와 같은 일을 계획하였고 처음에 가리 사람의 백부장들과 의논하였다는 것은 일치한다(왕하 11:4). 이들 백부장들은 다른 곳에서는 그렛 사람, 블렛 사람이라고 하는(삼하 8:18) 왕의 근위병들이었다. 이들이 서원을 하고, 성전과 그 주변에 배치되고, 어린 왕의 등극에서 중요한 역할을 수행하였다.

✚ 묵상 : 아하시야 왕은 어떻게 죽었으며 모친 아달랴는 어떤 악을 행하였나요?(대하22:7~12)
제사장 여호야다는 아하시야의 아들 요아스를 어떻게 즉위시켰나요?(대하23:1~7,9~11)

● 요한계시록 10장 하나님의 뜻을 대행하는 천사들과 요한

여섯 번째 나팔 재앙과 일곱 번째 나팔 재앙 사이에 등장하는 계시이다. 그중 10장은 5장에서 언급된 봉인된 작은 책을 가장 힘센 천사가 가지고 등장하는 장면과 지금껏 환상을 지켜보던 요한이 그 책을 받아먹는 장면이 소개되고 있다. 이 부분은 다니엘의 마지막 환상을 상기시키고 있다.

✚ 묵상 : 요한이 본 힘센 천사는 어떤 모습을 하고 있었나요?(계10:1~2,5~8)
요한은 힘센 천사에게 나아가 펴 놓인 작은 두루마리를 어떻게 했나요?(계10:9~11)

통일 주제 대행 (代行, 어떤 권한이나 직무를 대신하여 행함)

연합 내용 하나님은 일하시는 분이시다. 예수님을 통해 또는 왕이나 선지자나 제사장이나 사도나 제자 등을 통해 구원의 일을 대행 하신다. 그 결과로 하나님은 영광을 받으시고 대행한 일꾼은 면류관과 큰 상을 받는다.

● 스가랴 6장 금 면류관 씌우는 일을 대행하는 스가랴

마지막 여덟 번째 네 병거의 환상과 스가랴가 포로 귀환자들의 대표들이 가져온 은금으로 만든 면류관을 대제사장에게 씌우고 그것을 다시 성전에 안치하는 장면이 소개된다.

✚ 묵상 : 스가랴가 본 두 구리산 사이에서 나온 네 병거는 무엇이었나요?(슥6:1~7)
여호와 하나님은 스가랴에게 무엇을 하라고 말씀을 하셨나요?(슥6:10~13)

● 요한복음 9장 복음 전파를 대행하는 눈을 뜨게 된 맹인

유대인들은 질병에 대해 죄의 결과라고 생각했다. 그래서 제자들은 맹인을 보고서 누구의 죄로 인한 것인지를 묻는다(1-2절). 예수님은 오랜 편견을 거부하시고 하나님의 일을 나타내기 위함이라는 새로운 해석을 하시며 그의 눈을 뜨게 하신다(3-7절). 우리는 고난과 불행, 질병을 통해 오히려 세상을 감동시키고 하나님의 영광을 크게 드러낸 하나님의 손에 붙들린 사람들을 수없이 보아 왔다. 눈을 뜨게 된 맹인은 자신을 고치신 예수님을 전하나 바리새인들은 실제 일어난 사건을 두고서도 끝내 치유자 되시는 예수님을 인정하지 않았다(8-22절). 그들이야말로 눈 뜬 장님이었다. 맹인이었다가 눈을 뜬 사람은 예수님을 정죄하려는 바리새인들의 모순을 지적한다(23-34절). 맹인이었던 자는 예수님을 다시 만나 그가 하나님으로부터 온 자임을 시인하였지만 바리새인들은 예수님에게서 영적 맹인이라는 평가와 함께 심판의 선언을 듣는다(35-41절).

✚ 묵상 : 날 때부터 맹인된 사람은 어떻게 눈을 떴으며 예수님에 대하여 어떤 신앙고백을 드렸나요?
(요9:5~7,11,35~38)
눈을 뜨게 된 맹인은 끝까지 예수를 의심하는 바리새인들에게 어떻게 예수를 증거했나요?
(요9:15,17,24~28,32~33)

기 도

- 주여, 악한 자와 짝하여 악을 꾀함으로 멸망하는 자가 되지 않게 하옵소서.
- 주여, 이 시대에 우리에게 주시는 특별한 사명을 잘 받아 감당하게 하옵소서.
- 주여, 큰 고통 속에서 무한한 은혜를 입은 자로서 예수를 증거하게 하옵소서.

12월 20 December

훼방

대하24 / 계11 / 슥7 / 요10

● 역대하 24장 요아스의 성전 수리를 훼방하는 악한 자들

요아스는 7세에 왕위에 올랐다. 그의 후견인 여호야다가 살아 있는 동안에는 "여호와 보시기에 정직하게 행하였으며"(2절)라고 하였다. 그는 여호와의 신앙으로 예루살렘 성전을 수축하는 열심을 보였고 선정을 베풀었다.

그러나 여호야다가 죽자 배교의 길을 걸었다. 나약한 인간 모습을 이곳에서 보게 된다. 요아스는 우상을 숭배하며 선지자를 성전 마당에서 살해하는 등 악정을 거듭하다가 신하들에 의해 살해되고 만다. 요아스는 유다의 다른 왕보다 더 비참한 종말을 맞이하였다. 하나님을 버리고 신의를 저버린 자의 말로가 어떠한가를 우리는 요아스를 통해서 확인하게 된다.

✚ 묵상 : 요아스 왕이 성전을 수리하려고 할 때 훼방했던 자들은 누구였나요?(대하24:4~7)
여호야다가 죽은 후 요아스의 통치는 어떻게 변했나요?(대하24:17~22,24)

● 요한계시록 11장 두 증인의 사역을 훼방하는 짐승과 악한 자들

"성전과 제단 및 그 안에서 경배하는 자들을 측량하라"는 것은 그들을 보호하시겠다는 의미가 담겨 있다(1-2절). 두 증인은 두 감람나무(=귀환 공동체의 두 지도자 스룹바벨과 여호수아)와 두 촛대(=신약의 교회)를 의미하는데 마흔 두 달의 박해기간 동안 증인의 역할을 잘 감당했다(3-4절). 두 증인이 예언하는 동안 누구도 그들을 해하지 못한다(5-6절). 즉, 이 땅에 복음의 증인들을 막을 자가 없다. 그 후 무저갱에서 올라온 짐승에 의해 두 증인은 죽임을 당하게 된다(7-10절). 이는 교회가 당할 고난과 환난을 의미한다. 그러나 두 증인은 하나님의 생기로 인하여 다시금 부활하여 승천하게 되고 그 후에 악한 성의 1/10이 파괴되며 7,000명(=많은 수)의 사람들이 죽임을 당하게 된다(11-14절). 핍박받던 자들이 영광으로 얻고 핍박자들이 도리어 심판을 당하는 것을 본 남은 자들이 하나님께 영광을 돌릴 것이다.

✚ 묵상 : 요한이 말한 두 증인은 누구이며 어떤 사역 과정을 보여 주고 있나요?(계11:3~12)
세상 나라가 주의 나라가 되어 주가 왕노릇 하실 때 이방들과 땅을 망하게 했던 훼방자들은 어떻게 될까요?(계11:15~18)

통일 주제 훼방 (毁謗, 남의 일을 잘못되게 하거나 못하게 함)

연합 내용 그리스도인이 주 예수의 뜻을 따라 살려고 할 때 마귀와 악한 영, 그리고 그 영향을 받은 자는 끊임없이 훼방을 일삼는다. 그 때에 성령의 도우심과 신앙적 의지로 이기는 자는 그 이름이 생명책에 기록된다.

● 스가랴 7장 여호와의 말씀을 듣지 않고 훼방하는 백성들

바벨론 포로생활을 하면서 유다인들은 자신들의 패망을 슬퍼하여 다섯째 달을 금식일로 지켜왔다. 그런데 성전 재건이 시작된 지금에도 금식이 필요한가라는 질문이 제기되었고, 이에 스가랴는 형식적인 금식 이전에 거룩에 입각한 참된 금식 곧 실천적인 신앙을 권면하게 된다.

✚ 묵상 : 만군의 여호와는 온 백성과 제사장들이 어떤 금식을 했다고 말씀하셨나요?(슥7:4~7)
예루살렘 백성은 여호와 하나님이 선지자들을 통해 하신 말씀과 율법을 듣지 않고 어떻게 거역하며 훼방하여 황폐케 되었나요?(슥7:9~13)

● 요한복음 10장 선한 목자이신 예수의 사역을 훼방한 유대인들

예수님은 양의 문 즉, 구원에 이르는 문이시다(1-10절). 예수님은 양으로 생명을 얻게 하지만 예수님 외에 자신을 구원의 문으로 주장하는 자는 영혼을 죽이고 멸망시킨다. 또한 예수님은 선한 목자시다(11-21절). 선한 목자는 양을 잘 알고 있으며 양을 위해 기꺼이 자신의 목숨을 버린다. 그래서 세례 요한은 예수님을 가리켜 세상 죄를 지고 가는 하나님의 어린 양으로 소개했다(1:29). 여전히 예수님을 불신하고 있는 유대인들은 정체를 밝힐 것을 요구한다(22-24절). 예수님은 그들에게 "내 양이 아니므로 믿지 않는다"고 말씀하시며 "만물보다 크신 하나님에게서 그의 양을 빼앗을 자 없으므로 자신에게서 양을 빼앗을 자가 없다"고 선언하신다(25-30절). 이 말은 예수님과 하나님이 동등하다는 의미다. 신성모독이라며 반발한 유대인들이 돌로 치려 했지만 예수님은 자신이 행한 표적이 곧 자신의 신분을 나타내고 있으니 행한 일을 보고 믿으라고 말씀하신다(31-39절). 많은 사람들이 예수님의 말씀과 표적을 보고 믿었다(40-42절).

✚ 묵상 : 예수님은 자신을 누구라고 하시며 그 특징을 무엇이라고 하셨나요?(요10:11,14~17)
예수님의 사역을 훼방하며 돌로 치려했던 유대인들은 예수님이 하신 말씀 중 어떤 가르침이 마음에 걸렸나요?(요10:24~33,36~38)

기 도

- 주여, 처음과 나중의 사역이 동일하게 진실한 사역자가 되게 하옵소서.
- 주여, 금식도 제사도 사역도 오직 하나님을 위하여 행하는 자가 되게 하옵소서.
- 주여, 선한 목자이신 예수님의 음성을 듣고 따라가는 양이 되게 하옵소서.

12월 21 December

생각

대하25 / 계12 / 슥8 / 요11

● 역대하 25장 선지자를 통해 모병 반대의 생각을 전하신 주

요아스의 뒤를 이어 왕이 된 아마샤는 에돔과의 전쟁에서 승리하여 여호람 때에 독립한 에돔을 다시 찾음으로써 실추된 왕국의 명예를 회복하고, 에돔 정복을 통해 홍해로 연결되는 남방 무역로 확보와 국력 신장을 꾀하게 되었다.

이로 인해 교만해진 그는 북이스라엘에게 전쟁을 선포하고 우상에게 결과를 묻는 등 실정을 거듭하다가 결국 성전이 훼파되고 반역자들의 손에 피살되는 비참한 최후를 맞게 된다.

✚ 묵상 : 아마샤 왕이 잘 한 점과 잘못한 점은 무엇일까요?(대하25:2~7,9~11,14~16)
유다 왕 아마샤가 이스라엘 왕 요아스를 향해 불필요한 전쟁을 일으켰을 때에 그 결과는 어떻게 되었나요?(대하25:19~24,27)

● 요한계시록 12장 요한을 통해 사탄 진멸의 생각을 전하신 주

요한은 또 하나의 큰 환상을 보았다. 해를 옷 입은 여자가 아이를 해산하느라 애를 쓰고 있다(1-6절). 이 여자는 메시야를 낳은 이스라엘 공동체 즉, 교회 공동체를 상징하며 여자가 낳은 아이는 메시야를 의미한다. 하나님은 철장을 가지고 만국을 다스릴 아이 곧, 메시야를 보호하셨으며 끊임없이 공격하는 사탄으로부터 교회를 보호하신다. 하나님을 이길 수 없었던 사탄이 지상의 교회를 목표로 삼으면서 교회는 박해와 미혹을 당하게 되었다(7-9절). 그러나 하늘에서 큰 음성이 나서 어린 양의 피와 증언하는 말씀으로 교회(=형제들)가 사탄을 이겼다고 선언한다(10-12절). 그러나 땅으로 쫓겨난 용은 포기하지 않고 여자 곧 교회를 핍박하지만 하나님은 계속해서 교회로 하여금 위기를 극복하도록 도우신다(13-17절). 현재 우리가 이 땅에서 치르고 있는 영적 전쟁은 하늘에서 이미 패하고 이 땅에서도 패배가 결정된 사탄과의 전쟁이며 어린 양의 피와 말씀으로 우리는 마침내 승리할 것이다.

✚ 묵상 : 요한이 본 하늘에 크고 다른 이적 두 가지는 무엇이었나요?(계12:1~4)
하늘의 별 1/3을 끌어다가 땅에 던진 용은 무엇이며 누구와 싸웠나요?(계12:7~10)

통일 주제 생각 (무엇을 행하기로 마음속으로 작정하거나 각오함)

연합 내용 하나님의 생각은 추상적이거나 행하시지 않는 공허한 관념이 아니다. 하나님은 인간과 달라 생각하심이 곧 뜻이요 행하심이며 구원과 심판 그리고 축복과 저주의 결과를 가져온다. 주의 생각은 완전한 역사다.

● 스가랴 8장 스가랴를 통해 선민 회복의 생각을 전하신 주

예루살렘의 회복과 관련한 일곱 가지 약속과 유다 백성을 향한 세 가지 복이 제시되고 있다. 이를 통해 예루살렘의 회복을 고대하는 유다 백성에게 확신과 소망을 심어주고 있다.

✚ 묵상 : 여호와 하나님은 스가랴에게 예루살렘에 대한 어떤 계획을 말씀하셨나요?(슥8:3~8)
여호와 하나님은 유다 족속과 이스라엘 족속에게 어떤 복과 은혜를 내려 주시겠다고 약속하셨나요?(슥8:13,15,19,21~23)

● 요한복음 11장 나사로를 통해 부활 영생의 생각을 전하신 주

예수님은 맹인을 놓고 누구의 죄로 인한 것인지를 묻는 제자들에게 누구의 죄도 아니며 하나님의 영광을 나타내려 함이라고 말씀하셨다(9:2). 하나님의 손에 붙들린 사람이 겪는 질병, 환난, 고통은 영광으로 승화된다. 예수님은 나사로의 질병에 대해서도 하나님의 영광 및 아들로 영광을 받게 하기 위함이라고 말씀하신다(1-4절). 나사로를 통해 나타내실 표적을 위해 이틀을 지체하신 후 나사로의 집으로 향하시는데 제자들은 잠든 나사로를 깨우러 가는 줄 알고 있다(5-16절). 예수님은 죽은 나사로를 살리실 것이다. 이를 통해 마지막 날에 썩지 않을 육체의 부활로 우리를 다시 살리실 능력이 당신에게 있음을 증명하실 것이다(17-44절). 부활이요 생명이신 예수님은 죄와 질병과 죽음으로 고통당하는 우리들을 비통히 여기시며 불쌍히 여기신다. 나사로의 부활로 많은 사람들이 믿게 되었는데 대제사장 가야바가 공회에서 한 말은 예수님의 대속의 사역을 잘 표현하고 있다(45-52절). 대제사장과 바리새인들은 유월절을 위해 예수님이 예루살렘을 방문할 것으로 예상하고 그를 잡기 위한 계획을 세운다(53-57절).

✚ 묵상 : 예수님이 병든 나사로를 향해 가신 네 가지 이유와 그에 대한 제자들의 반응은 어떠했나요?(요11:1~5,7~8,14~15)
예수님은 죽은 나사로를 살리기 위하여 어떤 방법을 사용하셨나요?(요11:33~44)

기 도

- 주여, 신앙생활과 일상생활을 할 때 성서적인 일관된 생각으로 나가게 하옵소서.
- 주여, 미가엘이 사탄과 싸워 이긴 것처럼 우리도 악한 영을 이기게 하옵소서.
- 주여, 예수님의 사랑을 받은 나사로처럼 우리도 사랑받아 구원 얻게 하옵소서.

12월 22 December

초래

대하26 / 계13 / 슥9 / 요12

● 역대하 26장 웃시야의 교만함이 불치의 나병을 초래함

이곳의 내용은 거의 전부가 52년간 유다를 통치한 웃시야의 생애에 대해 다룬 것이다. 이 내용은 열왕기하 14장 21절과 15장 1-7절의 내용과 일치한다. 아마사에 이어 유다의 왕이 된 웃시야는 군사적, 경제적으로 괄목할 만한 성장을 이루고 정직과 경건으로 선정을 베푼다.

하지만 나라가 부강해지자 그 역시 교만한 마음으로 제사장의 직분을 침해하다가 나병에 걸리는 형벌을 받는다.

✚ 묵상 : 하나님이 웃시야 왕을 도와주신 이유는 무엇이었나요?(대하26:5)
하나님이 웃시야 왕을 치시고 성전에서 쫓아내신 이유는 무엇이었나요?(대하26:16,19~20)

● 요한계시록 13장 두 짐승의 미혹함과 핍박이 순교를 초래함

요한은 머리가 일곱이며 각각 왕관을 쓴 열 개의 뿔을 가진 한 짐승이 바다에서 올라오는 것을 본다(1절). 다니엘 7장에 나오는 짐승들(=사자, 곰, 표범, 열 뿔 달린 짐승)을 합해 놓은 것처럼 보이는 짐승은 적그리스도를 상징하며 용(=사탄)에게서 권세를 받아 활동한다(2절). 짐승의 머리 하나가 상해서 죽게 되었다가 살아나자 사람들이 짐승을 따르며 경배한다(3-4절). 하나님을 대적하는 악한 세력 역시 능력으로 사람들을 미혹한다. 짐승은 정해진 기간 동안 하나님과 하늘에 사는 자(=천사)를 비방하며 성도들을 대적하여 이기기도 한다(5-8절). 생명책에 이름이 없는 자는 짐승의 막강한 힘에 굴복하여 그를 섬긴니다. 그러나 생명책에 기록된 자는 믿음과 인내로 승리합니다(9-10절). 이번에는 어린양처럼 두 뿔이 있고 용처럼 말하는 짐승이 땅에서 올라온다(11절). 이 짐승(=거짓 선지자)은 바다에서 올라온 짐승(=적그리스도)의 모든 권세를 행하여 사람들로 하여금 적그리스도를 경배하게 만든다(12절). 땅에서 온 짐승은 큰 이적을 행하며 사람들을 미혹하는데 짐승에게 경배하지 않는 자들은 죽임을 당한다(13-15절). 하나님의 종들이 이마에 인침을 받은 것처럼(7:3) 짐승을 따르는 자는 오른손이나 이마에 짐승의 표를 받는다(16-18절). 우리는 영원하신 하나님과 잠시 있다 사라질 세상 사이에서 바른 결정을 해야 한다.

✚ 묵상 : 바다에서 나온 짐승은 어떤 신성모독을 행하였나요?(계13:1,5~6)
땅에서 올라온 짐승의 궁극적인 목적은 무엇이었나요?(계13:14)

통일 주제 초래 (招來, 일의 결과로써 어떤 현상을 생겨나게 함)

연합 내용 우리의 선택과 행동이 결과를 초래하듯이 하나님의 말씀과 예수님의 생명은 온 세상에 구원을 초래한다. 우리는 말씀의 교훈을 따라 교만이 아닌 겸손으로 구원의 길을 끝까지 순종하며 따라가야 한다.

● 스가랴 9장 여호와의 말씀이 이스라엘의 구원을 초래함

이스라엘 선민들을 중심으로 전개될 장래 일들에 대한 내용이 소개된다. 특히 본장에서는 선민의 궁극적인 승리 등이 언급되어 있다. 9장은 화평을 전하기 위하여 메시야가 나귀를 타고 임하셔서 평화의 통치를 시작하실 것을 묘사하고 있다.

✚ 묵상 : 두로는 자기를 위하여 요새를 건축하였음에도 어떤 결과를 맞이하였나요?(슥9:3~4)
스가랴는 이스라엘에게 구원을 베풀 왕의 모습을 어떻게 예언하였나요?(슥9:9)

● 요한복음 12장 예수님의 생명이 온 세상의 구원을 초래함

예수님을 위한 잔치가 베다니에서 열렸을 때 마리아는 값비싼 향유를 예수님의 발에 붓고 자신의 머리털로 예수님의 발을 닦는다(1-3절). 가룟 유다는 마리아의 행위를 비난하지만 예수님은 여인의 행위가 영원히 기억될 것이라고 말씀하신다(4-8절). 대제사장들이 예수님을 제거하려는 음모를 꾸미는 가운데 나귀를 탄 예수님은 백성들의 환영을 받으며 예루살렘에 입성하신다(9-18절). 누구도 인류 구원을 위한 하나님의 뜻을 막을 수 없다(19절). 예수님은 영광을 얻을 때가 왔다고 말씀하신다(20-26절). 이는 한 알의 썩는 밀알이 될 때가 왔음을 의미한다. 예수님은 십자가의 죽음을 통해 아버지의 영광을 드러내고 많은 사람들을 구원으로 이끌 것이다(27-33절). 예수님이 비추시는 빛을 믿으면 빛의 아들이 된다(34-36절). 그러나 많은 표적에도 불구하고 사람들은 믿지 않았다(37-43절). 이는 완고함과 사람의 영광을 더 중히 여기는 마음 때문이다. 예수님은 믿지 않는 자들을 안타까워하시며 자신을 믿는 것이 곧 하나님을 믿는 것임을 다시 한번 강조하신다(44-50절). 예수님은 하나님 아버지의 말씀을 그대로 전하신다.

✚ 묵상 : 예수님께서는 무엇을 타고 예루살렘에 들어가셨나요?(요12:12~15)
예수님께서는 자신이 이 세상에 온 이유가 무엇이라고 말씀하셨나요?(요12:44~47)

기 도

• 주여, 나의 평생에 여호와 하나님을 찾음으로 주의 도우심을 누리게 하옵소서.
• 주여, 세상의 미혹 속에서 말씀을 진리로 삼아 순교의 각오로 싸우게 하옵소서.
• 주여, 예수 그리스도를 본받아 나의 생명을 한 알의 밀알로 사용하게 하옵소서.

12월 23 December

임박

대하27-28 / 계14 / 슥10 / 요13

● 역대하 27-28장 범죄에 대한 주님의 진노가 임박함

27: 요담의 통치 시기가 서술되고 있다(735-715년경). 요담의 행적은 열왕기하 15장 32-38절에서도 나온다. 그는 아버지의 당한 일로 인하여 비교적 흠 없이 왕위를 지켰으나, 신앙적인 측면에서는 소극적이었다. 그는 산당을 철거하지 않음으로써 우상숭배의 빌미를 남겨놓는 실책을 범하였다.

28: 요담의 뒤를 이은 아하스는 철저한 우상숭배자였다. 그는 우상숭배로 인해 하나님께 버림을 받아 아람과 북이스라엘 연합군의 침공과 에돔과 블레셋의 침공을 받게 되었다. 이에 앗수르에게 도움을 청하였다가 도리어 앗수루에게 조공을 바치는 신세로 전락하고 말았다. 그럼에도 불구하고 그는 끝내 회개하지 않은 패역한 인물이었다.

이곳의 내용은 열왕기하 16장 1-20절에서도 나온다. 그런데 여기에서는 아하스의 어머니에 대한 언급이 없다. 어찌하여 아하스의 어머니의 이름이 없을까? 이것은 지극히 예외적이다. 아마 그의 악행 때문에 고의적으로 생략한 듯하다.

✚ 묵상 : 역대기 사가는 유다 왕 요담에 대하여 어떻게 평가했나요?(대하27:2)
아하스의 어떠한 범죄 때문에 하나님의 진노가 이스라엘에게 임박하였나요?(대하28:2~4,24~25)

● 요한계시록 14장 선택에 대한 주님의 심판이 임박함

본장에서는 대단히 장엄한 장면이 우리 앞에 펼쳐지고 있다. 기쁜 노래를 부르면서 하늘과 땅이 만나고 있는 것이다. 즉 환난의 때에도 지상 교회가 결코 절망할 수 없는 이유를 밝히고 있다. 즉 어린 양과 144,000명 환상을 통해 하나님의 백성이 종말에 누리게 될 행복을 예견하고, 세 천사가 전한 심판과 축복 사이의 균형에 대해 소개하며 포도송이로 비유된 불신자들의 심판과 멸망이 언급되고 있다.

✚ 묵상 : 어린 양과 함께 서 있는 십사만 사천 명의 이마에는 무엇이 쓰여 있었나요?(계14:1)
공중의 세 천사 중 첫 번째 천사는 큰 음성으로 무엇을 외쳤나요?(계14:7)

기 도

- 주여, 예배하며 믿음생활 하는 나의 겉사람과 속사람의 모습이 같게 하옵소서.
- 주여, 다시 오실 그리스도의 때를 기다리며 주의 군사로서 승리하게 하옵소서.
- 주여, 의심과 불신이 난무하는 세상 속에서 겸손히 주님의 계명을 지키게 하옵소서.

통일 주제 임박 (臨迫, 어떤 때가 가까이 닥쳐옴)

연합 내용 성경은 계속되는 역사와 사건 속에서 하나님의 구원과 심판이 임박하였음을 끊임없이 증거하고 있다. 우리는 이 말씀들을 길과 진리로 삼고 임박한 마지막 때에 어린 양 곁에서 경배와 영광을 올려야 한다.

● 스가랴 10장 유다에 대한 주님의 구원이 임박함

헛된 우상을 버리고, 비를 구할 때에는 바알이 아닌 하나님께 구해야 한다(1-2절). 백성들을 제대로 돌보지 못한 지도자들(=숫염소)에 대해 분노하신 하나님은 백성을 긍휼히 여기시고 친히 돌보실 것을 말씀하시며 귀환을 약속하신다(3-6절). 여호와 하나님으로 인한 기쁨과 즐거움이 가득할 것이며 흩어진 백성들이 약속의 땅으로 돌아오되 거할 곳이 부족할 정도로 많아질 것이다(7-10절). 하나님은 홍해를 마른 땅처럼 건너게 하신 출애굽의 구원사건을 다시 재현하실 것이다(11-12절).

✚ 묵상 : 하나님께서는 봄비가 올 때에 유다 족속을 어떻게 만드실 것이라 약속하셨나요?(슥10:3)
하나님께서는 어떤 방법으로 이스라엘 백성들을 다시 모으신다고 하셨나요?(슥10:8)

● 요한복음 13장 세상에 대한 주님의 희생이 임박함

아버지께로 돌아갈 때가 된 예수님은 세상에 남겨질 자신의 사람들을 끝까지 사랑하신다(1-2절). 사랑과 섬김으로 통치하시는 예수님은 친히 제자들의 발을 씻기심으로 그 본을 보이신다(3-11절). 예수님은 우리를 먼저 목욕시키시고(=우리의 원죄를 사하시고 자녀 삼으심) 이후론 우리의 발을 씻기신다(=자녀로서 범하는 죄를 용서하심) 제자들은 자신들이 예수님으로부터 권세와 사명을 위임받은 존재임을 늘 인식해야 하며 예수님처럼 서로 섬기는 종이 되어야 한다(12-17절). 예수님은 제자 중에 배신자가 있음을 말씀하시면서 당신을 영접해야 한다고 호소한다(18-20절). 가룟 유다의 배반에 대한 예언은 더욱 구체화되어 이를 들은 제자들은 당황하였으며 유다는 예수님을 팔 계획을 실행에 옮기기 위해 모임에서 이탈한다(21-30절). 가룟 유다가 왜 나갔는지 아는 예수님은 하나님과 인자가 영광을 받았다고 말씀하신다(31-33절). 예수님이 말씀하시는 영광은 십자가의 죽음을 통해 주어지는 것이다. 예수님은 가장 중요한 계명인 서로 사랑하라고 말씀하신다(34-35절). 성도가 서로 사랑할 때 세상은 예수님의 제자라고 말할 것이다. 예수님은 베드로의 부인을 예고하시며 지금은 따라올 수 없으나 후에는 그도 자기 십자가를 지게 될 것을 말씀하신다(36-38절).

✚ 묵상 : 예수님께서 저녁 잡수시던 자리에서 제자들의 발을 씻겨주신 이유는 무엇일까요?
(요13:1~3,12~15,34~35)
서로 발을 씻어 주라는 말씀을 들었음에도 제자들은 어떤 반응을 보였나요?(요13:22)

12월 24 December

명령

대하29 / 계15 / 슥11 / 요14

● 역대하 29장 종교의 개혁을 명령하는 히스기야

아하스의 뒤를 이어 왕이 된 히스기야는 가장 먼저 부왕의 극심한 우상숭배로 황폐해진 성전을 복구하고 레위 사람을 동원하여 성전을 청결하게 한 뒤 제사를 드리고 하나님을 찬양하며 율법대로 성전제사를 회복시킨다.

하나님과의 관계 정립을 우선적으로 시도한 히스기야의 역사는 대단히 중요하고 그의 통치는 32장에까지 미친다. 이것은 그의 역할이 유다뿐 아니라 이스라엘에서도 매우 중요하였고 성경에서 그의 행동이 매우 큰 의미가 있었음을 보여준다.

✚ 묵상 : 히스기야가 왕위에 오르자마자 행했던 개혁은 무엇이었나요?(대하29:3~5)
히스기야가 그의 아버지 아하스와는 다르게 종교개혁을 일으킬 수 있었던 배경은 무엇이었나요?(대하29:36)

● 요한계시록 15장 일곱 대접의 재앙을 명령하는 네 생물 중 하나

짐승(적그리스도)의 박해를 이긴 순교자들이 승리의 노래를 부른다(2-4절). 세상의 기준으로 보면 신앙을 지키다 죽은 그들은 실패자처럼 보이지만, 그들은 어린 양에 대한 믿음을 끝까지 지킨 영원한 승리자다. 이 땅에서 멸시와 박해를 받았지만, 하늘에서 가장 존귀한 대우를 받을 것이다.
순교자의 찬송 소리 가운데 하늘 성전이 열리며 일곱 천사가 하나님의 진노를 가득 담은 금 대접을 받는다(5-7절). 하나님은 교회와 성도를 학대하며 죽인 세력에 대한 하나님의 진노의 잔에 부어지게 된다. 그리스도인이 환난 중에 기뻐할 수 있는 것은 하나님이 영원한 생명 가운데 지키시며, 대적자들을 반드시 심판하시기 때문이다.

✚ 묵상 : 모세의 노래, 어린 양의 노래를 부르는 자들은 누구인가요?(계15:2~4)
네 생물 중의 하나는 일곱 천사들에게 무엇을 전해주었나요?(계15:7)

통일 주제 명령 (命令, 윗사람이나 상위 조직이 아랫사람이나 하위 조직에 무엇을 하게 함)

연합 내용 성경 속에서 하나님의 명령은 직접 말씀하시거나 왕과 선지자 혹은 천사들을 통해서 전해지곤 한다. 하나님 나라의 시민권자인 우리는 이러한 명령에 마땅한 순종과 경외로 임해야 한다.

● 스가랴 11장 지도자들의 회개를 명령하시는 하나님

하나님을 무시하고 스스로를 높인 통치자들은 하나님이 심판하신다(1-3절). 하나님은 스가랴에게 통치자들에 의해 버려진 양 떼를 돌보라고 명령하신다(4-6절). 스가랴는 양 떼를 먹이면서 은총과 연합이라 명명한 막대기 두 개를 취한다(7-9절). 하나님은 양떼를 버린 엉터리 목자들을 제거하실 것이다. 은총과 연합의 막대기도 꺾이게 되는데 이는 이스라엘의 미래가 어두울 것을 의미한다(10-14절). 스가랴의 품삯인 은 삼십은 매우 낮은 금액인데 이 구절은 예수 그리스도가 은 삼십에 팔리게 될 것을 예표한다. 양떼를 버린 패역한 목자들은 하나님이 일으킬 목자에 의해 반드시 심판을 받게 될 것이다(15-17절).

✚ 묵상 : 하나님께서 선지자에게 주신 두 막대기는 각각 무엇이었나요?(슥11:7)
두 막대기는 각각 어떤 의미를 지니고 있었나요?(슥11:10~11,14)

● 요한복음 14장 제자들의 믿음을 명령하시는 예수님

예수님은 근심하는 제자들을 위로하신다(1-3절). 잠시 제자들을 떠나시지만 다시 오실 것이다. 예수님의 다시 오심은 세 가지 의미다. 부활(18-20절), 성령강림(15-17절), 재림(3절)이다. 부활과 성령강림은 성취되었고, 마지막 '재림'만 남았다. 예수님은 십자가의 죽음과 부활을 통하여 우리의 길, 진리, 생명이 되셨다(6절). 예수님의 승천 후 오실 보혜사 성령님은 이 땅에서 예수님이 하셨던 역할을 대신 하신다. 특히 예수님이 하신 말씀을 생각나게 하신다(26절).

✚ 묵상 : 예수님께서는 제자들에게 마지막으로 무엇을 명하셨나요?(요14:1,11)
세상에 남겨질 제자들을 위해 예수님께서는 어떤 선물을 주셨나요?(요14:16~18)

기 도

- 주여, 잘못을 뉘우칠 줄 아는 겸손과 새로움으로 무장할 수 있는 지혜를 주소서.
- 주여, 다시 오실 그 때에 모세와 어린 양의 노래를 부르는 자가 되게 하소서.
- 주여, 보혜사 성령님과 동행하며 주님의 계명을 지켜 행하는 자가 되게 하소서.

12월 25 December 기쁨

대하30 / 계16 / 슥12-13:1 / 요15

● 역대하 30장 유월절 절기를 다시 지킴으로 큰 기쁨을 얻음

히스기야는 부왕 아하스 때에 철저하게 더럽혀진 성전을 정화하고 무너진 성전을 회복시켰다. 더 나아가 출애굽 당시의 유월절을 기억하고 유월절을 준수하도록 백성들에게 명령을 내렸다. 이로써 그는 이스라엘 신앙의 핵심 중의 하나인 유월절 절기를 갱신하고 부활시켰다.

여기에서는 히스기야가 중단된 유월절을 다시 준수하기 위하여 온 정성을 다해 절기를 준비하는 과정이 세밀하게 소개되고 있다. 정성을 다한 만큼 절기는 기쁨의 축제가 되었다.

✚ 묵상 : 히스기야 왕이 온 이스라엘과 유다, 에브라임과 므낫세에 편지하여 유월절을 지키자고 했을 때 에브라임과 므낫세의 반응은 어떠했나요?(대하30:1~2,8,10~12)
유월절에 함께 제사를 드린 모든 사람들에게 어떤 은혜가 있었나요?(대하30:15~21,26)

● 요한계시록 16장 일곱 대접재앙 심판을 통해 의인이 기쁨을 얻음

짐승 곧 사탄은 어린 양을 따르는 자를 미혹하고 고통을 주며 심지어 죽이기도 한다. 그러나 짐승을 따르는 자에 대한 하나님과 어린양의 진노의 심판은 이에 비할 수 없다. 짐승은 육신의 생명을 취하는 것에 불과하지만 하나님의 진노는 영벌로 이어진다. 일곱 대접의 재앙이 시작된다(1절). 첫 번째 재앙부터 짐승의 표를 받고 우상에게 경배하는 자들에게 임할 재앙임이 분명하게 드러난다(2절). 둘째 재앙은 바다가 피로, 셋째 재앙은 강과 물의 근원이 피로 변하는 것이다(3-7절). 이는 성도와 선지자들의 피 흘림에 대한 하나님의 진노다. 넷째 재앙은 불에 태워지는 재앙인데 불에 탄 사람들이 여전히 하나님의 이름을 비방하며 회개하지 않는다(8-9절). 다섯째 재앙은 어두움과 아픔, 종기로 인한 고통인데 그들은 계속 회개를 거부한다(10-11절). 여섯째 대접을 쏟자 강물이 마르고 개구리처럼 생긴 세 더러운 영(=귀신의 영)이 하나님을 대적하기 위해 세상 왕들을 모은다(12-16절). 천사가 일곱째 대접을 쏟자 하늘 성전으로부터 되었다라는 음성이 들린다(17-21절). 하나님이 큰 소리를 발하시자 하나님을 대적하기 위해 모인 무리들은 모두 파괴되어 사라진다. 그러나 악인들은 끝까지 완고하다.

✚ 묵상 : 첫째 대접재앙부터 넷째 대접재앙까지는 누구에게 내린 어떤 재앙일까요?(계16:2~9)
다섯째 대접재앙부터 일곱째 대접재앙까지는 어떤 재앙이었으며 사람들의 반응은 어떠했나요?(계16:10~19,21)

통일 주제 기쁨 (어떤 만족감에 의해 느끼는 즐겁고 흥겨운 감정)

연합 내용 사람은 하나님 안에서 살 때 참된 행복과 기쁨을 얻는다. 하지만 죄와 허물로 가득찬 세상에서 하나님과 동행하는 것은 결코 쉽지 않다. 따라서 주께서 주신 절기와 계명과 관계를 잘 지킬 때 승리할 수 있다.

● 스가랴 12-13장 1절 진실한 애통을 통해 큰 구원의 기쁨을 얻음

지금까지 이스라엘의 주변국들에 대한 메시지가 언급되었는데 12-14장은 이스라엘을 향한 메시지로 집중된다. 본장에서는 비록 예루살렘이 위협받을 것이지만 하나님의 보호로 구원 얻게 될 것과 하나님께서 자신의 백성으로 애통하며 참회하도록 이끄실 것이라는 복된 약속이 제시 된다.

✚ 묵상 : 여호와 하나님이 예루살렘을 어떻게 구원하시겠다고 하셨나요?(슥12:3~8)
스가랴는 은총과 간구하는 심령 그리고 죄와 더러움을 씻는 샘이 어떻게 임한다고 했나요?(슥12:10,13:1)

● 요한복음 15장 포도나무이신 예수의 계명을 지켜 기쁨을 얻음

길, 진리, 생명이신 예수님은(14:6) 포도나무시다(1절). 가지는 포도나무에 붙어 있어야 살 수 있다. 포도나무에 붙어 있는 것을 다르게 표현하면 '우리가 예수님 안에, 예수님의 말씀이 내 안에 거하는 것'이다(7절). 예수님은 친구를 위하여 목숨을 버리는 가장 큰 사랑을 말씀하신다. 그리고 우리를 친구라 하신다(13,14절). 세상은 진리(복음)를 미워한다. 예수님이 미움을 받은 것처럼 제자들도 미움을 받게 될 것이다(18-25절). 그러나 진리와 거짓의 싸움, 빛과 어둠의 싸움에 성령님이 함께 하실 것이다. 성령님은 진리요, 생명 되시는 예수님을 담내하게 전하게 하시며 승리게 하신다(26,27절).

✚ 묵상 : 예수님은 하나님과 자신 또 제자들과의 관계를 어떻게 은유하셨나요?(요15:1,5,10)
예수님은 제자들에게 어떤 일들이 있을 것이라고 말씀하셨나요?(요15:11,16,20,26)

기 도

- 주여, 주어진 절기를 온전히 지킴으로 주의 은혜와 기쁨 속에 살게 하옵소서.
- 주여, 고난과 핍박을 당하여도 최후의 심판을 믿고 인내하며 살게 하옵소서.
- 주여, 주의 제자로서 붙어있어 열매를 맺고 계명을 지켜 기쁨을 얻게 하옵소서.

12월 26 December 직임

대하31 / 계17 / 슥13:2-9 / 요16

● 역대하 31장 예물을 관리하고 나누어줄 제사장들의 직임

하나님의 성전의 예배를 강화하고 온 백성들로 하여금 유월절을 지키게 함으로써 유다의 경건성 회복에 힘썼던 히스기야는 보다 구체적인 종교개혁에 착수하게 된다.

히스기야는 먼저 성전 일을 맡은 자인 제사장과 레위 사람 의 직책을 회복시킨다. 그리고 레위 사람과 제사장들의 직분을 더욱 잘 감당할 수 있도록 재원을 마련해 주었다. 또한 히스기야는 레위 사람들과 제사장들의 반열을 정하였다.

이곳의 기록은 열왕기에서 찾아볼 수 없다. 히스기야는 종교개혁과 유월절을 지킨 후에 지속적인 성전예배를 위하여 필요한 조치를 취하였다.

✚ 묵상 : 히스기야는 계속되는 종교개혁 가운데 제사장들과 레위 사람들의 무엇을 정해 주었나요?(대하31:2)
믿는 자는 어떤 마음가짐으로 맡은 직임을 행하여야 할까요?(대하31:12,14,18)

● 요한계시록 17장 하나님의 구원과 심판을 전할 요한의 직임

17-20장은 하나님의 원수가 패망할 것을 보여주는 계시이다. 그중 17장 1절에서 19장 10절은 바벨론, 즉 로마의 우상 숭배와 그로 인한 멸망 그리고 바벨론을 멸망시키신 하나님께 대한 성도들의 찬양으로 이루어져 있다. 한편 바벨론의 멸망 원인을 다루고 있는 17장에서는 붉은 짐승을 탄 음녀, 음녀와 그녀가 탄 짐승, 음녀의 정체와 멸망이 소개되고 있다.

✚ 묵상 : 일곱 천사 중 하나가 요한에게 큰 음녀가 받을 심판 그리고 짐승과 여자 등에 대해 보여주고 설명해 주는 이유는 무엇일까요?(계17:1,3,7,15~18)
일곱 천사 중 하나는 어린 양이 이기는 이유가 무엇이라고 했나요?(계17:14)

통일 주제 직임 (職任, 직무상 맡은 임무 혹은 책임)

연합 내용 왕과 제사장들이 맡은 직임에 충실할 때 하나님의 큰 복과 형통을 누렸던 것처럼 제자와 성도도 맡은 직임을 충실하게 감당함으로 복을 누려야 한다. 물론 예수 그리스도도 그 직임을 위해 생명까지 내어주셨다.

● 스가랴 13장 2-9절 하나님의 심판을 전해야 할 스가랴의 직임

마지막 때 예루살렘이 정화되리라는 비전이 제시된다. 예루살렘이 참회와 청결 작업을 통해 거룩을 회복하리라는 메시지에 이어 이스라엘의 목자와 많은 사람이 죽음을 맞게 될 것이나 그중 3분의 1이 그 시험을 이겨내고 하나님의 거룩한 백성이 되리라는 약속이 주어진다.

✚ 묵상 : 여호와 하나님은 그 날 곧 하나님이 약속하신 날에 무엇을 이루시겠다고 하셨나요?(슥13:2)
만군의 여호와께서 칼을 깨워 목자들을 치시는 이유는 무엇일까요?(슥13:7~9)

● 요한복음 16장 죄의 심판에 대해 세상을 책망할 성령의 직임

예수님이 그러했듯이 제자들도 박해를 받게 될 것이다(1-2절). 이에 제자들의 마음에 근심이 가득하다(6절). 예수님은 박해와 맞서야 하는 제자들에게 성령을 보내시겠다고 약속하신다(7절). 박해로 인해 예수님에 대한 믿음이 흔들릴 수 있다. 성령님은 오셔서 세상을 책망하실 것이다. 누가 죄인이며, 누가 결국 최후에 심판을 받게 될 것인지를 깨닫게 하실 것이다. 성령님은 제자들을 진리 가운데로 인도하실 것이다(13절). 제자들의 근심은 오래가지 않을 것이다. 예수님이 보내실 성령님은 또 다른 보혜사이기 때문이다. 지금 제자들 곁에 계시는 예수님의 역할을 성령님이 오셔서 대신하실 것이다. 성령님을 통해 예수님을 다시 보게 될 것이다(16절). 그리스도인은 환난과 박해를 두려워하지 않는다. 왜냐하면 성령님이 함께 계시며, 또한 예수님이 이미 세상을 이기셨기 때문이다. "너희가 환난을 당하나 담대하라 내가 세상을 이기었노라"(33절)

✚ 묵상 : 예수님께서 보내실 보혜사 성령은 어떤 일을 이루신다고 하셨나요?(요16:7~11)
예수님은 세상에 남게 될 제자들이 어떤 자세와 마음가짐으로 살기를 소망하셨나요?(요16:33)

기 도

- 주여, 내가 맡은 직분과 사명을 돌아보고 즐거이 그 일에 충성하게 하옵소서.
- 주여, 만주의 주, 만왕의 왕이신 어린 양과 함께 승리의 기쁨을 누리게 하옵소서.
- 주여, 성령께서 주시는 평안함과 담대함으로 세상의 환난을 승리케 하옵소서.

12월 27 December 영화

대하32 / 계18 / 슥14 / 요17

● 역대하 32장 하나님을 의지함으로 히스기야가 영화롭게 됨

히스기야 왕이 통치하던 시대에 유다 나라는 점점 강성하여졌고 백성들은 화평을 누렸다. 바로 그러한 때에 히스기야는 외침의 위협을 받게 되었다. "이 모든 충성된 일을 한 후에 앗수르 왕 산헤립이 유다에 들어와서 견고한 성읍들을 향하여 진을 치고 쳐서 점령하고자 한지라"(1절).

이곳의 내용은 열왕기의 내용과 다르다. 열왕기의 내용은 "히스기야 왕 제십사년에 앗수르 왕 산헤립이 올라와서 유다 모든 견고한 성읍들을 쳐서 점령하매"(왕하 18:13)라고 하였다. 역대기의 기록은 "점령하고자 한지라"(1절)이다. 이와 같은 차이점은 그 당시의 정치적 상황을 다른 시각에서 보았고, 앗수르 왕의 침공 과정에 대한 표현상의 차이로 보인다.

✚ 묵상 : 유다왕 히스기야 때에 앗수르 왕 산헤립은 어떤 오만함을 보였나요?(대하32:10~14,17)
히스기야 왕은 여호와께 어떤 영화로운 축복을 받았나요?(대하32:20~22,24~26,29~30)

● 요한계시록 18장 바벨론을 심판하심으로 순교자들이 영화롭게 됨

17장에서 바벨론의 멸망 원인을 다룬 데 이어 본장에서는 그 성의 멸망에 관해 소개하고 있다. 범죄한 견고한 성은 교만했고 마법으로 사람을 홀렸고, 성도들이 순교 당하게 했기 때문에 하나님의 심판이 그 큰 성에 내렸다. 즉 바벨론에 대한 멸망 선언, 바벨론 멸망에 대한 애가, 멸망 상황이 언급되고 있다.

✚ 묵상 : 큰 성 바벨론은 어떤 죄악 때문에 패망하게 되었나요?(계18:2~3,5,7)
큰 성 바벨론의 패망을 바라보면서 통곡하는 자들은 누구일까요?(계18:9,11,15,19)

통일 주제 영화 (榮華, 몸이 귀하게 되어 세상과 주의 나라에서 이름이 빛남)

연합 내용 영화롭게 되는 것은 금생과 내생의 영원한 소망이다. 신앙의 영웅들은 각 시대에 하나님의 뜻에 순종함으로 금생과 내생에 영화로움을 얻었다. 또한 예수님도 아버지와 같이 영화롭게 됨을 기도드렸다.

● 스가랴 14장 여호와의 회복하심으로 예루살렘이 영화롭게 됨

다가올 여호와의 날에 대한 예언이다. 즉 최후의 때에 예루살렘은 이방 민족에게 함락될 것이지만 하나님은 혹독한 시험을 거친 뒤 그들을 구원하실 것이라는 희망의 메시지가 주어지고 있다.

✚ 묵상 : 선지자 스가랴는 예루살렘이 어떻게 패망할 것이라고 말했나요?(슥14:1~2)
여호와 하나님은 패망한 예루살렘을 어떻게 다시 회복시켜 영화롭게 하신다고 말씀하셨나요?(슥14:3~5,8~9,11,14,16,21)

● 요한복음 17장 사역완수를 통해 아버지와 아들이 영화롭게 됨

17장은 일명 '예수님의 대제사장적 기도'라고 부르고 있다. 예수님은 십자가를 져야 할 때가 온 것을 아시고 하나님의 뜻에 온전히 순종함으로 자신을 보내신 하나님의 뜻을 이루게 해 달라고 기도하신다. 이 내용이 집약된 기도 문구가 바로 "아들을 영화롭게 하사 아들로 아버지를 영화롭게 하게 하옵소서"(1절)다. 영생은 "유일하신 참 하나님과 그가 보내신 자 예수 그리스도를 아는 것"이다(3절). 여기서 아는 것은 단순한 지식이 아니라 전인격적으로 그리스도를 사랑하고, 그분과 연합하는 체험적 지식을 의미한다. 대제사장으로서 예수님이 드린 기도는 첫째, '하나 되게 하소서'(9-13절) 둘째, '악한 자에게서 구하소서'(14-16절) 셋째, '거룩하게 하소서'(17-19절) 넷째, '내가 저들도 사랑하였음을 알게 하시고, 믿게 하시고, 하나 되게 하옵소서'(믿음의 다음세대들을 위한 중보, 20-23절) 다섯째, '아버지의 영광을 보게 하소서'(모두를 위한 중보기도, 24-26절)로 이루어져 있다.

✚ 묵상 : 예수님의 간절한 기도의 첫 번째 내용은 무엇일까요?(요17:1~5)
예수님의 간절한 기도의 두 번째 내용은 무엇일까요?(요17:11,20~22)

기 도

- 주여, 힘이 있을 때 더욱 겸손히 주를 섬겨 영화로운 복을 누리게 하옵소서.
- 주여, 세상에서 고난당한 성도들과 사도들과 선지자들이 영화롭게 하옵소서.
- 주여, 예수님이 하나님 아버지와 하나이신 것처럼 우리도 하나가 되게 하옵소서.

12월 28 December 행실

대하33 / 계19 / 말1 / 요18

● 역대하 33장 회개 후 성전을 보수한 므낫세의 겸손한 행실

히스기야의 행적은 비교적 선한 왕에 속한다. 그러나 그의 아들 므낫세는 여로보암과 아합과 더불어서 악한 왕 세 사람 중의 한 사람이다. 그의 악행은 그의 우상 숭배 행위에서 잘 드러나 있다. 그러나 이와 같이 악한 왕을 취급하면서 역대하에서는 그 어머니의 이름이 없다. 일반적으로 역대기의 기자는 "그의 어머니의 이름은 아비야요 스가랴의 딸이더라."(대하 29:1)의 표현을 쓴다. 그러나 므낫세의 경우에는 이와 같은 표현이 없다.

✚ 묵상 : 히스기야의 아들 므낫세는 왕위에 올라 어떤 악을 행하였나요?(대하33:2~9)
므낫세는 어떤 계기로 자신의 죄와 허물을 고백하고 겸손을 되찾았나요?(대하33:11~13)

● 요한계시록 19장 혼인잔치를 준비하는 성도들의 옳은 행실

허다한 무리들 곧 하늘의 천사들과 구원받은 성도들이 구원과 영광과 능력이 하나님께 있음과 그의 공의로운 심판을 찬양하고 이십사 장로들과 네 생물도 하나님께 경배를 드린다(1-5절). 또한 전능하신 하나님의 통치와 어린양의 혼인잔치가 선포된다(6-8절). 혼인잔치의 주인공은 그리스도(=신랑)와 교회 곧 성도(=신부)이며 신부의 세마포 옷은 곧 옳은 행실이다. 혼인 잔치에 청함을 받은 자들은 진정 복이 있다(9-10절). 백마 탄 분은 재림하시는 예수님으로서 흰색은 승리의 상징이다(11절). 그의 이름은 충신과 진실이며 이는 그가 행하실 심판의 의롭고 진실함을 의미한다. 그의 눈은 불꽃 같아서 심판의 준엄함을 보여주고 있으며, 피 뿌린 옷은 말씀의 검에 의해 심판받을 악인들이 흘릴 피를 보여 주는데 그에게 하늘의 군대가 따른다(12-15절). 심판의 주이신 만왕의 왕 예수 그리스도에 의해 사탄과 거짓 선지자들과 악인들은 꺼지지 않는 유황불의 심판을 받게 될 것이다(16-21절).

✚ 묵상 : 요한은 하늘에서 부르는 찬송 소리가 마치 어떠했다고 기록했나요?(계19:6)
어린 양의 아내가 자신을 준비함과 빛나고 깨끗한 세마포 옷을 입는 것은 어떤 의미일까요?
(계19:7~8)

통일 주제 행실 (行實, 실지로 드러나는 행동이나 몸가짐)

연합 내용 성경은 사람의 행실에 따라 무엇이 하나님의 기쁨이 되고 어떤 복을 받을 수 있는지에 대해 분명히 교훈하고 있다. 이를 위해 예수님은 자기의 행실로 우리의 본이 되어 주셨다.

● 말라기 1장 주의 이름을 멸시하는 백성들의 그릇된 행실

학개와 스가랴의 주도하에 무너진 성전은 재건했지만 약속된 하나님의 영광은 임하지 않았다. 종교적 무관심과 환멸의 시대를 맞아 선지자 말라기는 하나님의 뜻을 받들어 백성의 회개를 촉구하면서 2절의 "내가 너를 사랑하였노라."고 하신다. 하나님의 사랑을 받는 민족이라는 이스라엘의 놀라운 특권을 이스라엘과 에돔을 비교하는 방법으로 생생하게 강조한다.

✚ 묵상 : 제사장과 백성들은 그릇된 행실뿐만 아니라 어떤 마음까지 가지고 있었나요?(말1:2,6,9)
하나님께서는 말라기를 통해 제사장과 백성들의 무슨 죄를 지적하고 계실까요? (말1:7,8,13~14)

● 요한복음 18장 아버지의 뜻에 응하는 예수님의 겸허한 행실

예수님이 체포되신다. 본격적으로 십자가를 향해 가신다. 이는 아버지께서 주신 잔이다(11절). 예수님이 이 땅에 오신 이유다. 베드로는 예수님의 제자임을 부인하고(25-27절), 예수님은 대제사장과 빌라도에게서 심문받는 것을 부인(거절)한다(19-24절,28-38절). 즉, 자기변호를 하지 않으신다. 빌라도는 예수님의 무죄를 확인했지만 무죄로 그냥 풀어주는 것에 대한 부담도 상당해서 유월절에 죄인 하나를 풀어주는 관례를 이용해서 예수님을 놓아주려 한다. 그러나 이마저도 여론의 강력한 반대에 부딪힌다(38-40절).

✚ 묵상 : 예수님께서는 유다와 아랫사람들이 찾아왔을 때 어떤 반응을 보이셨나요?(요18:4~11)
대제사장들과 유대인들이 예수님을 빌라도에게 끌고 간 이유는 무엇일까요?(요18:12~14,24,28~31)

기 도

- 주여, 만일 죄를 짓더라도 주의 진노 전에 깨달아 회개하는 겸손을 주옵소서.
- 주여, 다시 오실 예수님을 기다리고 만날 때까지 옳은 행실로 준비하게 하옵소서.
- 주여, 겸손함과 즐거운 마음으로 예물과 성물을 드리며 감사하게 하옵소서.

12월 29 December

미혹

대하34 / 계20 / 말2 / 요19

● 역대하 34장 바알, 아세라, 태양, 우상에게 미혹된 이스라엘

이곳에서는 아몬의 아들 유다 왕 요시야의 개혁을 거론한다. 요시야는 즉위 8년째 되던 해부터 12년째 되던 해까지 개혁의 기회를 얻지 못하다가 그의 나이 20세가 되어서 비로소 우상 척결을 시작할 수 있게 되었다. 요시야가 개혁을 실시할 수 있었던 요인은 두 가지 측면에서 설명될 수 있다.

첫째는 정치적인 면이다. 당시 흑해 북방 지역에 살던 유목민인 스구디아인의 침입(BC 628-626)으로 근동 지역은 일대 혼란에 빠져 있었다. 그러나 애굽인들의 저지로 인해 유다는 직접적인 피해를 입지 않았다. 이것이 유다 백성들에게 크게 영향을 미쳐 개혁을 위한 밑거름이 되었다고 생각할 수 있다. 그러나 이보다 더 큰 요인은 스구디아인의 침입으로 지난 반세기 동안 유다의 멍에였던 앗수르가 크게 쇠퇴하여 유다에 거의 영향을 미치지 못하였다는 사실이다. 그래서 요시야는 이러한 호기(好期)를 틈타 다윗이 차지했던 영역 전체를 장악하여 과거처럼 통일 이스라엘 왕국을 재확립할 수 있었다.

둘째는 종교적인 면 이다. 당시 스구디아인들의 침입으로 고대 근동 전 지역은 국제적인 혼란기에 빠지게 되었다. 그런데 유다에는 예레미야 선지자와 스바냐 선지자가 활동하게 되어 있는데(렘 1:2; 14; 습 1: 2), 이것이 요시야의 개혁과 밀접한 연관이 되었을 것으로 추측된다.

✚ 묵상 : 유다 왕 요시야는 여호와 보시기에 정직히 행하여 어떤 일을 단행했나요?(대하34:1~5)
유다 왕 요시야는 여호와의 전에서 발견된 율법책을 어떻게 활용했나요?(대하34:14,16,19, 21,24,30)

● 요한계시록 20장 사탄, 마귀, 짐승, 거짓 선지자에게 미혹된 영혼들

바벨론에 대한 심판에 이어 본장에서는 하나님의 통치와 심판의 실현에 관한 비전이 소개되고 있다. 즉 사탄이 무저갱에 결박될 것이며, 그 사이에 천년 왕국이 실현되고 천 년이 다 찬 때에 사탄이 잠시 풀려나서 곡과 마곡의 전쟁을 주도하나 결국 유황 불못에 던져지게 될 것을 보여주고, 흰 보좌에 앉으신 하나님이 최후의 심판을 하시는 장면 등을 소개하고 있다.

✚ 묵상 : 하나님과 그리스도의 제사장이 되어 천년 동안 왕노릇하는 자들은 누구일까요?(계20:4,6)
천년이 찼을 때 옥에서 놓인 사탄과 마귀와 거짓 선지자는 어떻게 될까요?(계20:7~10)

통일 주제 미혹 (迷惑, 무엇에 홀려 정신을 차리지 못함)

연합 내용 사람은 하나님의 말씀 안에서 진리를 배우며 복되게 살아가는 것이 올바른 길이다. 하지만 사람들은 지위고하를 막론하고 여러 가지 미혹에 빠져 정도를 잃고 방황하며 죄를 범하여 멸망의 길로 간다.

● 말라기 2장 언약을 깨고 거짓으로 백성을 미혹한 제사장들

죄악에서 허덕이는 선민의 죄악상을 고발하고 또 심판이 제시된 부분이다. 즉 부패한 제사장들을 향한 하나님의 징계와 이상적 제사장 상 그리고 하나님의 법을 어기고 가정의 평안을 무너뜨린 죄악을 고발한다.

3절의 "똥"이라는 매우 생생한 느낌이 묻어나는 언어로 하나님이 불성실한 제사장들을 생각조차 하기 싫은 최악의 수치를 당해 마땅한 자로 보고 계심을 보여준다. 희생제물의 내장은 일반적으로 진 밖으로 가져가서 불에 태웠다(참고, 출 29:14; 레 4:11, 12; 8:17; 16:27).

✚ 묵상 : 만군의 여호와는 제사장들이 자기와 세운 언약을 어떻게 깼다고 하셨나요?(말2:4~9)
말라기는 유다와 이스라엘이 어떤 죄를 범하였다고 말했나요?(말2:11,13,16~17)

● 요한복음 19장 예수를 못 박기 위해 백성을 미혹한 제사장들

죄 없는 예수님을 처형하는 것에 대해 부담을 갖게 된 빌라도는 예수님을 채찍질한 후 풀어 주려고 했다. 그러나 자신의 정치적 입지가 흔들리게 될 것을 고려하여 결국 사형판결을 내리게 된다(16절). 예수님은 예정된 길을 가고 있다. 유일하게 남아 있던 제자 요한에게 어머니를 부탁한 예수님은 인류 구원의 대업을 이루면서도 완전한 사람으로서의 최고의 도리("네 부모를 공경하라")를 다하셨다. 예수님은 결국 십자가에서 죽으셨다. 당신의 죽음으로 마침내 죽음을 정복하셨다.

✚ 묵상 : 빌라도는 예수에게서 죄를 찾지 못했으나 어떻게 재판했나요?(요19:1,4,6, 10~12,16)
많은 고난을 당하신 예수님은 십자가에서 운명하시기 전에 마지막으로 어떤 말씀들을 하셨나요?(요19:26~28,30)

기 도

- 주여, 하나님의 율법책을 가까이하고 부지런히 지켜 행하게 하옵소서.
- 주여, 하나님의 생명책에 기록되어 천년동안 주와 함께 왕노릇하게 하옵소서.
- 주여, 주와 함께 고난을 당함으로 영원한 구원과 면류관을 얻게 하옵소서.

12월 30 December 구비

대하35 / 계21 / 말3 / 요20

● 역대하 35장 요시야는 유월절을 지키려고 모든 것을 구비함

신명기 16장 5, 6절을 보면 유월절은 각 성에서 따로 드리지 말고 예루살렘 성전에 모여서 공동체적으로 함께 드리라고 명령하고 있다. 그러나 요시야 이전까지는 유월절 절기를 지키지 않거나, 혹은 준수했다고 하더라도 예루살렘 성전에서 행하지 않고 대부분 자기 성읍에서 드렸던 것 같다.

그래서 요시야는 예루살렘 여호와 앞에서 절기를 지킬 것을 명하고 백성들과 함께 유월절을 준수한 것이다. 요시야는 말씀의 근거로만이 아니라 온 마음과 정성을 다하여 날짜도 정확하게 지키어 행하였다. 요시야는 역대 왕 중에서 가장 철저하게, 그리고 성실하게 유월절을 준수했다.

✚ 묵상 : 요시야는 유월절을 철저히 지키기 위해 무엇들을 구비했나요?(대하35:1~2,4,7~8,10,15)
요시야 왕은 하나님의 입에서 나오는 애굽 왕 느고의 권고를 무시하고 고집을 부리다가 결국 어떻게 죽게 되었나요?(대하35:20~24)

● 요한계시록 21장 주는 새 하늘과 새 땅에 모든 것을 구비하심

최후의 심판에 이어 21장과 22장에서는 하늘에서의 최종적인 승리와 그에 따른 지상에서의 간절한 소망이 언급된다. 특히 21장에서는 현재의 질서와 천지가 사라지고 새 하늘과 새 땅이 실현될 것과 그곳에서 이루어질 복된 삶 또 하나님의 도성인 새 예루살렘에 대한 상세한 묘사가 설명되어지고 있다.

✚ 묵상 : 새 하늘과 새 땅에는 무엇이 준비되어 있나요?(계21:1~4,6~7,10~12)
둘째 사망에 처하는 자들은 누구일까요?(계21:8)

기 도

- 주여, 예배를 잘 드릴지라도 주의 뜻보다 자기의 고집을 앞세우지 않게 하옵소서.
- 주여, 어려울 때에도 온전한 십일조를 드리므로 큰 복의 주인공이 되게 하옵소서.
- 주여, 부활신앙을 갖고 항상 평강과 성령 충만을 유지하며 살게 하옵소서.

통일 주제 구비 (具備, 필요한 것을 빠진 것 없이 모두 갖춤)

연합 내용 하나님은 죄인을 사랑하셔서 구원을 위해 모든 것을 구비해 놓으셨다. 절기도, 십일조를 통한 놀라운 축복도, 보혜사 성령도 그리고 새 하늘과 새 땅도 만드시고 그 가운데 새로운 모든 것을 구비해 놓으셨다.

● 말라기 3장 주는 십일조를 바친 자에게 모든 복을 구비하심

심판주로 오시는 하나님의 길을 예비하는 선구자에 관한 예언과 범죄한 자들에게 임할 심판 예언, 온전한 십일조 등을 통해 하나님의 은혜를 회복하라는 권면, 이스라엘의 교만, 여호와 앞에 있는 기념 책에 의한 심판 등이 제시된다.

1절에서 "내 사자"라는 표현은 고대 근동에서는 왕이 지역을 방문하기 전 사자를 보내 도중에 있을 장애물을 정리하는 관습이 있었다. 하나님은 말라기("여호와의 사자")라는 이름으로 언어유희를 활용하며 직접 '내 앞에서 길을 준비할' 자를 보내리라고 선언하신다. 이것은 광야에서 "외치는 자의 소리"(사 40:3)이고 주님에 앞서 보내실 4장 5절의 엘리야이다. 신약은 그가 세례 요한이라고 분명하게 확인시켜 준다(참고, 마 3:3; 11:10, 14; 17:12 이하; 막 1:2; 눅 1:17; 7:26, 27; 요 1:23).

✚ 묵상 : 만군의 여호와는 온전한 십일조를 드리는 자에게 어떤 약속을 하셨나요?(말3:7~12)
여호와를 경외하지 않는 자들의 특징은 무엇일까요?(말3:13~15)

● 요한복음 20장 부활의 주가 제자들에게 평강과 성령을 구비하심

막달라 마리아, 그리고 베드로와 요한이 차례로 예수님의 빈 무덤을 발견하게 된다(1-10절). 그러나 아직까지 부활에 대해 완전히 깨닫지는 못한다(9절). 드디어 무덤 밖에서 울던 막달라 마리아에게 부활하신 예수님이 나타나셨고, 이어서 제자들에게도 나타나신다. 그들은 역사적인 부활의 증인이 되었다. 부활을 의심했던 도마는 누구보다도 확실한 신앙고백을 드린다. "나의 주님이시요 나의 하나님이시니이다"(28절) 요한은 예수님이 하나님의 아들 그리스도이심을 믿게 하고, 그의 이름을 힘입어 생명을 얻게 하기 위해 이 글을 썼다(31절).

✚ 묵상 : 막달라 마리아가 무덤에 가서 돌이 옮겨진 것을 보고 무덤 밖에 서서 울고 있을 때 어떤 체험을 했니요?(요20:1,11~17)
부활의 주님은 제자들에게 나타나셔서 무엇을 받으라고 말씀하셨나요?(요20:19~22)

12월 31 December

회계

대하36 / 계22 / 말4 / 요21

● 역대하 36장 유다의 마지막 왕들을 회계하여 잡혀가게 하심

요시야의 개혁은 지속적인 효과를 거두지 못했다. 무너져 가는 나라를 바로 새워보려고 과감하게 개혁을 시행했지만 므낫세가 지은 모든 죄를 극복하지 못했다. 심지어 요시야의 개혁은 자기 가족 안에서도 영향을 미치지 못했다. 이어지는 두 왕, 여호아하스와 여호야김은 모두 요시야의 아들이었지만 그들은 요시야와 달리 모두 하나님 보시기에 악을 행했다.

이제 내리막길로 치닫는 유다의 몰락을 막을 제동 장치는 남아있지 않았다. 이로 인해 남 유다 왕국의 몰락은 급속도로 탄력이 붙어 결국 바벨론에게 망하게 된다. 열왕기와 달리 역대기 저자는 유다의 마지막 네 왕의 기사를 각각 다루지 않고 한꺼번에 간단하게 언급하고 있다.

22, 23절에서 역대기 저자는 한 줄기 희망의 빛과 함께 글을 맺고 있다. 이는 70년의 기간이 끝났으며(참고, 단 9:1, 2), 아브라함의 후손들이 성전을 재건하기 위해 본토로 돌아오고 있기 때문이다.

✚ 묵상 : 유다 왕 여호아하스와 여호야김과 여호야긴은 어떻게 통치했나요?(대하36:2~3,5~6,9~10)
유다 마지막 왕 시드기야는 여호와께 어떤 악을 행하였으며 고레스는 여호와께 감동되어 어떤 일을 시행하였나요?(대하36:11~17,20~23)

● 요한계시록 22장 보좌에 앉으셔서 악한 자들을 회계하여 벌하심

이 책의 결론부에 해당하는 22장에서는 장차 이루어질 새 하늘과 새 땅, 그중에서도 특히 하나님의 도성인 새 예루살렘에서의 생명력 넘치는 장면과 그곳에서 구속받은 성도들의 신분 그리고 지금까지의 계시의 진전성과 재림의 확실성 등이 강조되고, 주 예수의 재림이 속히 이루어지기를 소망하는 장면이 언급되고 있다.

✚ 묵상 : 예수님은 요한을 통해 어떤 신실하고 참된 말씀을 전하셨나요?(계22:6~7,12,20)
천사는 요한을 통해 어떤 자들에게 복과 상이 있다고 말했나요?(계22:7,12,14)

기 도

- 주여, 이 민족의 위정자들이 여호와 앞에 신실하고 정의롭게 하옵소서.
- 주여, 예수의 재림을 기다리며 예언의 말씀을 준행하고 전파하게 하옵소서.
- 주여, 삶의 현장에 오사 다시 사명을 회복시켜 주실 때에 순종하게 하옵소서.

통일 주제 회계 (會計, 나가고 들어온 물질과 선악 간에 행한 모든 것을 따져봄)

연합 내용 하나님은 모든 사람에게 달란트를 주셨다. 그 후 때가되면 믿음 안에서 어떻게 사용했는지 회계하신다. 선하게 남긴 자는 칭찬과 상을 내리시고 악하게 낭비한 자는 책망과 벌을 내리신다.

● 말라기 4장 용광로 불같은 날에 악한 자를 회계하여 태우심

말라기 선지자의 설교의 결론부로서 장차 임할 의로운 해 곧 메시야와 그의 출현에 앞서 준비하게 될 일꾼에 대한 내용이 소개된다. 특히 예언서의 대결론부에 해당하는 본장은 하나님의 공의는 최종적으로 승리하고 악은 패한다는 명쾌한 결론을 내리고 있다.

특히 2절의 "공의로운 해"는 악인들은 진노의 불에 삼켜짐을 당하지만 여호와를 경외하는 자들은 치유 효과가 있는 그 광선의 온기를 누릴 것이다(참고, 사 30:26; 60:1, 3). 이것은 '여호와 우리의 공의'이신 메시야를 가리키는 표현이다(시 84:11; 렘 23:5, 6; 고전 1:30).

✚ 묵상 : 여호와를 경외하는 자와 교만하고 악을 행하는 자의 최후는 어떻게 될까요?(말4:1~2)
여호와의 크고 두려운 날이 이르기 전에 누가 와서 마음을 돌이킬까요?(말4:5~6)

● 요한복음 21장 부활의 주가 모든 제자를 회계하여 다시 쓰심

제자들은 부활하신 예수님에 의해 세상으로 파송을 받았다(20:21). 그러나 사명을 행하기에는 아직 미흡한 그들은 예전의 생활의 터전이었던 갈릴리로 간다(1-3절). 이때 다시 제자들을 찾아오신 예수님은 그들에게 배의 오른편에 그물을 던지라고 말씀하셨고 그들은 많은 물고기를 잡게 되었다(4-6절). 예수님이심을 알아본 제자들은 예수님과 함께 식사를 하게 된다(7-14절). 식후 예수님은 질문을 통해 베드로의 진심을 확인하시며 그에게 다시 사명을 주셨으며 사명을 받은 베드로가 앞으로 가야 할 길에 대해서도 말씀하신다(15-19절). 요한의 사명에 대해 궁금해하는 베드로에게는 각자의 사명과 가는 길이 다름을 말씀하시면서 제자도를 촉구하신다(20-23절). 요한복음은 참된 증언이며 예수님의 행적의 일부만 기록되었을 뿐이다(24-25절).

✚ 묵상 : 부활하신 예수님은 다시 고기 잡으러 간 베드로와 제자들에게 나타나셔서 어떤 사랑을 베풀어 주셨니요?(요21:2~7,10~13)
예수님이 베드로에게 하신 질문과 그에 대한 베드로의 대답은 무엇이었나요?(요21:15~18)